山东省"十二五"人文社科重点强化研究基地
——山东师范大学基础教育课程与教学研究中心资助项目

制度视野中的教学改革

吉标 / 著

中国社会科学出版社

图书在版编目（CIP）数据

制度视野中的教学改革 ／ 吉标著．—北京：中国社会
科学出版社，2015.5
ISBN 978 - 7 - 5161 - 6458 - 7

Ⅰ．①制… Ⅱ．①吉… Ⅲ．① 教学制度—教学改革—
研究 Ⅳ．①G424

中国版本图书馆 CIP 数据核字（2015）第 151237 号

出 版 人　赵剑英
选题策划　郎丰君
责任编辑　郎丰君
责任校对　孙青青
责任印制　戴　宽

出　　版　中国社会科学出版社
社　　址　北京鼓楼西大街甲 158 号
邮　　编　100720
网　　址　http：//www. csspw. cn
发 行 部　010 - 84083685
门 市 部　010 - 84029450
经　　销　新华书店及其他书店

印刷装订　北京金瀑印刷有限责任公司
版　　次　2015 年 5 月第 1 版
印　　次　2015 年 5 月第 1 次印刷

开　　本　710 × 1000　1/16
印　　张　14. 25
插　　页　2
字　　数　218 千字
定　　价　46. 00 元

目　录

导　言

　　当今学校教育正处于历史的转折点，所有国家都在进行教学改革，进行教学的实验与创新。这场遍及世界的宁静的教学革命使各个国家的课堂发生了根本性、结构性的变化。传统的习以为常的课堂风景——课桌椅面向黑板和讲台排成行列，教师以教科书为中心，使用黑板和粉笔进行讲解，教师提问学生作答——在欧美各国几乎已经进入博物馆了，取而代之的是新的课堂场景——黑板和讲台的课堂消失了，课桌椅改为四人至五人用的大小，教科书变成配角，各种各样的资料充实起来，教师的作用正在向学习的设计者与支持者转变。[1] 这场宁静的革命迄今为止已经历了近半个世纪，尤其是20世纪90年代以后，这场革命席卷了整个世界，在世界各国的课堂里轰轰烈烈地展开。然而，根据日本学者佐藤学的观察，近20年间，世界各国的学校仍然故步自封于传授式教学的，只剩下地球上一角的东亚国家和地区（中国，包括中国台湾和香港地区、朝鲜、韩国、日本、新加坡）。[2]

　　目前，伴随着新一轮基础教育课程改革的推进，我国广大中小学校的课堂教学正迎来一个大的转型期。新的课程体系不是要进行修修补补的教学改革，而是要颠覆性的变革：要求学生从各自呆坐的个体化的学习转向活动式的合作化学习，要求由过去高度控制的被迫学习转向强调学生兴趣和个性的自主学习，要求从单纯接受式的学习转变为双向互动的探究式学习，要求在教学方式上由注重讲授和灌输转向重视对话和交流。我们可喜

---

　　① ［日］佐藤学：《学校的挑战——创建学习共同体》，钟启泉译，华东师范大学出版社2010年版，第9页。

　　② 同上书，第10页。

地看到，在基础教育领域，以学校为主体的改革也正如火如荼地开展起来，开始荡涤着传统的教学观念，不断探索和塑造着新的教学模式，那种以黑板和讲台为中心、以教师为中心、以学科为中心的课堂教学正在悄悄地发生变化。尤其是历经十余年的新课程改革的冲击，课堂教学改革在局部地区和学校取得了明显进展。

当前基础教育领域，教学改革已经取得很大成就，这令我们感到鼓舞和充满前进的信心。当然，教学改革过程中，也夹杂着人们的困惑与失望，使很多关注教育改革的人感到迷茫。当前是教学改革的美好时代，同时也是观念和价值迷惘的时代。我国基础教育教学改革的历程之复杂、过程之曲折、难度之大，实为世所罕见。学校教学改革首先不是在真空中进行的，不是在封闭的学校内进行的，而是在当下中国特殊的场域中展开的，教学改革不能游离于该国的社会历史文化传统与政治体制，而要受我国社会政治、文化现状的掣肘。在轰轰烈烈的改革中，我们应该清醒地意识到，大凡学校的改革并不如同想象中那般轻而易举，绝非一场一蹴而就的革命。教师的工作是无比繁难的职业，教学的改革是无比繁难的事业。况且，教学改革涉及多方的利益，至少包括校长、教师、学生、家长等层面，不同的利益方会通过不同方式作用于教学改革，影响教学改革的方向和进程。倘若不能有效地平衡各利益方之间的矛盾和冲突，赢得最大多数的支持，取得"最大公约数"，那么教学改革难以顺利展开和取得成功。倘若每一位学生人格、尊严与学习潜能得不到最大限度的尊重，倘若每一位教师合理的利益诉求和正当的教学自由得不到应有的保障，倘若每一位家长对教育的良好期待和多样化的教学认识得不到一定的理解，倘若作为学校改革第一推动力的校长不能赋予最大限度的治校自主权，那么，教学的改革是实现不了的。

在教学活动中，教师不仅是观念的存在，更是现实的存在。课堂教学不仅受教师内在理念和认识的影响，更要受现实的制度约束。可以说，课堂教学的顺利推进不仅依赖教师观念的更新和教学行为的改进，还取决于教学制度的不断完善。课堂教学改革如同社会改革一样，已不能完全寄希望于每个教师都成为"好人"，不能完全依赖于每个教师身上的道德良知。

正如著名思想家卡尔·波普说的："社会进步需要的与其说是好的人，还不如说是好的制度。"制度是影响教学改革的关键因素，它常常隐藏在教学活动背后，深深制约着教学改革的开展，因而教学改革的关键一环就是要"向不说话的制度挑战"。经过十余年新课程改革的精神洗礼，当前课堂教学改革的观念障碍正在逐渐消除，但积习已久的教育行政体制及其统摄下的学校教学制度越来越成为课堂教学改革亟须破除的障碍。

教学改革离不开制度的变革和改造，自上而下的行政推动是教学改革的重要驱动力。在匆忙的教学改革中，我们不能继续空想仅仅依靠制度建设、重组学校机构、增加拨款、重新编写新课程以及强迫教师参加一些"高大上"的培训，就可以实现教学改革的成功。教学改革需要每一个教师的自我觉醒、自觉参与和在教学中自发的变革。可以肯定的是，学校里草根式的自下而上的改革是导引教学改革成功的内在引擎。教学改革是在基层的广大学校里发生的，改革的措施一定要落实在具体的课堂中。倘若学校的改革不落实在课堂中，不以课堂为中心和主阵地，教学改革就不可能深入，就不可能动摇教育体制的内核。尽管这种改革是弥散性，无中心的，甚至是没有被人们所察觉的，然而，从每一所学校和每一间教室里展开的改革，才是教学改革的近路。教学生活世界是一个复杂、冲突、多元的世界。教师深处这样一个世界中，需要明确的立场与定位。倘若我们不竭力发展教与学的能力，不能对教学的周遭世界有清醒的认识，无法意识到自我的价值和力量，我们就会被复杂、混淆、冲突的生活耗损和拖累了。

学校教学不是在真空中进行的，自上而下的教育行政体制改革将为学校教学改革提供有效的制度支撑，为新教学理念的贯彻实施创设良好的氛围和环境。教育行政体制改革的核心是教育行政机构及其职能的改革。当前，要想推进教育行政的改革，就需要在简政放权、转变行政职能和改变管理等方面进行探索，尤其注重渐次削弱对各级学校的权力控制，强化政府的服务意识，变控制为加强监督和引导。赋予学校应有的办学自主权，激发学校的主体性和活力，使学校成为独立的办学单位而不是行政的附庸，将会为学校自身的制度变革创造良好的环境和空间。

当然，在短时间内教育行政体制无力改变的背景下，学校自身也不是完全无能为力。毕竟，即使在当前权力高度集中的教育行政体制下，学校自身仍然还存在一定的自主办学空间，况且教育行政管理体制本身也并不是"铁板一块"，其中也有一些可以突破和利用的空间。只要学校的管理者有进行变革和创新的意愿与勇气，学校内部教学制度的改革就有相当大的余地。我们决不能因为外部体制暂时无法撼动就对课堂教学改革丧失了信心，更不能由此否认和推卸自身应该承担的责任与使命。

作为学校管理者，校长是学校发展的第一责任人，是学校教学改革的第一推动力，在当前学校管理体制中承担着特殊的使命。深处当下固化的体制与艰难的环境下，如果怀有学校改革的强烈意愿，我们就应该敢于抛弃内心的一些消极顾虑，展现出自己卓越的学校领导力，应该学会游刃有余地利用制度的空隙，争取学校的办学权力，尽可能地将广大教师从官僚制度的困扰中解放出来，真正激发和调动广大教师改革的积极性，稳步推进教学制度的改革。身处日益开放和文明的社会环境，面对民主化的时代诉求，我们也有义务尽可能地赋予教师参与管理学校的权力，鼓励学生的参与，引导学生的自治，为教师和学生提供民主、和谐和融洽的学校环境，创设包容性、合作性的教学文化，激励学校的教学改革不断前进。

第一章
教学改革的制度视野

世界上可能没有哪一个民族像我们那样，要让"文化"承担那么多的东西。世界上没有哪一个民族是由几个知识分子关在书斋里搞文化工程设计，从"文化"里"开"出来。沉溺于文化讨论，只能说明一个民族的知识分子面对另外两大板块尤其是制度层面的偷懒、无能和无奈。制度本身能释放出强大的学习功能，能使整个社会行为模式卷入其中而不自觉。

——朱学勤：《在文化的脂肪上瘙痒》，《读书》1997 年第 11 期。

毋庸讳言，当前中小学的教学实践深处危机之中，教学改革面临着诸多困难，步履维艰，这不是夸大其词，不是需要费力去做一番大规模的调研才能验证的假设，而是让包括教育从业者和教育研究者在内的社会大众都能切身感受到的经验事实。面对同样的问题，由于视角不同和个体思想背景的差异，不同的人会给出截然不同的解答思路和研究结论。当下人们对摆脱现实教学实践危机和应对教学改革都有不同的方略，其中两种倾向比较突出：观念先行和制度先行。主张观念变革优先的立场是基于这样一种基本信念——"思想决定行为"，即唯有在认识、思想转变的前提下，人的行为才会跟进变革才会发生。在这种思路下，对教学实践的改造主要是以塑造和转变新教学观念为主要目标。主张制度变革优先的观念，看到了制度的重要性，强调通过规范性的力量去强制改变教师的教学行为，最终达到干预和改造教学实践的目的。这一思路实际上强调制度变革和改造是解答当前教学实践问题的前提方式。毫无疑问，在实际的教学改革中并不完全存在如此绝对化的改革路径，非此即彼的思维方式是错误的。教学改革是一个复杂的进程，人们的观念、行为与制度的变革并不存在绝对的先后之别。

第一节 教学改革的制度进路

不能否认，教学观念、教学文化转变之于教学改革具有重要意义，教学文化变革已经成为很多学校积极追求的重要目标，各种各样的"文化建设"工程也在很多学校如火如荼地上演。然而，需要反思的是，作为精神、观念和价值观层面的教学文化是可以直接建设的吗？若教学文化可以改变，那又主要通过什么途径进行？这是我们在关注当前教学文化改革时不得不反思和追问的问题。有必要从文化与制度的关系，特别是从制度之于文化的主动性与能动性出发，来探讨从制度层面推进教学变革的可能性与路径问题。

一 制度和文化关系视角中的社会变革

文化与制度是两个紧密联系的范畴。文化内涵众说纷纭，甚至可能是难以完全描述清楚的，但"要理解和解释文化（culture）必须乐意接受这种不确定性和模糊性"。[①] 尽管文化或曰文明至少包括人类物质、制度和精神三个方面的创造成果，当然这里所论述的文化，仅指狭义上的人们的精神层面，这就把制度从广义文化的内涵中分离出来，这是能对文化与制度关系进行辨析的前提。我们所指的制度主要是指社会的法律、法规和规范体系，是要求社会成员共同遵守的、按一定程序办事的规则。当然这里所论述的制度仅指一些正式的社会制度。

即使能比较清晰地划定文化与制度之间的边界，对文化与制度关系的讨论也面临诸多困境。毕竟，文化与制度之间并非简单的线性关系，而是有着非常复杂的关联。确实，从制度与文化的内在关联来看，两者历来是

---

① Aisenberg, Nand Harringtog, *Women of Academe*: *Outsiders in the Sacred Grove*, 1988, p. 92.

互动的，即相互联系、相互影响的。因而造成制度与文化是同质的和一致的：有什么样的文化，就可能建构什么样的制度；有什么样的制度，就助长什么样的文化。劣质的文化多半产出劣质的制度，劣质的制度反过来会塑造劣质的文化，这是恶性互动；优质的文化建构优质的制度，优质的制度促进优质的文化，这是良性互动。社会变革中文化与制度表面看来互相交织，互为因果的关联，也常常使得人们陷入一层迷雾之中：文化和制度似乎都是决定者，都决定着对方的最终发展和归宿，两者似乎构成了"鸡生蛋，蛋生鸡"般的历史循环关系。两者之间这样一种循环式关系会导致社会发展形成一个封闭的历史链条，这似乎也能从中国近两千年的社会变革与制度重演中得到部分确证。文化与制度之间这样一种交互关系导致人们对究竟是先"建设制度"还是先"改造文化"的问题曾产生过很长时间的迷茫和彷徨。在一个封闭的系统和环境下，文化和制度交互作用就构成了一个封闭的链条，并形成持久的恶性循环，要想打破这种循环非常困难，但也并非没有可能。因为绝对封闭的系统实际上是不存在的，文化与制度交织的链条上也并不是没有缺口。而打破和改变系统循环究竟应从文化还是制度上寻求突破口？这需要对文化和制度各自的性质和功能进行必要的辨析。

首先，从文化和制度各自的性质来看，作为隐匿于人内心之中的思维观念与精神，文化是历史演化的结果，以渐进、渗透的方式进入人们的思维和观念系统，成为塑造人精神观念的强大力量，就像人"永远走不出自己的皮肤一样"，人不得不接受预设的文化系统并深受其影响。文化是观念和抽象的，是柔性、不可控的，其发展和演化多是"渐进"而不会"突变"，所以人不可能在短期内建设或者摧毁一种文化。而制度作为程序化体制及具体操作，是实在和具体的，是刚性、可控的，作为主体的人可以自觉地选择、设计和创造某一种制度，是可以操作和控制的。因而，从这个意义上讲，文化具有被动性、滞后性和不可控性；而制度具有主动性、灵活性和可控性。从两者的不同性质看，人们不能随意选择一种文化，但可以主动选择和改变制度，这正体现了人的主体性、能动性和创造性，也是人类改造社会和改造自身的实践活动的一种重要表现形式。而人们一旦选择、制定了新的制度，将会在很大程度上冲击和塑造原有的文化，打破原有的文化与制度交织与循环的状态，从而改变社会的进程。

其次，从文化与制度的不同功能来看，文化的功能仅仅在于保存延续和共享基本的机制信念和观念，文化"是人们安身立命的生活方式的重要组成部分。安身立命便是文化的功能。"① 它与人们生活融为一体，人们不能脱离前人创造和延续的语言、风俗、信仰及其观念，而必须生活于其中并受其影响。文化便是他们安身立命的家园，文化为他们提供了可行伦理、延续人类经验和智慧等功能。相对于文化的柔性特征，制度是刚性的社会规则，其功能着重于规范、约束、监控和评价等功能，具有使其提倡的行为、规范、价值和信念得以形成的重要功能。文化不具有形成新的行为、规范、价值和信念的功能。因而，社会的变革往往首先是从制度着手，通过制度的变革，引导文化的更新和社会的整体变革。制度是文化改造与社会变革的"抓手"。

从对文化与制度不同性质和功能的分析可以看出，制度是历史封闭链条中最薄弱的环节。改变历史、变革社会必须从制度方面寻求突破口，这在当今开放的社会系统中更有可能。毕竟一国、一个地区和社会之外还有其他的制度和文化模式可供借鉴、比较和参照。制度设计者完全可以借鉴域外经验与智慧，进行科学的制度设计与建设，逐渐突破原有文化的束缚和羁绊，从而使得自身的社会系统更新和文化改造成为可能。很多国家和地区通过制度变革，从而带动全社会的文化发展和社会进步的成功经验给我们提供了有益的启示。②

正是因为制度本身具有相对的灵活性、可控性，因而可以走在文化变革的前面。正是从这个意义上说，制度可以塑造文化，有什么样的制度就会产生什么样的文化，用制度去塑造文化，塑造的过程就是执行、规范和

---

① 唐逸：《文化守成与制度更新》，《哲学研究》2005 年第 2 期。

② 从 20 世纪五六十年代起，一些亚洲国家如新加坡、韩国以及中国香港等地区，在原有文化基础上，通过体制变革，特别是政治体制改革，从而实现经济腾飞，社会进步，特别是引起文化生态的巨大改善。其取得的进步是有目共睹的。这是制度变革的成就，而不是文化的功劳。这证明，制度本身的能动性、可塑性和改造文化和社会的巨大能量，也证明制度和文化也具有相对独立性，是可分的。

控制、评价的过程，是制度所规范和倡导的价值实现的过程，是新的文化形成的过程。

明确了文化和制度各自在社会变革过程中所起的作用后，就应该看到制度和文化的相对独立性，制度和文化是可分的，它们各自担负的功能和责任是不同的。如此一来，我们就应该认识到，是制度应该承担的责任，就不要推到文化上去，更不应该让文化去承担由于制度不"作为"或制度设计错误而导致的后果。

然而，较长一段时间以来，伴随着国内学术界"文化热"的升温，一种"文化决定论"的思维方式也渗透和侵入不少人的意识之中，使他们在观察和分析社会现象时，很容易把本该属于体制和制度操作层面的问题指向既深刻、抽象和宽泛的文化方面。再加上扭曲的心态之下，很容易把社会改革屡屡失败的原因，不是指向政策上、制度上的一些幼稚、失策，而是大而化之，归结为整个文化环境问题，甚至是人的素质的问题，是国民性的问题。于是在此逻辑前提下，就产生了非先改革改造文化不可的观念，于是"文化立国"、"反腐败要靠文化"之类荒谬的主张和口号就粉墨登场了，似乎通过这些"文化工程"就可以达到改造社会，更新制度的效果。如此一来，就把制度建设者应该承担的责任推卸出去，仿佛文化也就真的成为制约社会改革的核心障碍，没有文化的建设，就无法推进改革的进展。

二 制度建设是教学改革的重要推手

通过对文化与制度两者关系的审理，我们应该可以得出这样一个结论，作为精神层面的教学文化变革若是可能的，则关键是通过制度才能实现的。教学制度是推进教学整体变革的决定性力量，也是教学文化发展的应然选择。实践中，谈论教学改革和推进教学改革时，很时髦的一个做法就是关注文化问题、呼吁文化建设，很多人愿意揪住"文化"问题不放，究其根源，实则是一种"文化决定论"的思维方式在左右着人们的头脑。

通过学校制度建设进而促进学校文化发展是可能的。这是因为，教学制度作为教学的显性规范和准则，它是刚性的、程序性的和可控的层面，是可以很容易通过调整而不断更新和改造的。教学制度作为一种强制性力量，迫使教学参与者（教师、学生）遵照制度所要求的思想和行为模式，并与其保持一致。教学制度正是首先通过这种强制性的力量，对教师的教学行为与学生的课堂行为进行规范、约束和引导，从而形成所期望生成的教学文化。通过制度建设进而改造教学文化、推进教学整体变革的假设，这既符合逻辑，也可以从很多学校的教学改革实践中得到印证。譬如，近些年山东省杜郎口中学的教学改革卓有成效，成为引领中小学教学改革的典范，在全国基础教育领域产生强烈的反响。

> 在改革前，学校的教学文化保守、封闭：课堂教学中，教师不愿投入精力，照本宣科，得过且过，消极应付，甚至"老师上课时间聚众打牌，排课得靠抓阄"，教师之间互不信任，钩心斗角。对任何改革都消极抵触，"形成了一种不务正业、恶语相向、拉帮结派对着干、扔块砖头然后看热闹的文化。学校里已经没有几个正经教书的老师……"崔其升校长在如此恶劣的文化氛围中上任了。上任后，"学校制定了相关教学标准，对课堂的硬性规定，规定一堂45分钟的课，35分钟属于学生，10分钟属于教师，教师的陈述性语言不得超过10分钟，其余为学生活动时间，违者'下课'。这样，对师生的课堂活动时间的重新分配，从课堂评价标准向课堂教学常规的转化。……以'10 + 35'模式为标志，杜郎口中学的教学改革正式启动。"经过近一年的强力规范，很多教师逐步适应了新的教学模式，教学改革的效益逐渐体现出来：学生的课堂表现越来越活跃，成绩稳步提升，教师的教学成就感得到了满足，教学积极性逐渐提高，教师的合作与交流也越来越充分，一种新的教学文化形成了。[①]

从杜郎口中学教学改革的历程中可以看出，教学制度建设的成效，在

---

① 陈华：《名校与名校长的诞生——中国近代"校长群落"研究》，华东师范大学出版社2011年版，第228页。

很大程度上决定教学文化发展的方向和整体风貌。

当然，原有教学文化也会以各种方式影响、制约着教学制度的变革和调整。但在两者关系中，教学制度应该是处于主导和主动的地位，是真正推动教学整体变革的发动机，是教学文化发展的"风向标"。我们强调制度之于文化的主导性和能动性，实质上就是强调学校参与者，特别是学校管理者与教师的主体性和创造性。教学制度主导性的发挥，是以学校管理者自觉主动地进行制度创新为前提的。毕竟，学校管理者和广大教师是教学制度建设和改造的重要力量，他们推进教学制度变革的勇气、决心和创造性，在很大程度上决定着学校变革与创新的可能性。

可见，在弄清教学制度建设和教学文化发展之间的因果关联后，就应该明白，要推动学校变革，更需要从教学制度建设着手，而不是拿教学文化"开刀"，否则无异于"舍本逐末"、"缘木求鱼"。当然，我们并不因此反对教学文化研究，也不完全否认教学文化建设的价值，但我们确实应该把更多精力用在学校制度建设和改造方面，为新的教学制度建设出谋划策。如果只是空喊文化建设，在教学制度建设方面却拿不出具体有效的对策和措施，这对教学改革终究没有多少价值和意义。

第二节　教学改革制度进路的理论论证

长期以来，在教学论研究中，我们常常借助于哲学、心理学、伦理学等传统学科，从"观念"、"心理"和"道德"等层面来理解教学活动、解释教学行为，充分重视和信任教学观念、教师心理、教师伦理等内在主体要素在教学活动和教学行为中的决定作用。换言之，在教学理论视野中，人们更多地习惯于从"理性人"、"道德人"的维度来看待人性，甚至在"观念决定论"、"道德决定论"的思维方式指导下，把教师的教学观念当成教学行为的最终根据。当然，这种"决定论"的思维逻辑，不仅存在于不少人的理论思维中，在当前教学改革的实践操作中也并不罕见。目前，一线的教学改革在很大程度上仍然徘徊于"观念（信念、道德）—行为"的思维线路上。这与人们对人性认识的偏差有很大关系。毫无疑问，人首先是理性和道德的存在，这是启蒙运动后已经深入人心的观念。康德以来，人们对于自身的理性和道德产生了充分的自信，理性和道德的力量引起了人们前所未有的重视①。不可否认，观念在很大程度上是人们行为存在的依据，人们要靠思想和道德来支配行动。然而，人们的思想和道德是有限度的，超过了必要的限度，无限夸大或拔高观念和道德的作用，必然会导致"观念决定论"和"道德决定论"。这样的思维方式实际上夸大了人们观念和道德的力量。当然，我们并不否认"观念（心理、道德）—行为"的认识路向，对于认识和阐释教学活动有着其自身独特的价值和意义。但是任何理论研究都需要摒弃单一视角，需要借助多元化视野，因为"某一套社会科学的理论确实能'看到'其他的社会学说所'看不到'的现象，但同时它却不可能'看到'由其他的角度才'看得到'的现象"②。

实际上，在对人自身的认识上至少存在三种基本假设：道德人假设、理性人假设和经济人假设。"经济人"这一概念由帕累托第一次提出，由亚当·斯密在《国富论》中首先予以明确阐述，"我们每天所需食料和饮料，不是出自屠户、酿酒家和面包师的恩惠，而是出于他们自利的打算。我们不说唤起他们利他心的话，而说唤起他们利己心的话。"③ "经济人"意思为理性经济人，也可称"实利人"。这是古典管理学理论对人的看法，即把人当作"经济动物"来看待，认为人的一切行为都是为了最大限度满足自己的私利，工作的目的只是为了获得经济报酬。有经济学家从经济人（个人利益）角度分析一种常见的社会现象：在车下的乘客为了自己早点儿坐上车，会无视他者拼命往上挤，要求车里的人再挤一挤；而一旦自己挤上了车，立场马上发生变化，希望阻止下面的人再挤上车来。有人幽默地叫公共汽车上车的踏板为变心板。④

---

① 康德对人的理性有着充分的自信，而对人内心道德的敬仰更是人们耳熟能详的，"世上只有两件东西能深深地震撼人们的心灵，一是我们头顶上灿烂的星空，二是我们心中崇高的道德准则"，充分体现了康德对人类道德力量充满了自信。

② ［美］孙隆基：《中国文化的深层结构》，广西师范大学出版社2004年版，第5页。

③ ［英］亚当·斯密：《国民财富的性质和原因的研究》，郭大力等译，商务印书馆1972年版，第14页。

④ 茅于轼：《中国人的道德前景》，暨南大学出版社2003年版，第210页。

　　"经济人"假设的提出，对于理解学校境遇中的教师行为提供了重要的分析视角。教师不仅仅是一个理性和道德的存在，更有着自身的切身利益，有着维护自身生存和发展的利益诉求。在"经济人"视角下，教学改革过程不仅仅是一种理性的认知过程，也不纯粹是一种道德责任感驱使的良心自觉过程，更是与教师的个体利益紧密联系的行为选择过程。我们当然可以相信，广大教师有着充分的理性自觉和道德自觉，能自觉认同和执行合理的教学常规。在传统的视野中，教学是一种神圣的事业，人们宁愿相信也同样要求我们的教师在"神圣与清高"的旗帜下，将自己的利益追求与价值偏好置之度外，似乎只有当教师超脱了个体收益和价值偏好后，才有资格开展教学活动。事实上，教师总是在利益的计算和价值的偏好指引下，对自己的行为做出理性选择。当教学改革与个体利益发生冲突的情况下，教师就可能在自己利益的诱惑下规避、抵制改革。

　　必须承认，很多教师在现实教学中都有自己独特的利益"盘算"，并决定自己推动还是抵制教学改革。借用经济学术语，可以简单归结为"利益最大化"，即在认同、执行教学常规的过程中总是不可避免地追求自身更大利益的实现。对教师而言，经过多年的教学实践，已经适应和习惯了现有的教材、教学模式和教学规章，也已经形成了稳定的教学习惯，他们并没有主动改革的利益动机。倘若教师对教学行为的改变非但没有多少利益回报，反而会减少自身的切身利益，那么仅仅是因为学校或上级的教学改革命令，或者是因为这种改革对学生的长远发展更有利，教师就会心甘情愿地推进改革吗？对教师来说，这些都不足以构成他们对新的教学常规、改革措施认同的理由，都不足以成为教师改变原有教学行为的动力。在很大程度上，只有当改革的法令、学校管理者制定的教学常规或者学生利益的改善，能够影响到教师的"个人利益"时，才能激发他们对教学改革的热情。实践中，往往只有那些可以增加教师个人"收益"的教学改革，才可能被教师接纳。

　　作为研究者，如果囿于教师的"观念"、"心理"和"道德"层面阐释教学改革，看不到影响和制约教学行为的现实因素，就不能很好地认清教学活动维持和运行的复杂机制。透视近几年的教学改革现状，我们也可以发现，广大学校管理者和教师一边对素质教育的理念讲得"头头是道"，一边却又不得不加班加点，为应付考试疲于奔命，扎扎实实地进行着应试教育。这样一幅尴尬场景非常形象地告诉我们，在很多情况下思想与行为是可以分裂的。现实教学生活中，有时候决定教师行为的不是他们的观念和思想，而是现实的生存需要和利益回报。因而，在当前学校变革实践中，单单夸大人们观念的作用是没有意义的，仅仅局限于思想改造和观念转变，新的教学行为也仍然不会很快形成。

我们之所以强调教学理论研究要关注教学中的"制度"因素，强调教学理论研究要借助"制度"视野，这主要在于制度视角的独特价值。通过对教学活动和教学改革的制度分析，可以为解释、分析教师的教学行为，阐释教学活动和教学改革提供新的观察视角。教师作为现实生活中的人，不仅是"理性人"和"道德人"，还是"经济人"。毫无疑问，人的行为是人多元选择的结果。人的行为选择并不一定完全服从内心理性和道德良知，有时候更受现实利益的主导和支配。在制度经济学家看来，制度从根本上说是一种利益的调整和分配机制，"是一系列被制定出来的规则，它旨在约束主体福利或效用最大化利益的个人行为"①。任何个体的行为，都是在特定的制度规范和激励下做出的"现实"选择。奥斯特罗姆认为，"是什么能够让我们如此直接地根据感觉选择现在，干干脆脆呢？制度分析学者的回答一定是：是隐藏于我们生活背后又消融于我们生活本身的特定的制度平台。"② 我国学者张曙光则指出，"制度是人们创造出来的一种工具，用以界定人们的自由活动和自由选择空间以及确立人们的行为规范……"所有这些与经济学研究相关的论述，表明了制度对个体行为选择的重要意义和影响力。与此相应，罗尔斯则从政治哲学的层面论述了制度对个体行为的作用，"社会的制度形式影响着社会的成员，并在很大程度上决定着

---

① ［美］道格拉斯·C. 诺斯：《经济史中的结构和变迁》，上海三联书店 1991 年版，第226 页。

② ［美］奥斯特罗姆：《制度激励与可持续发展》，毛寿龙译，上海三联出书店 2000 年版，第 52 页。

他们想要成为的那种人"。① 可见，制度之所以能够对个体的行为选择产生决定性作用，是因为制度本身具有规范、约束和激励价值。美国教育学者丘伯在分析美国教育改革收效甚微的原因时，引入了"制度"视角，他认为，"制度是了解学校的关键因素"，所有的学校都深受其所处的制度环境的影响，学校教学以何种形式进行组织、运作是否成功，在很大程度上反映了其所处的制度背景。因此，要想实现教学改革的目标，提高学校的教学水平，就必须改变学校管理的规则体系，创立新的制度，通过新的制度来规范和激励教师个体的"选择"，而不是仅仅停留在观念层面。通过大量实证研究，他们得出这样的结论，一种理念之所以成为真正指导教育实践的理念，并外化为教育者的行为，制度乃是关键性的因素。只有通过理念的制度化，体现教育理念的教育行动才会出现。②

透视当前学校教学实践，制度已经成为影响和决定教学活动的重要因素，成为教学活动的支配性力量。可以说，当前的学校教学已经是一种"制度化教学"。制度因素对教师行为和教学活动所产生的影响，我们无论如何估计都不过分。在这样的背景下，如果漠视教学制度对教学活动的作用和影响，将很难真正清晰地认识和分析当前教学实践中出现的诸多问题；如果不对影响教学活动的制度因素进行认真考察和研究，任何纯粹教学观念层面抑或教学伦理层面的研究都不足以揭示现实教学实践的复杂性。

由此可见，制度是我们认识和分析教学行为时必不可少的一个重要视角。在教学理论研究中，如果忽视制度的分析，就不可能真正全面地理解教学活动，不可能对教学改革的内在机制和规律有一个科学的认识。无疑，把制度引入教学理论研究视野，是丰富教学理论研究和推动教学理论发展的内在需要。

---

① ［美］约翰·罗尔斯：《政治自由主义》，万俊人译，南京译林出版社2000年版，第286页。

② ［美］约翰·丘伯等：《政治、市场和学校》，蒋衡等译，教育科学出版社2003年版，第3、14、21、23页。

第三节　制度教育学派的理论启示

"制度"一词较早进入学术研究的视野是在 19 世纪中叶。比较早对制度问题进行透视和研究的是社会学领域。社会学形成之初，孔德、涂尔干等一批社会学家就将"制度"作为其研究的中心问题之一。在他们看来，社会学的研究对象不是一般的社会或抽象的人类概念，而是作为集体或"集团"现象的具体社会制度，专注于从制度层面解释社会结构的稳定与社会秩序的形成。20 世纪初，德国思想家马克斯·韦伯对资本主义与科层制的关系进行了精彩分析。20 世纪二三十年代，美国功能主义社会学派也对制度问题进行了深入的研究。制度研究的另一个传统是马克思主义传统，马克思、恩格斯以及后世的马克思主义者大都对社会制度的变迁及其动力机制进行了解释，强调制度的"政治"方面以及作为制度基础的权力结构。

一　制度经济学的观点

20 世纪对制度研究贡献最大的当属制度经济学。六七十年代以来，新制度经济学炙手可热，特别是以康芒斯（John R. Commons）、R. 科斯等为代表的新制度经济学家，将制度纳入经济模型的分析框架，对"制度"进行了比较深入透彻的研究，创立了比较有影响的新制度学派。新制度学派也一度成为辐射思想界和影响其他学科发展的重要推动力。

康芒斯指出："如果我们要找出一种普遍的原则，适用于一切所谓属于'制度'的行为，我们可以把制度解释为集体行动牵制个体行动。"[①] 这里，康芒斯是把制度作为集体控制个人的行为准则和标准。科斯则是从产权结构和经济组织形式的角度把制度解释为一系列关于产权的安排、调整的规则，基本上认可制度就是"规则"或"组织形式"。诺斯指出，"制度是一系列被制定出来的规则、秩序和行为道德、伦理规范。它旨在约束主

---

① 康芒斯:《制度经济学》（上册），于树生译，商务印书馆 1962 年版，第 87 页。

体福利或效用最大化利益的个人行为"①，"制度是为人类设计的，构造着政治、经济和社会相互关系的一系列约束，制度是由非正式约束（道德约束、禁忌、习惯、传统和行为准则）和正式的法规（宪法、法令、产权）组成"②，"制度是一个社会的游戏规则，更规范地说，它们是为决定人们的相互关系而人为设定的一些制约"③。这些经济学家的论述虽然角度各异，但有一点是相同的，即他们都把制度作为一种行为规范和约束个人行为的标准，都认为制度是一系列规则（不同层次和不同方面的规则），它界定人们的选择空间和相互间的关系，制约人们的行为。因此，制度一般可理解为一种行为规则，它旨在约束个人行为，协调人际关系，平衡利益分配，保障社会的秩序。制度从规则体系来看，主要包括正式规则和非正式规则两个部分。制度经济学对于制度内涵的界定和制度结构的分析，已被其他学科所沿用，并得到当今制度研究者的广泛认同。

今天，制度已经不是某个单一学科的研究课题，而几乎成为所有"社会学科"（以社会现象为研究对象的学科）都极力开掘的领地。教育学也早已加入了这一研究的行列。回顾历史，人们往往更重视教学观念、教学方法、课程开发以及教师职业素养的提高和培训等方面。这些都是"传统教育学"关注的重点。制度因素对教育活动的影响，实际上很少引起人们的关注和重视。

二　制度教育学派的产生及其贡献

制度教育学透视教育中的制度现象，在教育研究方面成就巨大，特别是 20 世纪五六十年代法国产生和兴起的制度教育学派，因其研究视角和研究方法的独特性，而成为一种重要的研究流派之一。制度教育学是在批判传统教育学的基础上逐渐发展起来的，"透过传统教育学的研究所阐明的都只是一座冰山露出水面的部分，即逻辑世界和理性世界；而制度教育学则主要探讨由于没有露出水面因而当时还看不见的那一部分对教育过程的

---

① 诺斯：《经济史中的结构与变迁》，上海三联书店 1991 年版，第 226 页。
② 诺斯：《论制度》，《经济展望》1991 年第 2 期。
③ 诺斯：《制度、制度变迁与经济绩效》，上海三联书店 1994 年版，第 3 页。

作用。"① "制度教育学的独特性在于它把培养制度亦即教育制度作为优先目标,以阐明制度对教育情景中的各种行为所产生的特定功能和效应比各种方法论更为重要。"② 制度教育学派其主要理论贡献在于从制度分析的视角对教育制度进行社会学的研究。③ 在制度教育学视野下,研究者开始关注传统教育学没有意识到的领域——教育制度,并深入探讨制度本身的价值,分析制度因素对教育实践的影响。在传统教育学观念下,人们对教育中的制度问题熟视无睹,很少关注,或者是没有必要去关注。其实,很多情况下,制度与学校的管理、学校组织方式、学校文化以及教师的教学观念是糅合在一起的,共同发挥着自身对教育实践的实际控制作用。我们经常也很难将制度与这些因素完全剥离出去,这也造成了对制度问题研究的困难。制度教育学派的诸多研究者重视制度本身的价值,力图把处于传统教育学视域之外的教育制度作为自己分析、干预或批判的对象,并对隐藏在教学活动和课堂背后的制度因素进行细腻的考察,这对于我们反思当今教育问题和教学现象提供了很好的观察视角,具有重要的启示意义。

制度教育学派认为,教育改革的核心就是要向制度挑战,"向不说话的教育制度挑战"。④ "制度教育学是从深入社会内部和微观社会这一原则立场出发的(傅立叶主义者的旧梦)。为了阐明在政治上发挥'无意识'作用的、不说话的制度,为了恢复被剥夺的还没有表现出来的、尚在暗中的说话能力(卢卡奇效应和韦伯效应),就需要向不说话的制度挑战,把

① [法]加斯东·米亚拉雷、让·维亚尔:《现代教育史(1945年至今)》,张人杰等译,(台北)五南图书出版公司1993年版,第110页。

② 康永久:《教育制度的生成与变革——新制度教育学论纲》,教育科学出版社2003年版,第12页。

③ 制度教育学的主要著作有G. 拉帕萨德的《进入生活》(巴黎,1963)和《团体、组织和制度》(1967);A. 瓦斯凯和F. 乌里的《走向制度教育学》(1966)和《从合作班级到制度教育学》(巴黎:马伯乐出版社,1970);F. 乌里和J. 波谢的《兵营式学校的历史》(1977);F. 加塔里的《制度干预》(1980);R. 黑斯的《当代的制度教育学》(1975);J. 阿尔杜瓦诺的《教育和人际关系》等。

④ 康永久:《教育制度的生成与变革——新制度教育学论纲》,教育科学出版社2003年版,第18页。

它打乱（P. 维尔语）"。① 制度教育学对教育改革和学校教学创新的解答方式是进行制度干预，要从分析教育制度的弊端着手，将制度作为教育变革和学校改革的突破口，进行制度改造和创新，塑造新的教育制度，用制度来塑造新的思维和价值观。

当然，以上理论的主线是一致的，都看到了制度化教育的种种弊端，力图破除制度化给教学带来的压制，扩大和促进教学中的自由。特别是激进教育学家伊利奇（Ivan Illich）在 1971 年发表的《非学校化社会》一书，从制度的层面对当今学校教育的悖论进行了深入分析和揭示，对制度化教育的弊端进行了猛烈抨击，并领导发起了后来影响深远的"非学校化运动"：

> "这个教育体系难以适应日益发展的社会需要，它所教育出来的人并没有受到恰当的训练，因而不能适应社会的变化。当这种体系所授予的资格和技术不能满足社会的需要时，这些社会便拒绝接受这些毕业生。""在过去，社会的进展是缓慢的（除了一些简单的突变之外），因而也容易自动地吸收教育成果，至少也可以设法去适应教育的成果，但是今天的情况就不总是这样的了。""有些社会正在开始拒绝制度化教育所产生的成果，这在历史上也是第一次。"②

面对现实制度化教育的危害，"传统的公式或局部的改革不能满足有待完成的新任务和新职责对教育的空前需要。因而我们拒绝了那些胆怯的折中办法……"制度化教育的出路在哪里？他们给出的答案是"唯有全面的终身教育才能培养完善的人，而这种需要正随着使个人分裂的日益严重的日益紧张状态而逐渐增加。我们再也不能一劳永逸地获取知识来了，而

---

① ［法］加斯东·米亚拉雷、让·维亚尔：《现代教育史（1945 年至今）》，张人杰等译，（台北）五南图书出版公司 1993 年版，第 117 页。
② 联合国教科文组织国际教育发展委员会：《学会生存》，教育科学出版社 1996 年版，第 37 页。

需要终身学习如何去建立一个不断演进的知识体系——'学会生存'。"①
这些制度批判者，对制度化教育危害的诊断无疑是非常正确的，对现代学
校制度得以存在的内在逻辑的深刻揭示、对科层体制主宰下的制度化教学
弊端的批判也是颇为中肯的，其所提供的疗救药方也充满着无穷的诱惑
力，但是这种观点的偏激与强烈的理想主义色彩是毋庸讳言的，其理论缺
陷也是非常明显的。首先，教学与学习不能被完全还原为个人自发的、自
我激励的、全身心投入的活动与体验，即不能被还原为纯粹个人的直接经
验。正如涂尔干所说，"人类社会正规教育之所以存在，乃是为了通过文
化传承实现下一代的社会化，规范化的制度和必要的强制性是不可缺少
的。其次，在已经高度科层化的现代社会中，不可能仅仅在学校领域中彻
底根除这种制度化的弊端。"②

当然，制度教育学看到了制度因素对宏观教育活动和微观教学活动产
生的重要影响，提出了教育改革的制度路径，为教育学提供了新的观察视
角。这是制度教育学派最大的理论贡献。根据制度教育学派的理论认识，
对教学制度本身进行深入的理论思考，对现有的学校教学制度框架进行积
极批判和建设，通过制度革新来推动教学模式转型，塑造教师新的教学行
为，这不失为当今学校推进和深化教学改革的一种有效路径。

---

① 联合国教科文组织国际教育发展委员会：《学会生存》，教育科学出版社 1996 年版，第
37 页。

② ［奥］伊万·伊利奇：《非学校化社会》，吴康宁译，（台北）桂冠图书公司 1992 年版，
第 76 页。

第二章
教学制度概述

人类要共同生活，规范的存在就是不可缺少的。为了共同生活福祉的规范可能会限制个人可能的生活，但更为个人实现福祉提供了条件和保障。教学生活是一种公共生活，公共生活就需要建立公共秩序，培育人的交往理性。教学是一种育人的活动、伦理的活动，教学世界更需要和谐、合作、团结、尊重、理解和交往。教学生活的公共性需要一种外在的规范来予以保障，教学制度就是这样一种规范。教学制度就是教学活动的制度安排及其结构形式。作为一种规范的力量，教学制度的存在是现实的，也是必然的。今天，教学制度已经成为支配和影响教学活动的关键因素，是教学系统中必不可少的"软件"。离开教学制度，也就不可能有真正意义上的教学活动。

第一节　制度概要

制度是在人与人之间的交往关系中产生的，它本质上是对人的行为的约束和规范。制度通常表现为一定的规则，但制度又并非是由单纯的规则体系构成的；制度不仅表现为文本的规范，不是挂在墙上和写在纸上的，而是包含动态的实施过程，它通过规则的实施对人们的行为起到限制、约束和规范作用。规则只有在贯彻、实施中体现规则的价值，才能使其从纸面、文字或是人们的语言中变为现实的规范，实现制度的功能。

一　制度是对人性的约束

人性是指什么？人性本善还是本恶？还是人性无善无恶，几千年来中外先贤争论不休。中国古代思想家大多赞同"性善论"的观点，认为人性本善；西方大多数思想家则倾向于认为人性有恶，人性本恶是主流（见表1）[1]。当然，不管我们持何种人性观，都无法否认这样一个基本事实：人性是非常复杂的，人性中既有善的成分，也有恶的存在。

表1　　　中外历史上关于人性善恶的主要代表性人物和观点[2]

性善论		性恶论		调和论（有善有恶或无善无恶）	
孟子	人之初，性本善；仁义礼智，我固有之；人皆可以为尧舜；人性之善，犹水之就下	杨朱	人性自私、为我，人损一毫利天下不与也；人不为己，天诛地灭	老子	人性自然；无为、寡欲；古之善为道者，非以明民，将以愚之
周敦颐	天赋人性至善和清净不染。"诚斯位焉，纯粹至善者也"	荀子	人之性恶，其善者伪也。今人之性，生而有好利焉，生而有疾恶焉，生而有耳目之欲，有好声色焉	孔子	性相近，习相远；君子善，小人恶
张载	性与人无不善，本然之性至善	亚里士多德	人本性是自私的，人更近野兽而远神灵，多数人生来是愚昧、懒惰、贪婪、残忍的	苏格拉底	智慧是唯一的善，无知是唯一的恶。
程颐	孟子所以独出诸儒者，以能明性也，性无不善，学也者，使人求于内	韩非子	人性好利恶害；好利恶害，夫人之所有也	西塞罗	依照自然生活是最好的，理性即是善
朱熹	性是实理，仁、义、理、智皆具	奥古斯丁	人生来是有罪的，人犯罪是因为人有恶的意志	洛克	人性的自然状态是自由平等的

---

[1]　黎鸣：《中国人性分析报告》，中国社会出版社2003年版，第31页。

[2]　同上书，第24—28页。

性善论		性恶论		调和论（有善有恶或无善无恶）	
陆九渊	人性本善，其不善迁于物也	阿奎那	人类始祖亚当和夏娃偷吃了禁果而闯下了弥天大祸，犯了人类最初的罪行原罪	卢梭	自然人性无所谓善恶；人的罪恶来源于社会
王阳明	天命之性，粹然至善，至善在明德，明德在亲民	马基雅维利	人是自私的，追求权力、名誉、财富是人的本性	边沁	人的本性是避苦求乐，快乐即是善
黄宗羲	人性无不善，于扩充尽才后见之也	霍布斯	人就像是以自我为中心的野兽，"人对人是狼"	马克思	人的本质是一切社会关系的总和

人性中的恶是一种"原恶"。所谓"原恶"，即每个人内心都有作恶的倾向，作恶的种子，当遇到合适的条件就可能生根发芽，成为现实的人性之恶。人性原恶的根源在于人的本性——自私性。在人类历史上，有不少思想家基本上顺应了人性自私的自然规律，看到了人性的本恶。春秋战国时期的杨朱认为人天性"为我"、"贵生"、"重己"，"人损一毫利天下不与也"、"人不为己，天诛地灭"。这实际上揭示了人性中恶的存在。著名思想家荀子更是系统地论述了人性利己性的表现，"今人之性，生而有好利焉，生而有疾恶焉，生而有耳目之欲，有好声色焉"。荀子也认为人性中有恶的存在，人之所以表现出善的品质，这是后天教化的结果，"人之性恶，其善者伪也"。由于在孔孟开创的儒家的强大影响下，人性善的思想在中国几千年的历史中影响深远，将性恶论的思想湮没在历史的长河中。

西方文化传统中，人性论问题也是一个极为重要的认识论问题。西方古代思想家较早时就对人性问题也进行了深入思考，他们对人自私、利己本性的认识要比我们更透彻。古希腊著名哲学家亚里士多德较早地提出了人性自私的命题，他认为人的本性是自私的，"人更近野兽而远神灵，多数人生来是愚昧、懒惰、贪婪、残忍的"。基督教是西方文化思想的源泉之一，其地位相当于孔孟的儒家思想在中国的地位，《圣经》和基督教神学中关于人性的观点和主张几乎为西方人所普遍接受，影响了西方文化两千年的演化和发展。最早对西方文化中的人性观念产生深远、持久影响的，是基督教的教义中所提出的"原罪说"。《圣经·新约全书》上说，人类的祖先亚当和夏娃因为偷吃了禁果，而种下了人类原罪之根，人是带着罪恶来到这个世界的，人要自我拯救，就要赎罪，才能实现灵魂的超度。大神学家奥古斯丁（345—430）认为贪欲、情欲是人类的原罪，人不能洗掉原罪。近代以来，以马丁·路德、加尔文等为代表的新教领袖推行了大胆的宗教改革运动，更是将原罪说进行了极大的发挥。马丁·路德说，"我们所有人生来就是有罪的，在罪恶中被怀孕和被产生出来；罪恶把我们从头到脚地浸渍了……"加尔文则说得更加极端，"人类的全部本性就好像是一粒罪恶的种子，在人身上的每样东西都为贪欲玷污和浸透；或者更简短地说，人本身不是别的，人本身就是贪欲……"① 在近代文艺复兴以来，西方思想启蒙运动极大地推动了社会的前进，人类的理性精神也获得了极大解放，人类自我认识能力得到了极大提升，对人性本质也有了更清醒的认识和把握。英国思想家霍布斯的观点比较具有代表性，他认为人的本性是追求自我利益和保存自我，其最经典的论断"人对人是狼"，"人们自出生之后就自然地抢夺他们所觊觎的每一样东西，只要他们力所能及，他们就要整个世界怕他们，服从他们。"②

中外思想家对人性自私的认识是非常深刻的。其实，人性自私并非仅仅停留于一些思想家的玄思和精妙论述中，也得到了现代生物科学的印证。我们必须清醒地认识到，人既是社会的人，也是自然的人，就像人不能走出自己的皮肤一样，人的自然本性也不能脱离基因的控制。基因遗传学研究发现，生物的基因具有自私性。R. 道格拉斯在其《自私的基因》一书中指出："基因是自私行为的基本单位"，③ 同时，"基因又是自然选择的基本单位"。④ 基因的自私性，是人性自私之源。在人的自然本性中，自私性也是根深蒂固、亘古难变的。当然，即使承认人的自私本性，我们也

① 周辅成：《西方伦理学名著选辑》（上卷），商务印书馆1987年版，第410页。
② 同上书，第412页。
③ 道金斯：《自私的基因》，教育科学出版社1981年版，第49页。
④ 同上书，第63页。

并不能由此推断人必定为善或必定为恶。人性自私，为恶的可能性要远远大于为善的可能性，人之为恶如"水之就下"也，是顺天性也。因为自私是人性本能，而善恶本身则关涉道德判断。人类的行为如果完全失去外在力量的制约，往往是自发、"盲目"和自我中心的，是以个体自私与绝对自由为出发点的，也往往会按照自然本性来选择自己的行为。

在长期的历史发展中，正因为有这种思想的存在，人类社会形成了一整套用来指导、规范人们生活的共同准则，这些规则为人类的共同生活和交往提供了条件。"规则以及基于规则的行动是所有我们已知人类社会的主要特征。人类行动以规则为基础组织起来，这些规则组合、创建并维持了社会系统。"① 这些规则包括宗教、道德、习俗和社会法律制度等。

二　制度是一种社会规范

在人类历史发展中，自然界不可抗拒的自然力如狂风、暴雨、山崩、地震、泥石流、凶猛的野兽给人类生存带来极大的威胁。为了应对它们，人类要聚集在一起过群居的生活，并建立和形成群居生活的规则，协调人群之间的利益冲突和矛盾。人类社会群居生活规则的建立是人类离开自然状态、走向文明社会的第一步。人和人的集合构成了社会，而社会需要和平、安宁和稳定。确立一定的社会规则，以此来调节人际关系、平衡利益冲突，这是维系社会秩序的需要。

制度也就是社会关系、社会交往的产物。马克思在分析制度的产生时，也是把制度放置于人类社会生成、运行、变迁的大环境来考察的。他在《德意志意识形态》中说，现存的制度"只不过是个人之间迄今所存在的交往的产物"②。马克思把"制度"作为"交往关系"的产物，深刻地揭示了制度作为社会关系范畴的本质。社会借助制度这个纽带，把整个社会要素整合、凝聚在一起。如果没有制度这一纽带，人和社会都将失去自身的规定性，人就变成了一个个"孤独的鲁滨孙"，社会将沦为萨特所说

---

① ［美］詹姆斯·马奇：《规则的动态演变》，上海人民出版社 2005 年版，第 17 页。
② 《马克思恩格斯选集》第 1 卷，人民出版社 2012 年版，第 202 页。

的一盘散沙状的"群集"。

制度的产生为人们的行为选择和社会秩序提供了规范和依据。从个人角度看，制度作为人们参与社会生活的行为准则①，为人们在特定社会环境中"应该怎么做、不应该怎么做，以及可以这样做、不可以这样做"做出了相应的规定。从社会的角度看，制度是人类的社会生活模式，它对人与人之间应如何相处、如何通过与他人或社会的关系来满足自己的需求以及如何最终在群体中实现利益的分配做了具体的规定。一套完备、健全的社会制度，不仅为人们规定了在社会生活中可以并且应当追求的目标，而且还为人们规定了应采用何种方式和手段去实现目标。因而，一个社会如果没有严密的制度，就没有社会的规范和秩序，"一个社会可以没有充分而完全的公平和正义，可以没有基于独立人格和身份平等的个人自由，但是它决不能没有规范。"②

制度既为人们的行为提供了规范，又是影响人发展的重要因素。制度是调整人们行为关系的规范，通过对人行为的限制、约束、引导，塑造人的精神面貌和精神状态。罗尔斯认为，"社会的制度形式影响着社会成员，并在很大程度上决定着他们想要成为的那种人，以及他们所是的那种人。"③ 的确，制度是塑造人们精神状况的重要力量。马克思对制度决定人性说得更精彩，"专制制度的惟一思想就是轻视人，使人非人化，而这一思想比其他许多思想好的地方，就在于它也是事实。专制君主总把人看得很低贱。这些人在他眼前沉沦下去而且是为了他而沉沦于庸碌生活的泥沼中，可他们还像癞蛤蟆那样，又不时从泥沼中露出头来。"④ 在马克思看来，专制制度必然具有兽性，而且与人性是不相容的，有恶劣的制度，就常常会塑造出恶劣的人性。同样，通过改进和优化制度，也可以提升人性的境界和人的素养。确实，我们必须承认，制度可以通过影响、改变和塑造人们的行为模式，进而改变人的精神面貌。

① 郑杭生：《社会学概论新修》，中国人民大学出版社 1994 年版，第 321、329 页。
② ［美］布罗姆利：《经济利益与经济制度》，陈郁译，上海人民出版社 1996 年版，第 55 页。
③ ［美］约翰·罗尔斯：《政治自由主义》，万俊人译，译林出版社 2000 年版，第 285 页。
④ 《马克思恩格斯全集》第 47 卷，人民出版社 2004 年版，第 58 页。

可见，制度本质上是一种规范，它首先是为社会的规范和秩序而存在的，但规范和秩序只是制度的本体功能。作为对行为规范的制度，不纯粹是客观中立的规则体系，而是蕴涵价值倾向和应该进行价值判断的。一般来说，人们在对某一事物做出基本事实判断的基础上，总是自觉不自觉地产生一定的价值判断。作为社会的规范体系，制度本身就蕴涵属人的本质和价值规范性的特点。对制度的价值评判所涉及的问题，主要涉及何种制度是善的和促进人的发展的，何种制度是恶的和阻碍人的发展的，以及何种是进步的和文明的，何种是落后的和愚昧的等基本的价值判断。

第二节　教学制度的意蕴

教学制度是对教学生活的制度安排，是一套规范教学活动的普遍的、稳定的规则体系。良好的教学制度一方面保证教学活动按照人们的预期顺利、有序地进行，另一方面又保障人们在教学活动中遵守共同的规范，保障各自权利的发挥和实现。教学制度不会脱离特定的社会结构和文化背景，教学制度本身也不是纯粹抽象的规则，而是蕴涵一定价值倾向的，内含着对某种教学理念与理想的追求。

教学制度作为一种特殊的制度类型，与一般的社会经济、政治制度本质上是一致的。通过对一般制度概念的考察，可以看出，制度本质上是一种规范体系。教学制度作为对教学生活的制度安排，是有关教学活动的规范体系的总称。教学制度构成了教学活动、教学行为的规则、规范。教学制度存在的必要性在于，教学作为一项社会活动需要一定的计划性、有序性和稳定性，教学生活作为一种公共生活，需要一定的秩序和规范，这就需要人们对教学生活进行治理和筹划，从而保证教学活动的顺利开展。同时，教学制度产生于协调和规范教学关系和教学行为的需要，它规定着人们在教学活动中的权利、义务，并在价值观念指导下通过肯定或否定某种行为来对教学活动加以规范、引导和激励。因而，教学制度与一般社会制度在本质上是一致的，都是一种规范体系。

一　教育性

社会制度（如政治制度、法律制度、经济制度）是建立在"性恶论"的人性观基础之上的，"我们需要的与其说是好的人，还不如说是好的制度。……我们渴望得到好的统治者，但历史的经验表明，我们不可能找到这样的人。正因为如此，设计使坏的人统治也不会造成太大损失的制度是十分重要的"①。社会制度运行和实施主要依赖于强制和惩戒的力量，依赖于强迫性规则对人性进行监督、制约和控制。因而，建立在性恶论人性预设之上的制度设计，可以充分实现对权力的规范与限制，达到有效限制公共权力的目的。美国法哲学家博登海默说，"制定规范的目的就在于反对和防止无序状态，亦即反对和防止无结构的发展（structureless growth），因为这种发展会把社会变成一个连路都没有的大丛林，由于始终存在着这样一种危险，即人们运用一些服务于有益目的的制度的时候，有可能超越这些制度的法定范围，所以在某些历史条件下，会发生把管理变成强制、把控制变成压制的现象"，"如果法律制度为了限制私人权力和政府权力而规定的制衡原则变得过分严厉和僵化，那么一些有益的拓展和尝试也会因此遭到扼杀。"② 可见，完全建立在性恶论人性预设之上的社会制度安排，能够有效地实现限权和法治，但并不一定能真正实现人性善良意志的展现，不一定有利于人性的提升。

在这一点上，教学制度与一般社会制度有明显的不同。教学制度与其他社会制度的区别，最根本就在于学校作为一个教育机构与其他组织的差异，"学校既是一种组织，又是一种不同于其他社会组织的特殊机构。把学校组织与其他社会组织相区别的，正是其有目的、有计划、有组织地进行系统教育这一基本的职能。"③ 教学活动的育人性质，决定了教学制度与其他社会制度性质之间存在很大差异。一项制度之所以有资格被称为教学

---

① ［英］卡尔·波普尔：《猜想与反驳》，傅季重译，上海译文出版社1986年版，第491页。

② ［美］E. 博登海默：《法理学：法律哲学与法律方法》，邓正来译，中国政法大学出版社1999年版，第403—404页。

③ 范国睿：《多元与融合：多维视野中的学校发展》，教育科学出版社2002年版，第5页。

制度，这是由教学的特性决定的。教学活动从根本上是为了实现人的成长和发展。教学生活世界是一个人文世界，在这个世界中，教学价值的实现更多取决于教师的信念、期待和良善的行动，而不是取决于外在的制度对教师行为的规范和约束。教学活动的根本属性，决定了良好的教学必定有一个积极的价值预设——人性向善。学生身上具有善的品质，学生的善是可以经由教师的引导而不断扩大，只要运用合适的教育方法，任何学生都是可以进步和向我们预期的方向发展的。基于这一价值预设，良好的教学应该更多地尊重和信任学生，对学生进行积极的引导，而不是防范和监督学生，对他们继续严格的管束和责罚。也就是说，教学世界的规范体系显然有别于一般的社会规范体系，不能仅仅作为监督、强制和非人道的控制而存在。换言之，教学制度意味着教师和学生在教学过程中要受到相应的规范和约束，但这种规范和约束不同于法律制度的惩戒性，更着重于对其激励、规劝功能；这种规范和约束绝不仅仅是压制性的，更应该是积极性、引导性的，是以人们理想的教学目标和学生的自我发展为指归的，是教学活动有序、顺利开展的重要保障力量。

二 价值性

教学制度是教学的规范，是维持教学世界秩序的需要。其实规范只是手段，不是目的，"任一规范都只是人类生活中的权宜之计，尽管在事实上规范是必需的，但在价值上却不值得尊重"①。

教学制度并非机械的规则，其自身蕴涵特定价值倾向，"规范系统总是逻辑地以价值的认定为根据"。② 任何一类教学制度背后都蕴涵着一定的教学价值观。

教学制度是在教学实践中生成的，是由人去设计、完善的，也是靠人去实施的。教学制度的设计和建设，不仅仅是一个技术操作问题，其背后更蕴涵一定的价值追求。从教学制度产生的内在逻辑来看，它与一般社会

---

① 赵汀阳：《论可能生活》，中国人民大学出版社 2004 年版，第 5 页。
② 杨国荣：《道德和价值》，《哲学研究》1999 年第 5 期。

制度在本质上是一致的，都是一种规范体系，但是教学制度所追求的价值与一般社会制度追求的价值又有明显的不同。其最根本的差别就在于，学校作为一个教育机构与其他社会组织在性质上是不同的，"把学校组织与其他社会组织相区别的，正是其有目的、有计划、有组织地进行系统教育这一基本的职能"。① 从根本上说，教学活动的目的是为了实现学生最大限度的发展，学生发展的可能性和发展程度是衡量教学制度价值大小的最终根据。

既然教学生活中确立的制度规则应该是为教学活动服务的，最终是指向学生发展的，那么，教学制度就应该以利于教师更好地开展教学和促进学生发展为导向，而不应该以追求规范和秩序为目的。如果教学制度以规范化和可操作性为目标，仅仅指向如何进一步方便管理，就只会愈来愈机械化，就会在实施中逐渐远离教学活动的价值。当前学校中，人们对规范和秩序的追求已经远远超越了保障教学自由的必要限度，使教学制度本身偏离了正常的轨道，钳制了正常的教学活动，阻碍了教学活动内在价值的实现。譬如，当前学校实践中，很多学校正在忙于制定更多的"教学规章"、"教学守则"、"课堂条例"，等等，从而造成了"规范化教学"现象日益盛行。他们在为实现教学"规范化"、"标准化"而努力的时候，似乎逐渐遗忘了教学活动价值评判的真实依据，遗忘了教学活动的本质属性。如此一来，秩序的维持成为最重要的目标，教学制度就会走向异化，最终必然会戕害学生的发展。正像赫尔巴特指出的，"假如要把监督作为常规工作的话，……我们也许只能期待这样的人，他们始终只是单调刻板的，并习惯于墨守成规俗套，不思改变，而对于高尚与奇特的事件则畏缩不前，把自己葬送于庸庸碌碌与安逸之中。"② 在教学活动中，如果一种教学制度仅仅让教师匍匐于规范之下，变得"中规中矩"，在教学活动中失去独立的个性，这样的教学制度也不具有正当性。

---

① 范国睿：《多元与融合：多维视野中的学校发展》，教育科学出版社 2002 年版，第 5 页。
② ［德］赫尔巴特：《普通教育学》，李其龙译，浙江教育出版社 2002 年版，第 28—29 页。

三　文化制约性

教学制度是建立于教学活动基础上的，教学活动归根到底是一种人为和为人的活动，这种属人的性质决定了它必然带有文化制约性的特点。

众所周知，文化本身是一个复杂的范畴，正如美国资深文化人类学家格尔兹所言："文化这个词在社会人类学领域因其所指的多义性和研究的模糊性而声名不佳。"① 但大多数文化学家还是承认，文化就是在人们的生存和发展历史中形成并通过人们的各种活动而表现和传承的行为方式、价值观念、风俗习惯、语言符号、知识系统的整体，其核心是人精神层面上的价值观念。任何社会的教学活动都不可能超越自身所处的文化传统和文化环境。教学制度作为一种"社会建构之物"，是建立在一定教学活动基础之上的，其形成和实施过程也就必然深受它所赖以存在的文化传统的制约。"每种文化都有其教育传统，而在不同的文化传统中，教育所涉及的范围和领域各不相同。"② 每一种教学制度，从教学价值的取向到教学目的的厘定，从教学内容的安排到教学方法的选择，从教学活动的组织到教学评价的实施，都会打上深深的文化传统的烙印。

具体来讲，在某种文化传统和文化环境中可行的教学制度，在另一种文化传统和文化环境中未必可行；在某种文化传统和文化环境中有效的教学制度，在其他情况下不一定有效。譬如，当今学校改革中，有很多学校热衷于从国外或其他地方移植一些先进的制度，但是这些教学制度却往往不能有效实施，甚至最终被扭曲、异化。究其原因，我们把教学制度当成了独立于文化传统、独立于人而存在的客观工具和实体，当成了一些可以随意拿来的纯粹"规则"。在没有充分考虑和不加以改造的情况下，就急于移植和实施，必然不会成功。余英时有一个形象的比喻，"建筑材料（从制度到文化）全是从西方输入的，然而建筑师并没有真正渗入过西方式的建筑物，更不了解其内在的结构和关系，所以造出来的仍然是中国式

---

① ［美］克利福德·格尔兹：《文化的解释》，上海人民出版社1999年版，第2页。
② 瞿葆奎：《教育学文集·教育与教育学》，人民教育出版社1993年版，第300页。

的房屋。"① 可见，文化制约性决定了教学制度是不可以随意引进和照搬的，而必须是在本土的学校改革实践中自主建构的。在学校改革中，学校管理者应该从学校的具体情境出发，来建设与本学校相适应的教学制度，而不能照搬别处的经验。

还需要指出，对教学活动而言，教学制度只是"底线规范"。制度往往只规定人们活动的最低要求，明确底线行为，制度本身并不能保证更良善、高尚的行为一定会产生。"事实上，由低要求的价值是不可能推出或发挥出更高要求的价值的，在价值上，如果把低要求规定为基本要求，低要求马上就变成了最高要求"，"通常人们在价值上总是就低不就高，因为低标准比较容易做到，比较省心。"② 严格、忠实遵守教学规范的教师可能是一个"合格"的教师，但不太可能是一位优秀的教师；仅仅依靠遵守教学的基本规范，教师也往往很难有激情的投入；片面依赖严格的制度进行管理，也许能维持正常的教学秩序，减少教学行为的失范，但完全寄希望于通过加强制度建设来变革教学现实、提升教学的境界、达到理想的教学效果，也是不现实的。

第三节　教学制度的构成分析

制度主要是由规则构成的。马克斯·韦伯就曾把制度定义为"任何一定圈子里的行为规则"③，制度经济学家诺斯也认为，"制度是一个社会的游戏规则，更规范地说，它们是为决定人们的相互关系而人为设定的一些契约。"④ 如果仅仅把制度定义为一种规则，就抹杀了规则与制度之间的差别。英国法学家麦考密克在《制度法论》一书中，曾经区分"制度"和

① 余英时：《文化评论与中国情怀》（上），广西师范大学出版社 2006 年版，第 222 页。
② 赵汀阳：《论可能生活》，中国人民大学出版社 2004 年版，第 5 页。
③ ［德］马克斯·韦伯：《经济与社会》（上卷），林荣远译，商务印书馆 1997 年版，第 345 页。
④ ［美］道格拉斯·C. 诺斯：《制度、制度变迁与经济绩效》，刘守英译，上海三联书店 1994 年版，第 3 页。

"规则"两个概念，认为"制度显然与规则有某些关系，但并不与规则等同"①。教学制度主要是通过教学规则的实施而实现对教学活动的规范。教学制度首先体现为一系列的教学规则，但也不等同于教学规则。如果仅仅把教学制度理解为一系列见诸文字的教学规则，而没有考虑规则背后的一套实施体系，就常常会出现制度沦为一纸空文的现象。在学校情境中，教学规则既有正式的、显性的，也有非正式的、潜在的，也就是通常所说的正式规则和非正规则。

一 正式教学规则

在教学活动中，最容易看到的是显性的、正式的教学规则，如学校关于课程安排、授课、教研、备课、考试等教学环节的规定，关于教师课堂行为的守则与学生课堂纪律的规定。正式教学规则是显性的、公开的，往往体现为程序化的政策、计划、方案等。正式教学规则也是刚性、可控和可操作的。学校管理者可以根据需要自觉制定、修改和实施相应的教学规则，对教学活动进行必要的规范、约束和监督。一所学校内部教学改革的过程，往往就是对旧的教学规则进行改造和重塑的过程。正式教学规则的核心要素体现在两个方面：一是学校所制定、颁布和实施的教学常规，二是教师在课堂上制定、实施的课堂纪律。

（一）教学常规

教学常规就是学校为规范教学活动而制定的教师的行为准则，通常体现为对教师教学行为肯定或否定的要求，它蕴涵在学校所制定与发布的与教学相关的"文件"、"条例"和"细则"、"规范"中，如"教学管理条例"、"教师日常行为规范"、"教师职业道德规范"、"教师行为守则"等。教学常规的存在对教学活动而言无疑是必要的，是学校对日常教学活动进行规范、管理和控制的重要方式和手段。教学常规是教师的教学守则、教学纪律，离开一定的纪律约束，将教学理想、教学价值的实现完全依赖于

---

① ［英］麦考密克、魏因·贝格尔：《制度法论》，周叶谦译，中国政法大学出版社 1994 年版，第 63 页。

教师的自主、自觉和道德良知上，就有可能使教学活动陷入一种完全"个人主义"和"无政府主义"状态。可以说，当教师的教学行为失去正当的控制，可能会沦为破坏性力量。我们不能否定教学常规存在的必要性，因为教师作为普通人，不是完人，也是存在人性弱点的，"人是一种有限的存在：他是总体的一部分。在生理上，他是宇宙的一部分；在道德上，他是社会的一部分。因此，他不可能在不与他的本性相矛盾的情况下，试图逾越强加于各个方面的限制。事实上，在他身上任何最根本的东西，都取决于这种有限性。因此，如果从我们的观点看，纪律是善的，这并不是因为我们带着一种反叛的眼光来看待本性的作用，或者我们从中看到了一种必须打破的恶魔式阴谋，而是因为除非受到纪律的约束，否则人性就不能成其为人性。"① 这表明，只要我们肯定教师的人性弱点，就无法否认教学常规存在的必要。

教学常规既然是对教师教学行为的规范，它应该具有以下三个特点。

1. 具体化

教学常规是针对现实教学活动制定的，是对教师教学行为的具体要求，不存在绝对化和普遍化的教学常规，因为任何教学活动都是具体的、个别的，"如果我们不是试图做出适用于所有各种组织的普遍结论，而是得出某些在恰当的类似情景中可以合理地期望它们会发生作用的一些指导方针，其效果会好得多"。② 因而教学常规应该是个别的，不是普遍适用的；是具体的，而不是抽象的。现实教学活动中，若不分特定的教学情景和模式，将某种教学常规普遍化和绝对化，则是对教学活动复杂性的否定，是对教师主体性和能动性的蔑视。事实上，这样的教学常规也正如当年恩格斯批判抽象的道德时所说，"它是为一切时代、一切民族、一切情况而设计出来的；正因为如此，它在任何时候和任何地方都是不适用的，而在现实世界面前，是和康德的绝对命令一样软弱无力的。"③ 退一步说，

---

① ［法］爱弥尔·涂尔干：《道德教育》，陈光金等译，上海人民出版社 2001 年版，第52 页。

② ［美］布卢姆等：《教育评价》，邱渊等译，华东师范大学出版社 1987 年版，第 37 页。

③ 《马克思恩格斯选集》（第 4 卷），人民出版社 2012 年版，第 247 页。

倘若不同学校、不同学科、不同个性的教师都遵循同样的教学常规，教学活动岂不成了程序化的流水线，教室岂不成了标准化的车间？学校岂不成了标准化产品的加工厂？可以说，教学常规只能是针对个别教学活动的具体要求，是针对特殊教学情境的具体细则，而不是普遍要求。

现实教学中，教学常规不能流于宽泛、抽象，必须具有可操作性，才能有效地贯彻和实施。学校在制定教学常规时，要避免把教学常规变为一堆无法实施的口号和笼统的、大而化之的抽象规定。

2. 人性化

学校是教育的场域，是激发人性向善，促进人性提升的地方，而不是冷冰冰的产品制造厂。课堂不是机械化的车间和流水线，而是充溢着人性、道德和价值的场所。教师的教学工作不是机械化的职业劳作，而是需要倾注情感、激情的职业教学生活是一种精神的生活。教学的质量和成效在很大程度上取决于教师积极的情感、友好的态度和人格的力量，而这些也都不是靠规范和约束教师行为就能实现的。教学效益的呈现需要一个长期的过程，课堂教学的质量很难通过数字化的方式进行量化和评价。因而用工具化、数量化手段对教学活动和教学行为进行管控不利于教学终极价值的实现。无可否认，并非所有的教师都会从善的或良好的意图出发从事教学活动，所以教学常规就是对破坏、危及正当教学秩序的行为加以限制和规范，但这种限制并不必然以贬低教师的人性为前提。涂尔干也表达过同样的观点，"假如，一种规范对人性构成了破坏，无论它是多么强大，都不可能持续，因为它不可能扎根于人的良知深处。"[1]当一种教学常规完全贬低人性的尊严，也就不可能有良好的教学目的。漠视人性尊严的教学常规是不合理的，不合理的规范也就很难赢得教师的认同和遵守。

3. 合理性

教学常规会对教学活动做出规定，对不合理的教学行为进行限制和约束，它是学校日常教学管理工作的重要凭据。良好的教学常规应该尊重教学的本性，合乎教学活动的基本规律。可以说，尊重了教学的本性与规

---

① ［法］爱弥尔·涂尔干：《道德教育》，陈光金等译，上海人民出版社2001年版，第39页。

律，合乎了教学之理的教学常规，才能保障正当教学目标和价值的实现。在学校管理中，教学常规应该是有效的，具有执行力和约束力的，否则教学常规就失去了存在的必要，但其前提必须是"合理"的，是科学的。教学活动作为一项社会实践活动，不应该是非理性、盲目的活动，而应该是理性、科学的活动。教学活动中内隐着一定的教学原理与规律，这需要我们去揭示。只要不自欺欺人，不妄自菲薄，只要我们教师积极投身教学实践并善于运用我们的智慧，就能找到教学的相对真理，这些相对真理也体现在夸美纽斯、赫尔巴特、杜威、皮亚杰、布鲁纳等一大批教育家和心理学家对教学与人的发展问题的研究与探索中，散落在今天我们所能看到的对各种"教学理论"和"教学规律"的探讨中。教学中的真理虽不像物理学中万有引力定律那样具有精确性，但若由此否认教学中的"相对真理"，却是对人类认识能力的无知。否认长期以来人类对教学自身认识的经验成果的科学性，也是一种荒唐的"不可知论"。事实上，有一定教学实践经验和阅历的教师也大都能在一定程度上共享和认同这些相对真理。

真正合理的教学常规还应该以尊重教师的正当教学自由和促进教学创造性的发挥为前提，而不是以严格管理和追求秩序为前提。教学管理工作不是为了纯粹的规范而制定和实施常规，否则，我们将会在制定和实施教学常规的过程中陷于"管理主义"的泥潭，必将使教学活动走向异化，良善的教学目标就不可能实现。总之，良好的教学常规应该建立在对教学活动本性尊重的基础上，良好的教学常规也不应该与教师的教学自主性相冲突，不应该成为教师进行个性化教学的障碍。如果我们对教学活动的本性有足够的认识，就不应该详尽地规定教师应在课堂上采取何种固定的教学方法和教学方式，不应该事无巨细地规定教学的基本程序，而应该尊重教师自身的个性、自主性和对教学活动的独特理解，允许教师根据教学实际需要选择合适的教学内容，并据此做出明智的课堂决策，允许教师根据实际教学情况灵活变通，自主选择适宜的教学方法。

（二）课堂纪律

教学规则不仅是对教师行为的规范，也是对学生行为的约束。教学规则对学生的约束和限制主要是通过制定和实施课堂纪律来实现的。课堂纪律是为学生制定的课堂行为准则，就是为学生的课堂行为立法，它规定学生在课堂上可以做什么、不可以做什么。在学校管理和班级管理中，经常会制定和实施"学生日常行为规范"、"学生守则"、"学生课堂行为细则"、"学生课堂违纪处罚条例"等，这些都是课堂纪律的体现。

在课堂教学中，形成、制定和贯彻一定的课堂纪律，是维持正常课堂秩序和保障教学活动顺利开展的前提条件。毫无疑问，教学活动的对象大多是未成年的儿童，他们理性尚不成熟，形成中的理性还不足以支配他们的行为。不管对儿童的人性持多么乐观的看法，我们都无法否认，他们的行为往往还受到本能、欲望、情绪的驱使即使是理性相对成熟的学生，也未必能做到完全自律，因而教学活动必须对学生的行为进行限制和规范。极力倡导儿童自由的涂尔干也旗帜鲜明地指出，课堂上必须对儿童进行严格的纪律约束，"儿童必须定期上课，他必须守时，还得有适当的举止和态度。在课堂上他应该遵守课堂纪律，决不可以捣乱。他必须完成家庭作业，而且要按照一定的要求，做得相当好……"①

当然，课堂纪律不是随意制定的，它不是保证"教室表面平静、教学四平八稳"的简单手段。如果课堂纪律保证了课堂的秩序，却失去了教学应有的活力，这绝不是好的课堂纪律。课堂纪律要成为良好的课堂规范，必须具备以下三个条件：第一，课堂纪律应该是公开的、明确的，而不应是模糊的。哈耶克指出，规则"应当是公知的且确定的"②。列宁也明确指出："方针明确的政策是最好的政策。原则明确的政策是最实际的政策。"③课堂纪律主要是对学生课堂行为的规范，应该是公开的、透明的。也只有这样，学生才能知道究竟有哪些规则纪律需要遵循，违反这些规则纪律会有什么后果。如果课堂纪律是不公开的、不透明的，就难以避免执行中的随意性，课堂纪律本身的严肃性和公正性也很难得到保证，缺乏公正和学生认同的课堂纪律必然缺乏执行力和有效性。第二，课堂纪律不应该仅仅靠教师的强制手段施加给学生。依靠专制手段和粗暴的方式使学生"服

---

① ［法］爱弥尔·涂尔干：《道德教育》，陈光金等译，上海人民出版社 2001 年版，第 52 页。
② ［德］哈耶克：《自由秩序原理》（上册），邓正来译，三联书店 1997 年版，第 266 页。
③ 《列宁全集》（第 14 卷），人民出版社 1988 年版，第 298 页。

从"和"遵守"的课堂纪律，其实未必能得到学生的真正认同和接受，甚至会引发学生的反感和抵触。正如涂尔干所说，"实践中，特别有一些粗暴的课堂规范，某些野蛮的做法，表面看起来确实可以保证课堂的平静与秩序，我们抵制这样一种规定，因为这种规定明显是强加给儿童的，它唯一的目的，就是使教师很容易整齐划一地完成他的任务。这样一种体系在学生中唤起的，难道不是对教师的敌意、抵制和憎恨？"① 第三，课堂纪律必须为学生的合理行为预留足够的空间。课堂教学质量的高低取决于学生是否自主、自觉地参与课堂。课堂教学的真正成效，取决于学生的创造性是否得到解放，个性是否得到充分发挥，而不取决于是否有严格的课堂纪律和是否进行了较强的课堂控制。所以，课堂纪律无须涵盖整个课堂生活，它不能任意干涉学生合理的课堂行为，而必须为学生的自主选择、合理交往和自由思考留下足够的空间。课堂纪律也仅仅关涉学生的行为，不能规定学生想什么、说什么，不可以随意干涉学生正常思考和表达的自由。

二 非正式教学规则

在正式的教学规则系统之外，也有一些非正式、隐性的教学规则存在，人们常常把这种规则称为默示的规则或"潜规则"，以区别于公开的、正式的教学规则。教学活动中有许多具有同样规范和约束性的规则（如教学习惯、课堂仪式等），它们从存在形式上看往往是模糊的，人们对它的遵守也往往是自发的、不假思索的。虽然这些隐形规则隐匿在教学活动背后，不是公开言明的，但它们常常发挥着不可替代的功能，真实地影响和制约着教学活动中的师生行为，不断地塑造着师生交往关系。

（一）非正式教学规则的形式

教学习惯是非正式教学规则的一种主要形式，是指教师在长期教学实践中所积淀、形成的一套稳定的教学行为模式。马克斯·韦伯认为，使人类的集体生活得以有序进行的社会规范，除了法律之外主要还有"习惯"，"我们把习惯定义为一种典型的始终如一的行动方式，它之所以保持着常

---

① ［法］爱弥尔·涂尔干：《道德教育》，陈光金等译，上海人民出版社2001年版，第145页。

规的模式，仅仅是因为人们对它已经习以为常，从而不假反思地模仿行事。"①在教师习以为常的教学行为背后，常常是教学习惯在发挥作用，有时恰恰就是这些无意识、"没过脑子"的教学习惯，支配甚至决定了教师的教学行为。当然，教学行为习惯有积极、促进教学的，也有消极、阻碍教学活动的。特别是有些消极的教学习惯往往有悖于新的教学理念，妨碍教师教学创新和教学技能的提升，不利于正当教学价值的实现。由于教学习惯常常会固化教师的教学行为，钝化教师的教学思维，妨碍教师的自我革新，成为维系教学传统的坚固堡垒，因而也是教学改革中亟须突破和改造的。

课堂仪式（或称为"课堂礼仪"）通常是课堂教学中表现出来的，以象征性、表演性为主要特征的一整套行为方式和程序。课堂仪式作为一种非正式的规则，对课堂行为的规范、对集体生活的维护和对课堂交往准则的塑造都具有重要意义，也是现实教学情景中一种不容忽视的隐性课堂规范。对其进行研究是非常有必要的。著名文化学家哈维兰对"仪式"进行专门研究，清楚表明"仪式"本身也是一种重要的社会规则。

> 仪式在开始时是一种象征，一种姿态，只在作为象征的事实与性质的代表物时有其实用性；但是后来发生了变化，一般不再把它看作人类交往中的象征事实。不久，在一般理解中，礼貌本身就具有一种实际效用，具有一种神秘的特性，大部分同它原来象征的事实无关，这时，违礼失仪已成为人们所共弃的行为，而有教养、有礼貌，则在通常理解中不仅是品质优良的表面标志，而且是心灵高洁的主要特征。破坏礼法是一件恶行，很少有别的事物会那样地激起人们本能上的反感；这时遵守礼法具有内在的价值这一观念已经发展到了这样的程度，以致有人如果有违礼举动，他就会被看成一文不值。②

---

① 李猛：《韦伯——法律与价值》，上海人民出版社 2001 年版，第 57—58 页。
② ［美］威廉·A. 哈维兰：《当代人类学》，王铭铭等译，上海人民出版社 1987 年版，第 303—306 页。

课堂仪式是一种日用而不知的课堂规则，其背后也蕴涵着一定的教学观，反映出对教学活动的价值追求。我国中小学课堂教学中，很多教师都非常重视"开课仪式"，常见的"开课仪式"如"起立……老师好……同学们好……请坐"。其实，这样一个习以为常的课堂仪式，就是一种现实、有效的课堂规则：一是这一仪式往往大都不断映射和强化出教师与学生不同的身份和地位。对于上课仪式中不严肃、不认真的行为，有些教师往往会感到这是对自己身份的一种蔑视，对课堂规范的一种挑衅。二是起到警醒学生、提升学生注意力的功效。开课仪式预示着课堂生活的正式开始，学生必须从仪式前的松散状态转入上课状态。因此，开课仪式也被很多教师视为调控课堂秩序的重要手段。事实上，课堂仪式作为影响教学活动的规则，在现实课堂生活中常常是被教师无意识地运用，但却一直很少引起研究者的关注。

在教学活动中，以上两种非正式教学规则和正式教学规则之间并不是彼此孤立的，而是互相影响、相互补充、互相渗透，有时甚至互相冲突和抵牾的。它们可能会为正式教学规则的实施提供必要的支持性条件，补充正式教学规则的不足，也可能会成为腐蚀和消解正式教学规则的力量，使正式教学规则沦为一纸空文。特别是在教学变革中，这种矛盾和冲突就表现得相当尖锐。在新的教学规则面前，教师的习惯行为和课堂中的传统仪式都可能会顽强地阻碍教学规则的实施，造成教学改革的失败。有史为鉴，自改革开放以来，我国中小学虽历经几次声势浩大的课程改革，但是新的教学行为和教学模式仍然难以从根本上确立，新的教学理念仍然在很大程度上停留于口号层面，很难变成教学现实，这不能不说是与教师习以为常的教学习惯的顽强抵制密切相关。

（二）非正式教学规则的特点

非正式教学规则具有和正式教学规则不同的特点。

第一，形成过程的自发性。一般而言，正式教学规则都是人们有意识、有目的地制定和实施的，其形成具有自觉性特征。而非正式教学规则却是一种无意识下形成的不成文的行为规则，它是在比较长时间的教学实践中自发形成的。非正式规则并非人为设计或外在权威进行强制推行的产物，实际上是一种自然产生和逐步发展的结果，用哈耶克的观点说是一种"自生自发"的过程。制度经济学上有时也把它们称为"内在制度"，它是"从人类经验中演化出来的，它体现着过去曾最有益于人类的各种解决办法。其例子既有习惯、伦理规范、良好礼貌和商业习惯"①，或者指"人们在长期交往中无意识形成的，具有持久的生命力，并构成代代相传的文化的一部分，如道德、习俗、意识形态等"②。

第二，维持的非强迫性。正式教学规则作为一种成文的规则，其功能的发挥往往是通过一定程度的强制力（惩罚措施）来实施的。相反，由于非正式教学规则是一种自发形成的非成文行为规则，是一种约定俗成的无意识规则，所以，其作为规则对教学活动的制约，也表现为非强迫性。也就是说，其作用力的发挥来自教学共同体内部的相互效仿、集体成员的从众心理、自觉意识和惯性等，所有这些都是集体性的"强制力"。这种"强制力"通过群体内部的传播力实现。迪尔凯姆曾用这种约束力来解释教育中的规则。他认为，教育儿童起初是通过某些必要的规则，迫使他爱清洁、守安静、听教训，接着强迫他懂得待人接物的礼节、社会习俗、行为规范，以后又强迫他学会做事等。等儿童长大了，这种强迫力就逐渐消失，但是他幼时接受的教育行为已经构成了他"与生俱来的习惯，不需要强迫他自己也照样能做下去：

　　个人感受到的一种集体力量，这种力量支配个人，使个人顺从。这种集体力量是自然的，并不是人造的机器，也不是离开现实、可以按照个人的意愿随便增减的。它来自现实的内部，是由一些确实的原因必然地产生出来的。强制既然是由个人心悦诚服地产生出来的，要使个人服从这样的强制，自然不必机械地压迫个人，只要利用人类自

① ［德］柯武刚等：《制度经济学——社会秩序与公共政策》，韩朝华译，商务印书馆2000年版，第36页。
② ［美］道格拉斯·C. 诺斯：《制度、制度变迁与经济绩效》，刘守英译，上海三联书店1994年版，第3页。

然的服从心和人类自然的弱点就足够了。①

规范的约束力就是迪尔凯姆所说的这种强制。这种强制主要不在于其惩罚和使人们屈服，而更重要的在于其规劝和引导；这种规范和约束绝不仅仅是压制性的，而更应该是积极性、引导性的，是以实现人们的自觉认同和遵守为指向的，是以人们理想的教学目标和学生的自我发展为导向的。

第三，变迁的迟滞性。非正式教学规则一旦形成，往往是根深蒂固的，具有很强的惰性或经济学上所说的"路径依赖性"。"路径依赖类似于物理学中的'惯性'。一旦进入某一路径（无论是'好'的还是'坏'的），就可能对这种路径产生依赖。"② 而教学中，教师的行为习惯往往就具有这样明显的特征，它一旦形成，就很难摆脱。因而，在很多情况下，特别是在观念急剧变化的时代，非正式教学规则很容易导致保守，成为一种消极、落后的代名词。可见，这些非正式规则往往比正式教学规则更加根深蒂固，更加深入人心，在教学活动中起到更加重要的作用。可以看出，在教学制度的规则体系中，正式教学规则和非正式教学规则在存在形态上是不同的，前者体现为公开的规则体系，后者则表现为隐性和潜在的行为规范；两者发挥作用的方式也有很大差别，前者主要通过刚性的规则和必要的惩戒手段，对人们的行为进行外在的约束和限制，后者主要是通过约定俗成的方式，通过人们的习惯、信念等自觉遵守。

其实，要对非正式教学规则进行清晰的定位，我们还有必要对学校中的价值观念、意识形态、教学思维方式等最具隐性的要素和教学习惯、教学惯例、课堂仪式等相对显性的要素进行必要的澄清。从制度经济学者的论述看，像学校价值观念、意识形态和思维方式等潜在性的要素，也经常被视为"非正式规则"。当然，必须承认，从其存在形式和发挥作用的途径、方式看，价值观念、意识形态、思维方式和伦理道德等虽然也对人们

---

① 迪尔凯姆：《社会学方法的规则》，胡伟译，华夏出版社1999年版，第100页。
② 吴思：《潜规则——中国历史中的真实游戏》，云南人民出版社2002年版，第5页。

行为起规范作用，但它们似乎更应该被看作是教学中的"文化"要素，可以看成"教学文化"或"教师文化"的一部分，因而，我们将其排出我们所要考察的"非正式教学规则"的范围。否则，我们所研究的教学规则本身就把几乎所有的原本属于"文化"范畴的要素统统纳入其中，教学规则本身就成了一个无所不包的"大杂烩"，也就失去了概念本身应具有的明晰性。

第四节　教学制度与教学自由

教学自由与教学制度紧密相关。良好的教学制度不单是为了教学的规范和秩序而存在，也应该是为保障正当的教学自由和实现教学的价值与意义而存在。对教学制度价值的考量和评价不仅要考察其是否保障了教学活动的秩序，更要分析其是促进还是阻碍了教学自由的发挥和实现。

一　自由内涵的理解

当今时代，"人是自由的"这一认识已不再停留于少数思想家的玄思妙想或精彩论述中，而正在成为现代人的一个基本信念。

自由是什么？这似乎是一个难以准确、清晰回答的问题。正如柏林所说的，"人类历史上几乎所有的道德家都称赞自由。同幸福与善、自然与实在一样，自由是一个意义漏洞百出以至于没有任何解释能够站得住脚的概念。"① 确实如此，人们完全可以从不同的领域、不同的角度对自由加以研究，对自由进行各自不同的界定与理解。尽管关于自由的理解，莫衷一是，众说纷纭，但概而言之，对自由的界定都不能超越两个基本的层面——本体论意义上的自由和认识论上的自由。

（一）本体论意义上的自由

在本体论意义上，自由是每个人生来就有的品质，自由要求每个人都应该成为自己的主人。自由的宗旨就是"让个人的'生活计划'得以实

① ［英］以赛亚·柏林：《自由论》，胡传胜译，译林出版社2003年版，第189页。

现，让他们有能力去'创造自由的生活'，去'追求自己的设计'，去'达到他们所认识的善'，如此这般"①。也正是在自由与个人的这种内在统一性上，所以，"在原始的意义上，自由是指人的存在。"② 自由是人生存的基本需求，这可以从人最原始的生命个体中体现出来。瓦特生博士（Dr. Watson）认为，婴儿有一种与生俱来的性格特点，即对婴儿手脚的任何束缚都会使他们愤怒。儿童的这一本能，正是人类热爱、寻求自由的基础。

对人"自由"本性的认识，实际上已经历了长期的历史过程。在古希腊时期一些思想家就已经开始思考人的自由问题，在历史上最早产生了"自由是人的本性"这样的初步认识。亚里士多德认为，"人是自由的，显然我们寻求它不是为了任何别的利益，而只是因为人是自由的，他为自己而不是为了别的什么而存在。"③ 近代启蒙运动以来，人们对人的自由本性有了更为深刻的认识，许多伟大的思想家都曾对自由进行过深入思考。洛克认为，人类的自然状态是一完备无缺的自由状态。在自然界中，自然法则支配着一切动物，禽兽总是服从，人虽然也受到同样的支配，但应该有反抗的自由。卢梭认为，人是生而自由的，而且人之所以为人的根本就在于人是自由的。人特别是因为他能意识到这种自由，因而才显示出他精神的灵性。他说："一个种的整体特性种的类特性就在于生命活动的性质，而自由的有意识的活动恰恰就是人的类特性"。④ 马克思认为，"一个种的全部特性、种的类特性就在于生活活动的性质，而人的类特性恰恰就是自由自觉的活动。"⑤弗洛姆更是直截了当地指出，"自由是人存在的特性"。⑥存在主义者萨特高举"存在先于本质"的学说，倡导自由选择，鼓吹人的

① ［英］安东尼·雅赛：《重申自由主义》，陈茅等译，中国社会科学出版社 1997 年版，第 35 页。

② ［美］约斯夫·科克尔曼斯：《海德格尔的存在与时间》，陈小文等译，商务印书馆 1996 年版，第 206 页。

③ 杨适等：《中西人论及其比较》，东方出版社 1992 年版，第 10—11 页。

④ ［法］卢梭：《论人类不平等的起源和基础》，商务印书馆 1997 年版，第 83 页。

⑤ 《马克思恩格斯全集》（第 3 卷），人民出版社 1995 年版，第 273 页。

⑥ ［美］弗洛姆：《逃避自由》，陈学明译，工人出版社 1987 年版，第 39 页。

自由。尽管其理论有唯心主义色彩，但是其对人主体性进行了积极的高扬。他认为人是自由的存在，人在其一系列的自我选择、自我创造的活动中体现着人自由的特性。

现代语境下，"人是自由的"这一观念已经成为人们的共识，成为现代人应该确立的一种基本信念和价值追求。当今时代，个体的自由问题之所以如此彰显，源于自由对当今社会的个体生活而言具有非同寻常的价值。在现代社会，自由对于个体是一种至上的价值。对个人生活而言，自由至少有三重意义。

首先，自由是一种权利。自由对个体而言首先意味着权利，它表示一个人有要求和主张某种利益或资源的资格，表示自己选择一种价值的可能性，一个人获得了这种资格与可能性，就表明他是自由的。作为权利的自由其重要性在于，它保证了个人在社会中追求自己利益和价值的正当性和合法性。比如经济自由，就是指一个人在社会经济生活中有出于自愿去追逐各种经济利益的权利。当这种权利为道德允许时，表明他的求利活动在道德上是自由的；而为法律允许时，则表明他在法律上是自由的。人们平常说的"争自由"，就是争取各种合情、合理、合法行动的权利。从此意义上讲，自由是人参与社会生活的基本条件，失去了自由选择的权利，就意味着失去了自主参与社会生活的可能。当然，自由只是一个人拥有的众多权利中的一种，除自由外，一个人还有平等、民主等权利。当然，自由不仅是最重要的权利，而且是一切其他权利的前提，对于没有自由权利的主体而言，其他权利都不可能，正如对一个没有自由权的奴隶，根本谈不上平等、民主一样。

其次，自由意味着选择的机会。在社会生活中，自由不仅意味着一个人具有追求个人理想价值的资格，还意味着他是否能给予这样的机会。在现代生活中现实的选择机会要比资格更重要。资格只是一个象征、一个可能，而实际能选择机会才能体现真实的自由。在标榜自由、民主和法治的社会中，如果整天高喊着自由的口号，向人们许诺着各种不同的自由的权利，但却从不兑现承诺，很少给予人们现实的选择的权利，这样的自由是虚无缥缈的，这样的社会是由谎言构成的社会。如果一个人完全被剥夺选择的权利和机会，危害将是很大的。罗素认为缺乏选择的自由，必然会导致反社会人格的产生，"心怀怨愤的人，会以破坏为乐，成为革命家、军国主义者，或患迫害狂的道德家——看机遇和这个人的禀性而定。"也就是说，一个人自由选择的权利如果受到压制，一旦成为权力者，就极有可能成为虐待狂、奴役者和施暴者。这种人格分裂现象在专制极权社会表现得相当明显。[①] 特别是现代社会生活日益开放，充满着各种复杂性和可能性，这尤其需要个人根据瞬息万变的情况和信息进行选择和决策，以便进行更理性的决策和实现个人的最大发展。反之，一个社会如果非但不为人们合法的自由选择创造机会，反而总是试图为人们的选择制造重重障碍，总是试图切断人们信息的活动通道，限制人们的信息获得，这样的社会必定为人们所唾弃，必定会被不断文明进步的历史所抛弃。

最后，自由能帮助个体实现自我潜能。社会的发展，需要每一个成员的贡献；个人的发展决定社会的发展。一个社会的发展程度，取决于社会中每一个成员自身的潜能能否得到最大激发，取决于能否为社会进步提供最大的正能量。社会和国家是个人的集合，没有个人进步，就没有社会的进步；没有个人发展，就没有国家的发展。自由的社会赋予个体在法制范围内最大限度的权利，能为每一个人提供最大的发展空间，能为每一位成员实现自身最大的潜能创造条件。在很大程度上，自由能解放人的个性，激发人的创造性，鼓励人的自信心，使人获得更高的尊严，从而激发人性的激情。

（二）认识论意义上的自由

认识论意义的"自由"将自由看成对"必然性"的认识，表明作为认识者的主体与客观事物及规律间的关系，主要涉及人们认识和改造外部世界的实践活动。自由与必然的关系问题恰如普列汉诺夫所说的，"关于自由和必然的问题——这个旧的，然而永远是新的问题产生在19世纪的唯心主义者面前，正如它产生在18世纪的形而上学者面前一样，正如它产生在

---

① 这种人格分裂在专制社会中非常明显：那就是不断地生产奴才和奴隶。奴隶变奴才，都非常顺利。一旦奴隶成为掌权者，就会变本加厉。鲁迅对这种人格分裂刻画得一针见血：专制者的反面就是奴才，有权时无所不为，失势时即奴性十足。见《南腔北调集·谚语》。

涉及存在与思维之间的关系问题的所有一切哲学家面前一样。这个问题，像斯芬克斯一样向每个这样的思想家说请你解开我这个谜，否则我便吃掉你的体系。"自由与必然的关系的确是一个既古老又常新的问题。自从人类产生，就有了人的主体性活动，就有了试图使自由与必然统一的努力与追求。当中国古人用"阴阳五行"来解释与把握世界时，当古希腊哲人泰勒斯说"世界的本原是水"时，就意味着人类开始了对外部世界规律与必然性的追求与探索，虽然囿于当时的社会发展和认识水平，人类对必然世界的认识还处于非常低级的层次。欧洲文艺复兴以来，"人成为万物的尺度"，人类的理性能力获得空前的解放，对自然界的认识不断扩展和深化，培根的"知识就是力量"这一论断鲜明地体现了近代人类理性解放的心声。尤其是伴随着近代自然科学革命，人类的认识能力突飞猛进，对外部世界的认识更加深化，对人类自身的理性能力也产生了更强的自信，理性主义和科学主义逐渐成为主导性认识思潮。

人类的自由就是人类对必然性的认识。对此，许多思想家都做过较为深刻的论述，如斯宾诺莎与谢林。不过，对自由与必然的关系做出较为完整解释的是黑格尔。黑格尔认为，"把自由和必然认作彼此抽象的对立，只属于有限世界，而且也只有在有限世界内才有效用。这种不包含必然性的自由，或者一种没有自由的单纯必然性，只是一些抽象而不真实的观点。自由本质上是具体的，它永远自己决定自己，因此同时又是必然的。一说到必然性，一般人总以为只是从外面去决定的意思，……无疑的，必然作为必然还是自由；但是内在的必然性就是自由。"① 自由与必然并不是割裂的，两者是统一的。"自由以必然性为前提"②，"必然性的真理就是自由。"③ 黑格尔认为人能够认识必然，通过认识必然实现人的自由。黑格尔对自由与必然的关系作了较为完整的解释，马克思和恩格斯对此给予了高度的评价。恩格斯说，"黑格尔第一个正确地叙述了自由和必然之间的关

---

① ［德］黑格尔：《小逻辑》，贺麟译，商务印书馆1980年版，第105页。
② 同上书，第323页
③ 同上书，第322页。

系。在他看来，自由是对必然的认识"。① 对于自由与必然的关系，恩格斯认为，"自由不在于幻想中摆脱自然规律而独立，而在于认识这些规律，从而能够有计划地使自然规律为一定的目的服务。"②

毫无疑问，自由是人对必然性的认识能力，但自由更是作为社会实践主体的人改造世界能力的主要体现。可以说，没有个体的自由能力，就没有人类社会的进步和发展。人只有在个体能得到自由发展的社会环境中，才能使自己的才智与潜力得到最大的发挥，才能推动人类社会的进步。密尔在《论自由》一书中明确提出，个体的自由发展是个人进步和社会进步的主要因素，"凡在不以本人性格却以他人的传统或习俗为行为准则的地方，那里就缺少人类幸福的主要因素之一，而所缺少的这个因素，同时也是个人进步和社会进步中的一个颇为主要的因素。"③ 而哈耶克在密尔的基础上，从知识论的角度进一步论证了自由是人类不断改进自己生存状态的必要前提，"我们之所以需要自由，乃是因为我们经由学习而知道，我们可以从中期望获致实现我们诸多目标的机会。正是因为每个个人知之甚少，而且因为我们甚少知道我们当中何者知道得最多，我们才相信，众多人士经由独立的和竞争的努力，能促使那些我们见到便会需要的东西的出现。"④ 正是因为人是自由的，人类才具有自我创造的能力，人类社会才是不断进步和文明的，这是人类区别于动物界的标志。人的自由是人类社会不断进步、不断前进的最根本动力。

总之，自由是人的本性所在，是人所具有的天赋人权，也是人认识能力和实践能力的本质体现。然而，人类自由的实现并非易事，这主要因为人类实现自由的能力和条件是有限的。自由的基本含义是"自主"（self - mastery），然而由于受到人与人之间理性的差异以及人的情感、意志等因素的影响，现实的人未必能获得充分的自主。特别是社会生活实践中，一

---

① 《马克思恩格斯选集》第 3 卷，人民出版社 2012 年版，第 491 页。
② 同上，第 153 页。
③ ［英］J. S. 密尔：《论自由》，商务印书馆 1986 年版，第 60 页。
④ ［奥］F. A. 哈耶克：《自由秩序原理》（上），邓正来译，生活·读书·新知三联书店 1997 年版，第 28 页。

个人的自由实践可能会妨碍另一个人的自由意志，甚至会严重侵害与剥夺另一个人自由的实现。因此，人类社会必须形成一些规范来约束人们的自由意志，从而使人与人之间的自由意志能互相协调、和平共处。所以说，人的自由只有在一定社会规范的保障下才能实现。洛克说，"没有法律，就没有自由。"① 卢梭也认为，"人生而自由，却无往不在枷锁中"。可以说，在社会生活中，自由是有限的，是在一定限度和范围内的，这也是自由本身最基本的规定性。

二 自由在教学中的定位

作为一种重要的生命活动和精神活动形式，教学活动依赖于"自由"的环境和氛围，教学活动是一种"自由"的活动。但是教学中的"自由"到底是什么？这是需要我们思考和澄清的。

（一）教授自由与学习自由

教学活动是教师与学生之间的双边双向活动，由教师的教授活动和学生的学习活动有机构成。教师和学生都是教学活动的主体，也应该都是自由的主体。因而，教学中的自由应包括教师"教"的自由（即"教授自由"）和学生"学"的自由（即"学习自由"）。在教学活动中，教授自由的存在是非常必要的。没有真正的教授自由，教师往往只是机械教条的"照本宣科"，课堂讲授中只能充斥着鹦鹉学舌般的"宣讲"和"灌输"。学习自由对于学生来讲，更是不可或缺的。自由对学生而言具有本体性的意义。学生的任何发展都与自由紧密相关，没有自由，就没有发展。苏霍姆林斯基曾经告诫我们，自由对儿童发展至关重要，因为"只有当孩子每天按照自己的愿望随意使用5—7个小时的空余时间，才有可能培育出聪明的、全面发展的人来。离开这一点去谈论全面发展，谈论培养素质爱好、天赋才能，只不过是一句空话而已"②。在课堂中，学生只有获得足够的思想自由、表达自由和交往自由，才能获得最大限度的发展，才能获得全面

---

① ［英］J. 洛克：《政府论》（下篇），商务印书馆1983年版，第36页。
② ［苏］苏霍姆林斯基：《帕夫雷什中学》，赵玮、王义高译，教育科学出版社1983年版，第175页。

的发展。如果学生在课堂上的学习是被迫的，处于"被学习"的状态，他不能按照自己的意志表达自己的观点，不能自主选择恰当的学习方式，不能自主地开展教学交往，学生的发展和成长就成为无源之水、无本之木。

（二）身体自由与精神自由

从自由的内容看，教学自由不仅包括人的"身体自由"，也包括人的"精神自由"。教学自由是"身体自由"与"精神自由"的统一。身体自由和精神自由同为人类自由的两个方面。身体的自由固然重要，甚至是人们生存的基本前提，但对教学活动而言，精神自由更重要、更具根本性，更能体现教育的价值和意义。此处的精神自由主要是指人的思想自由和内心自由。杜威在谈到教育中"自由"的性质时明确提出："关于自由的问题出现的最普遍的错误是，把自由认定为活动的自由，或认定为外部的或身体方面的活动"，"只有理智的自由才是唯一的永远具有重要性的自由"。① 身体的自由同思想、精神的自由是分不开的，传统学校中最大的局限表现在对人的精神自由施加大量的限制。所以杜威说，学校中外部活动的自由增加了，但教育上的问题并未解决。人这个生命体拥有"双重生命"：自然生命和精神生命。教学活动要对人的生命保持敬畏，就必须既敬畏人的自然生命，又敬畏人的精神生命。正如法国著名思想家阿尔贝特·史怀泽（Schweitzer, A.）说，思想构成文化的本质，"人越是敬畏自然的生命，也就越敬畏精神的生命"。② 康德（Kant, I.）说，"启蒙运动除了自由外并不需要任何别的东西"。这里的"自由"当然是精神的自由，即"在一切事情上公开运用自己理性的自由"③。密尔对人的思想自由做出了最强有力的辩护，"假定全体人类都执有一种意见，而仅仅一人执有相反的意见，这时，人类要使那一人沉默并不比那一人（如他有权力的话）使人类沉默较可算为正当。"④ 在人类思想发展史上，启蒙运动的真正贡献

---

① ［美］杜威：《我们怎样思维·经验与教育》，姜文闵译，人民教育出版社1991年版，第281页。

② ［法］阿尔贝特·史怀泽：《敬畏生命》，陈泽环译，上海社会科学院出版社1995年版，第131页。

③ ［德］康德：《历史理性批判文集》，何兆武译，商务印书馆1990年版，第24页。

④ ［英］密尔：《论自由》，许宝骙译，商务印书馆2005年版，第19页。

在于从精神和思想上解放了人，自此以后人们开始公开、自由、彻底地运用自己的理性，最终从蒙昧和被监护的状态中摆脱出来，这在很大程度上影响和改变了近现代学校教学的状况。对于精神自由，学校教学必须高度重视并切实落实。没有精神的自由，任何其他的自由都将失去意义。

（三）积极自由与消极自由

教学中的自由不仅指人们可以"做什么"的自由，更包含人们"不做什么"的自由，也即柏林所提出的"消极自由"与"积极自由"。一般情况下，我们是从"积极自由"的角度来谈论教学活动，实际上"消极自由"对教学活动具有更现实的意义。所谓"消极自由"，是"免于……的自由"，根据柏林的说法，"就是在虽然变动不居但永远清晰可辨的那个疆界内不受干涉"。哈耶克说得更明确，"消极的自由"就是从强制中解脱出来的自由，即"强制之不存在的自由"，故又称为"否定的自由"[1]。在这个意义上，自由就意味着不被别人干涉。[2] 不论人们对自由的概念存在多大争议，但几乎都一致认定，"如果我们不想贬抑或者否定我们的人性，我们就必须保有最低限度的个人自由的领域"[3]，"不受干涉的领域越大，我的自由也就越大"。[4] 在这种意义下，判断一个人是否具备自由的标准，就是看其行为是不是出于外力胁迫，别人是不是直接或间接阻碍了其愿望的实现。消极自由的概念适用于学校教学生活中，具有更强烈的现实意义。"免于被强制"是教师教学行为和学生学习行为的底线。但是在教学中，教师能在多大程度上享有免于被非正当权力控制、免于被监视？学生在多大程度上拥有免于"恐惧"、"歧视"、"猜疑"、"孤立"的状态？在多少情况下，学生是被迫违心的表达？是被"要求"表明自己的"立场"？当学生在课堂上感受到的不是轻松、愉悦，而是紧张、焦虑甚至恐惧的气氛，当学生不能按照自己的意志来表达，只能"被迫"表达时，很难说他是自由的。

---

① ［奥］哈耶克：《自由秩序原理》（上），邓正来译，三联书店1997年版，第3—18页。
② ［英］以赛亚·柏林：《自由论》，胡传胜译，译林出版社2003年版，第173页。
③ 同上书，第194页。
④ 同上书，第170页。

另外，教学中的自由不是自由放任，而是有限度的，是一定规范下的自由。不管是教师的教授自由，还是学生的学习自由，都是有一定限度的，都是在一定范围内的。此限度是不能破坏和阻碍正常的教学秩序，不能造成对他人正当自由的破坏。当然，教学中的自由要受一定教学制度的规约，要符合一定的社会道德、伦理和习俗。从状态来看，教学中的自由不仅仅是人的基本权利，更是一种存在状态，是人们享有的种种权利和实现状态的总和。也就说，教学中的自由不是停留于理念和观念中的，而是有着现实的表现，在教学中既表现为一些可以自主选择的权利，又表现为自主选择的行为。

当然，不管教授自由还是学习自由，都是在特定的教学形态和教学制度框架下进行的，而不是超越特定教学制度的。合理正当的教学制度是教授自由和学习自由的重要保障。

三 制度下的教学自由

教授自由是教师在教学活动中享有的自主选择权利，如果自由不能体现为教师的教学权利，教授自由也是难以存在的。教师的教学权利是正当教学自由的表现，是需要教学制度加以保障和实现的。教师的权力建立在教学自由基础上，是影响和控制教学的力量和能力，也是很容易被滥用的，因而需要对其进行监督和制约，需要用合理的教学制度对其约束。

（一）教授自由

毋庸置疑，在教学生活中，教师应该有教的自由，有教学上的自主权。教授自由是教师在职业上的自由，有学者将其理解为"教师在日常教育实践中所拥有的教育权限"[①]。或者说，教授自由是教师在正当合理的教学制度框架内自主、自觉、主动进行教学活动的权利和能力。

教授自由并不是一个空洞的概念，不是一个抽象的存在。教授自由要成为现实存在，必须要在教学过程中有真实的展现。作为现实存在的教授

----

① 日本筑波大学教育学研究会：《现代教育学基础》，钟启全译，上海教育出版社1986年版，第443—445页。

自由，是以教学权利的形式展现出来的。正如勒鲁所说："自由对任何人来说主要是在自我表现形式下生存的权利、行动的权利、根据基本性别和主要官能而自我发展的权利。"① 罗尔斯也说："一个人是否自由，是由社会主要制度确立的权利和义务决定的。"②因而可以肯定，在教学活动中，没有教学权利就没有教授自由。也就是说，如果教师真正拥有教授自由，那么就意味着在现实教学生活中确实拥有相应的权利。如果教师没有权利选择、决定，即便如何宣称教师拥有自由，这种也只能是空幻的、不真实的。从实质上来讲，自由即是自由的权利，没有权利就没有自由，拥有自由必然拥有权利。

关于教师享有教学权利的范围或类型问题，世界性组织及各国的规定彼此之间有所不同。联合国教科文组织规定教师享受的基本教学权利包括："选择和使用教材的权利"、"选择教法的权利"、"参加课程、教材、教具开发的权利"。日本有学者将教师拥有的教学权利划分为"教师个体"行使的权利与"教师集体"行使的权利两种类型。③ 就我国而言，当前《中华人民共和国教师法》第七条明确规定了教师所享有的六种权利，其中从课堂教学来说，教师享有的教学权利主要有两种：一是进行教育教学活动，开展教育教学改革和实验的权利，即教育教学权；二是指导学生学习和发展，测评学生的品行和学业成绩的权利，即管理学生的权利。

自由与责任紧密相连。教授自由不仅意味着教师的教学权利，更意味着对教学承担着不可推卸的责任。教师既然享受了教学的权利，获得了自由的益处，必然要承担相应的责任。正如哈耶克所说，自由和责任的这种密切关系，意味着要求自由的论据只适用于那些能够承担责任的人，"自由不仅意味着个人拥有选择的机会并承受选择的重负，而且还意味着他必须承担其行动的后果，接受对其行动的赞扬或谴责。"④ 石里克也曾说：

---

① ［法］皮埃尔·勒鲁：《论平等》，王允道译，商务印书馆1991年版，第272页。

② ［美］约翰·罗尔斯：《正义论》，何怀宏等译，中国社会科学出版社1988年版，第59页。

③ 日本筑波大学教育学研究会：《现代教育学基础》，钟启泉译，上海教育出版社1986年版，第445页。

④ ［奥］哈耶克：《自由秩序原理》，邓正来译，三联书店1997年版，第83页。

"如果没有一种外来的强制施力，这个人就会被认为是完全自由的，并且要对自己的行为负责。"① 他强调，对主体来说，只要他的行为处于自由状态，他就要对自己的行为负责。黑格尔也明确指出："人的决心是他自己的活动，是基于他的自由做出的，并且是他自己的责任。"② 所以，教师的教授自由意味着要承担其相应的教学责任，意味着必须负有对教学生活进行管理、治理的义务。同时还必须指出，在现实教学中，既要警惕教师滥用权力而造成对学生的压制和控制，也要防止教师放弃对学生的引导和教化，放弃自己应有的教育责任和使命。在教学中，学生的道德与理智正处于成长之中，他们往往没有足够的能力认识自己的行为及其导致的后果，因此，学生在教学中应该接受教师的引导。如果教师放弃对学生的引导和教化，放弃基本的教学权利和管理权利，对学生的不当行为不加管制，对学生的非教育行为不加阻止，势必会造成学生迷失自我、价值混乱、不辨是非、善恶不分；甚至有些学生会把课堂当成任意妄为的表演场所，课堂纪律和秩序被随意破坏。实践中，有的教师在组织学生开展"合作学习"时，将合作看作放弃自己责任的"挡箭牌"，任由学生"自由活动"而不考虑学习的效果和效率；在讨论式教学中，有些教师不帮助学生制定和实施一定的讨论规则，不去维持正常的讨论秩序，最终导致讨论演变成学生之间的无所事事、吵吵闹闹的哄闹场面。应该说，这些混乱现象正是教师没有很好地承担教学责任和行使教学权利的表现。

（二）学习自由

近代启蒙运动以来，追求自由成为社会历史发展的重要思潮，学习自由逐渐成为教育世界的自觉追求。近现代一些著名的教育家和思想家都对学习自由的问题给予很高的关注，进行过系统的思考和论述（见表2）。在对学习自由的论述中，洪堡（Humboldt, F. W. V.）的看法具有一定的代表性。他认为学习自由是学生在专业学习上具有探讨、怀疑、不赞同和向权威提出批评的自由，每位学生都应有选择教师和依据兴趣和自己特点来

---

① ［德］石里克：《伦理学问题》，商务印书馆1997年版，第135页。
② ［德］黑格尔：《法哲学原理》，范扬、张企泰译，商务印书馆1979年版，第146页。

学习内容的自由。基于洪堡这一认识，学习自由是人类的自由精神在学生学习活动中的体现，是指学生在教师指导或帮助下自愿、自觉和自主的学习状态或权利。学习自由意味着学生个人对自己的学习活动进行自我控制，对自己的学习活动、学习内容、学习方式有自己的独立选择和判断。

表 2　　　　西方思想家与教育家关于学习自由的认识

	蒙台梭利	杜 威	罗 素	罗杰斯	萨 特
主要观点	游戏的自由 活动的自由 发展的自由	生长的自由 身体的自由 活动的自由	学与不学的自由 学什么的自由 观点的自由	课堂上自我展现 自我实现	课堂上的自我创造、自我选择

与教授自由一样，学习自由也有不同的内容和层次。在当今的社会条件和文化背景下，学生的学习自由至少包括以下三方面。

其一，思想自由。任何学生都应享有按照自己意愿和方法进行独立思考的自由，享有对课堂教学内容和教师的观点进行质疑的自由。人的行为有边界，但人的思维是无边界的。学生的思想不应该人为地设立禁区，课堂上应该允许学生有不同的思考，而不应该规定学生可以思考什么、不可以思考什么。其二，表达自由。在不违犯现有法律的前提下，学生享有依据自己意愿表达观点的自由，享有对教师观点或教材内容进行批评、反驳的权利。任何通过威胁、恐吓、惩戒等手段阻止学生正当表达的事件，都侵犯了学生的学习自由。其三，行为自由。在遵守基本课堂纪律的前提下，学生有交往的自由。教师不能依据自己的主观意志干涉、阻挠学生选择交往对象。在课堂上，学生有参与教学活动的自由，如学生有参与课堂谈论、交流以及参与集体活动的自由。在不违背课堂纪律的情况下，学生也应享有身体活动的自由，包括舒展身体、变换姿势以及其他必要的使身体放松的活动的自由。在自由学习的时间里，学生有自主安排学习活动和学习内容以及按照自己的学习习惯与学习方法进行学习的自由。其中，身体活动的自由对学生尤其是儿童至关重要，它是保证儿童健康发展的需要。身体的活动包括两类：一类是身体生理方面不容易受主观意志控制的活动，如咳嗽、打喷嚏、打瞌睡以及在身体疲乏状态之下一些半意识的活动（"伸懒腰"、"开小差"）；另一类是便于或促进学习所进行的一些必要的肢体活动。只要学生的身体活动没有明显影响到教学的正常秩序，教师就没有必要去干涉或制止。

当然，学习自由也是有一定限度的。教学的对象主要是儿童，儿童本身并不是理智成熟的个体，也不具备承担责任的能力，对其自由进行必要的限制是必需的。就此而论，密尔的看法不无启发。他说，"自由这条教义只适用于能力已达成熟的人类。我们不是在论儿童，或是在论尚在法定成年男女以下的青年。对于尚处在需要加以照管的状态的人们，对他们自己的行动也须加以防御，正如对外来的伤害须加以防御一样。"① 这是学校里学生学习自由与一般成人学习自由的根本差别。儿童作为受教育者，是一个特殊的群体，他们之所以需要接受教师的指导，主要是基于自身的不成熟性。实际上，个人虽然有权选择自己喜欢的生活，但并不适合所有的人。对此，柏林曾不厌其烦地指出：

> 如果这个个体无知、不成熟、未受教育、智力残缺，拒绝恰当的健康与发展机会，他将不可能知道如何选择。这种人从不会真正知道他的真正的需要是什么。如果存在这样一些人，他们知道人的本性是什么，人究竟渴望什么，如果他们替其他人做了他们更明智、更知情、更成熟、更发达也会做的事情——也许用一些控制的手段——那么，他们的确干预了人们，但只是为了让他们能够做如果他们知道得更多也会做的事情，或者为了使他们总是处于最佳状态，而非老是受制于非理性的动机或幼稚的举动，或让他们本性中动物的一面占优势。那么还是干预吗？如果父母或老师强迫不情愿的孩子上学或努力学习，以虽然孩子们可能并不知的真实要求为名，那么，既然这是所有真正的人——因为他们是人——都必然要求的，他们是在剥夺孩子们的自由吗？肯定不是。老师或父母给了他们潜在的或真实的自我，

---

① ［英］以赛亚·柏林：《自由论》，胡传胜译，译林出版社2003年版，第322页。

迎合他们的需要，以反对他们更肤浅的自我的暂时的需要，这些需要在人成熟时就像老皮一样会蜕掉。①

可以说，由于未成年的儿童其理性尚在形成之中，并不具备完全的行为能力，为了保障教学秩序的需要，对其行为进行适当的干预和做出必要的限制也是正当和必需的。教师正当的干预和学生的学习自由之间并不是矛盾的，而应该是统一的。

四 教学制度与教学自由

教学自由意味着教学活动中教师和学生"依法"享有相应权利，但这种权利是受限制的，是在一定的制度框架内的，并得到教学制度体系保障的。教学自由不是没有任何约束的任意妄为的自由，同其他类型的自由一样，是处在绝对自由和相对自由之间的。事实上，教学中毫无限制的自由缺乏任何的实际意义，因为这只会导致教学秩序的混乱。即便彻底的自由主义者也不能否认教学生活中的自由也需要规范这一观点。教学制度不应该是教学自由的摧毁者，而是真正教学自由的保证。失去了制度和保障，自由会摧毁自由，一个社群就是分裂的社群，一个社会就是一个分裂的社会，一个人就是一个分离于共同体的人。个人自由的领域就是个人承担责任的领域。②

那么，教学制度应该通过什么样的途径和方式保障教学自由的实现呢？

首先，教学制度通过一定的规则形式，赋予教师和学生应有的基本权利，同时提供必要的保障机制。当然，教学制度从"法理"层面赋予教师和学生享有正当权利和自由，这是很容易做到的。但是，如果这些权利和自由缺乏一定的保障体系，仅仅停留于理念层面，就是虚幻和空洞的。毫无疑问，教学制度要保障教授自由和学习自由实现，最关键的就是要形成一套完整的监督、制约和惩罚机制。如果缺少必要的保护机制，教师的教

---

① ［英］以赛亚·柏林：《自由论》，胡传胜译，译林出版社 2003 年版，第 322 页。
② 金生鈜：《规训与教化》，教育科学出版社 2004 年版，第 29 页。

授自由就很容易受到来自教育行政体制和学校管理者的侵害和压制，而学生的学习自由也更容易因遭到教学权力的压制而丧失。

其次，若教学制度缺乏相应的监督机制和制约机制，教师和学生都可能会因为失去必要的控制而使各自的自由走向泛滥，破坏正常的教学秩序。

必须指出，在教学制度结构中，民主是保障教学自由实现的重要机制和力量。教学活动要真正成为一种自由的活动，就必须借助于民主。民主是自由的最好保障，正如阿克顿所言的，"人类为什么需要民主？因为民主意味着让人民大众享有自由。哪里不存在强有力的民主制度，哪里就不存在强有力的自由"。① 可见，民主和自由是相伴而生的。民主与自由的这种相互依存关系告诉我们，没有民主的教学制度，也就没有教学中的自由。"只有在这一制度下，人们才能够分享自由；任何民主制度都具有实现其目标的自由。"② 民主的教学制度之所以能够成为保障学习自由实现的力量，归根到底是由民主的价值决定的。

民主的价值首先在于，通过制约强权和暴力，唤醒人们的激情和精神来促进自由的行动。民主能改变人的心灵和塑造人的精神结构，这是长期处于专制和被控制环境下的人们所很难认识到。关于这一点，似乎没有人比托克维尔（Alexis de Tocqueville）看得更清楚。他在《论美国的民主》一书中论及新英格兰的"乡镇精神"时，谈到民主对于人性精神与激情的培养具有积极价值：

> 美国乡镇的管理形式是根据居民的爱好选择的。在生活安定和物资充裕的美国，乡镇的骚乱为数不多，地方的事务容易管理。此外，长期以来，人民受到了政治教育，或者毋宁说在他们于这个地方落脚的时候就开始受到了这种教育。在新英格兰，从来没有等级的区分。因此，乡镇中没有一部分人压迫另一部分人的现象，而只是对孤立的个人进行的罚治，也会在征得全体居民同意后撤销。如果乡镇的管理有了缺点（要指出这种缺点，当然是容易的），人们也不耿耿于怀，

---

① ［英］阿克顿：《自由的历史》，林猛译，贵州人民出版社2001年版，第21页。

② ［德］赫尔德：《民主的模式》，燕继荣等译，中央编译出版社1998年版，第22页。

因为管理的根据实际上来自被治理的人，不论管理得好坏，他们都得满意，以此来表示他们做主人的自豪感。没有什么东西可以与这种自豪感相比。①

英格兰的乡镇自治实际上就是一种民主的自我治理，当地居民热爱的乡镇生活就是一种民主的生活方式。民主的生活对人性的激情和热情的激发是不可估量的，没有激情人们将一事无成。而民主的最大敌人是"民情的逐渐萎缩，心灵的堕落，趣味的庸俗"。民主之所以使人性热情和激情迸发，关键是由人的自主和自治带来的。民主的基础"是对人性之能量的信赖，对人的理智，对集中的合作的经验之力量的信赖"②。对人自主和自治能力的信赖，是相信任何理智健全的个体都有自主的欲念和意识。"自治意味着人类自觉思考、自我反省和自我决定的能力。它包括在私人和公共领域中思考、判断、选择和根据不同的行动路线行动的能力。"③ 充分的自我治理和管理将会教人们正确地认识自我力量和价值，找到自我的尊严。教学中民主的生活方式能给学生心灵带来结构性的变化，使学生充满激情地参与教学生活和班级学校事务的管理，真正成为教学的主体和学校的主人，从而对教学和班级生活充满情感和激情。事实正如杜威所看到的一样，这里没有神秘的东西，没有教育学或教育理论上的惊人发现，而是一个只要认真思考就不难理解的浅显事实。其实在半个多世纪之前，陶行知就对学校生活中的自治进行了很好的试验和研究，也取得了很好的成效。④ 每一位身处教学工作第一线的教师也都会发现，当学生在教学生活中获得更多的自治和自我管理的权利，能为公共生活的治理贡献自己的力

①　[法] 托克维尔：《论美国的民主》（上卷），董果良译，商务印书馆 1991 年版，第 89 页。
②　[美] 杜威：《新旧个人主义——杜威文选》，孙有中等译，上海社会科学院出版社 1997 年版，第 5 页。
③　[德] 赫尔德：《民主的模式》，燕继荣等译，中央编译出版社 1998 年版，第 380 页。
④　陶行知认为，学生自治的意义和价值在于下面几个方面：一是可作为修身伦理的实验。对于公共幸福，可以养成主动的兴味；对于公共事业，可以养成担负的能力；对于公共是非，可以养成明了的判断。简单地说：自治可以养成我们对于公共事情的愿力、智力和才力。二是学生自治能适应学生之需要。三是学生自治能辅助风纪之进步。四是学生自治能促进学生经验之发展。问题自决得越多，则经验就越丰富，在保育主义之下，只能产生缺乏经验的学生。见陶行知《学生自治问题之研究》，《陶行知教育文集》，四川教育出版社 2005 年版，第 75 页。

量时，学生身上将会迸发出令人难以想象的主动性和热情，学生个体的力量无疑会在教学生活的参与中增强，学生自我管理的实践会使他更热爱班级和教学生活，对学校产生更强烈的感情。只要我们保持真诚的态度，学生自主和自治对学生心灵解放的价值，都是不难看到的。如果已经认识到它的价值和意义，却仍然以学生缺乏自主的能力和素养为借口，或者出于内心隐晦的权力欲望而不愿推进学生的自治和自我管理，相反却变本加厉地从时间、空间上对学生的身体和精神进行严格的管束和控制，那我们就不得不接受道德与良知的拷问。

教学生活中民主的价值还在于，它能激起人们对平等身份的追求，进而促进人们对自由的寻求。民主的生活方式与平等观念的形成也是不可分割的。民主的最重要内涵同时也是其最强大的力量所在，是一种平等精神或者说热爱平等的激情，民主"所造成的第一个和最强烈的激情，用不着说，当然是对于这种平等本身的热爱"。① 当今，平等精神和理念已经日渐昌明，平等的价值已经显得毋庸置疑。首先，平等精神高扬了人的价值，确立了个体对自我的信心，使人不会因为学业和其他因素丧失为人的尊严，并且激励人们不断进取，发展和完善自己。"有一种刚毅（manly）和正当的对平等的激情，激发起所有人去渴求变得强大和受人尊敬。这一激情趋向于将小人物提升到伟大人物的行列中去。"② 平等激发了人们对伟大的追求，由普通个体构成的民主社会无疑能振奋民众的进取精神，激励他们的德性。托克维尔在美国逗留期间见到一些新鲜事物，其中最能引起他注意的，"莫过于身份平等"。他认为，"身份平等是一件根本大事，而所有的个别事物则好像是由它产生的，所以我总把它视为我的整个考察的集中点。"③ 其次，平等能激起人们对自由的热爱和追求。正如托克维尔指出的："对于自由的爱好和观念，只有在人们身份开始趋于平等的时候，才开始产生和发展起来，并且是作为这种平等的结果出现的。"④ 自由必须以

---

① ［法］托克维尔：《论美国的民主》（上卷），董果良译，商务印书馆1991年版，第620页。
② 同上书，第60页。
③ 同上书，第65页。
④ 同上书，第623页。

平等为基础或者只有结合平等，自由才能实现，所以必须接受平等："除了尊敬平等，自由将永远不会在这些人民中建立起来。"教学生活中教师如果不是将师生关系建立在平等基础之上，而是建立在对教师权威的刻意维护上，那么教师所获得的就不是真正的教学自由，而是教学霸权和教学暴力。现实教学中，平等的真正价值仍然没有为大多数人所认识，平等还远远没有成为绝大多数教育者的忠实信条，旧的思想残余和不民主的观念（教师的权威观念，传统伦理）、作风实际上仍然阻碍着教学中实质平等的实现。

既然民主精神和民主的实践能最大限度地制约强权和暴力，能最大限度地激发学生对平等观念的向往，那么，对教学制度结构进行民主化的改造，就能在很大程度上促进教学自由的实现。塑造和建设民主化的教学制度，这也是当今教学改革的重要目标与追求。

第三章
教学制度的运行逻辑

　　教师将会发现，学生的自发性、活泼和创造性，有助于教学，而不是像在强迫制度下那样成为要被抑制的讨厌的东西。现在感到阻碍教学的那些东西，将会变成教师所要培养的积极的品质。除了要保存人生有用的品质，养成独立与勤勉的习惯外，允许儿童这种自由是必要的。因为在一个教师一手包办，学生只能倾听和回答问题的课堂上，允许儿童随自己的喜爱安排自己，走来走去或谈话，是不可思议的。只有当教师的作用改变为帮助者和观察者，每一个儿童的发展就是目的，这样的自由才成为工作上必不可少的东西，就像在只许儿童背诵的环境下安静是必不可少的。

　　杜威：《学校与社会·明日之学校》，人民教育出版社2005年版。

　　在教学活动中，人们制定的教学规则只有在实施中才能成为现实的教学制度。学校教学活动的开展与组织过程，也就是教学制度发挥作用和运行的过程。一种类型的教学制度能否有效运行，首先取决于教学活动主要参与者的教师与学生是否认同和遵守。教师与学生不能认同与遵守的教学制度会在现实中遭到抵制。学校教学活动不是在脱离社会的真空中进行的，教学制度也不是在封闭的学校空间里孤立运转的。在学校内，教学制度的运转也必然受到外部社会的影响和制约，它不可能脱离社会文化观念、教育体制乃至教育行政权力而独立运行。

第一节　教学制度的内部运行

教学制度要发挥对教学活动的规范作用，必须对人的行为具有一定的控制力和约束力。但是，这种控制力和约束力不同于法律等一些强制性的社会规范，法律的控制力和约束力是借助于合法暴力并由专门权力机构来实现和保障实施的。当然，教学制度规范的实施也不回避必要的强制措施，但是显然没有如此强大的控制力和约束力，其对教学活动的规范效力，主要是以教师、学生对教学制度规范的自觉认同、自觉遵守为前提，同时辅之以必要的管理、惩戒和教育手段。美国社会学家伯格把制度实施和运作过程理解为"制度化—合法化—社会化"的过程。在他看来，一种新的制度规则一旦建立，特别是对那些未能参与制度制定和形成的人来说，它在经验上就构成了一种客观现实，个人不能用反省的方式来了解其源起，也不能要求其轻易更改。这便要求有一个合法化过程与制度化相伴随，即借助于概念、命题、知识体系等手段对它进行意义的整合。离开合法化，制度实难持久存在，甚至会夭折于摇篮之中。[①] 可以说，教学制度是否能够实施在某种程度上取决于其是否具有合法性。一种教学制度要成为合法化的现实存在，离不开教学活动的参与者——教师和学生的自觉认同。没有教师和学生的认同和自觉遵守，要保证教学制度的有效运转是比较困难的。

一　教学常规的认同与遵守

教学活动顺利开展的首要前提在于教师能认同学校形成和制定的教学规则，其中比较重要的就是教学常规。"认同"在英语中是"identifica-tion"，《辞海》中解释："①在心理学上，指认识和情感的一致性；②在社会上，泛指个人和他人有共同的想法。"据此，我们可以将教师对教学常规认同做如下界定：教师不仅从观念上"知道"或"了解"有关教学活动的

---

① 谢立中主编：《西方社会学名著提要》，江西人民出版社 1998 年版，第 349 页。

制度要求，而且能从情感上"接受"或"接纳"有关的教学常规，并且愿意接受其约束。只有教师能认同某种教学常规的具体要求，教学常规才可能在实践中得到合法实施，其价值才能得到有效的体现。反之，如果学校管理者违背教师的主观意愿，以简单粗暴和强制的方式强迫教师遵守，往往会适得其反，增加教师对教学常规的抵制情绪。

进一步的问题是：教学常规应当具备什么样的有效性结构才能为教师所认同并遵守，才能发挥其应有的作用呢？

首先，教学常规应该具有内在的合理性。教学常规并非机械的纯粹规则，而是目的性与工具性的统一。教师之所以认同、遵从，绝不仅仅因为其强制力，而是因为其作为一种普遍有效的理性规则，具有内在的"合理性"。教学常规具有合理性就是指要合乎规律性，合乎教学规律。既然教学活动有自身的科学规律，而非简单任意的行为活动，那么作为规范教学活动规则的教学常规，就必须建立在对这些教学活动规律准确认识的基础上。当然，这些教学的一般规律是建立在现代科学对人性、学习本质、儿童心理发展等的科学认识基础上的。忽视或违背这些教学规律，就会无视教师劳动的性质和特点，违背教学活动的规律，教学常规就容易成为少数管理者的任意安排，从而失去内在的合理性。教师是一种理性存在，而理性成熟的人也不情愿接受一些不合理规范的支配。

其次，教学常规要合乎基本的伦理精神。教学常规是教学活动的规范，而规范不仅是僵硬的规则，不仅有"法"的意义，更有其伦理的意蕴。任何教学常规都蕴涵着一定的伦理追求，不含任何伦理意图的教学常规是不存在的。人是教学的出发点，也是教学的目的所在。人的发展是教学的终极目的，教学常规也应以提升人性、促进教师境界的提升为目的，任何教学常规只有从属于这一目的才是道德的。否则，教学常规就失去了对教学活动本性和教师劳动属性的尊重，就异化为对人性的束缚和压制，也就很难得到教师的真正认同。

最后，教学常规要具有"合法性"。在韦伯看来，"合法性就是人们对享有权威地位的承认和对其命令的服从"。哈贝马斯认为，合法性即是指一种政治权力被认可的价值。两位思想家是从政治层面而言的。教学活动中对规则的服从其实也存在合法性问题。教师对教学常规的认可，对教学常规的合法性而言具有关键性的意义。很多情况下，只有当教学常规符合教师利益群体的需要和追求时，才会被认同、接收和自觉地服从，教学常规的合法性才能真正确立。教学常规合法性的另一个要件是其产生过程要符合程序正当性，即教学常规的制定、实施必须经由公开、固定的程序。在现代社会价值观念下，这种程序毫无疑问就是民主原则。所以，合法性必须与民主或民主化进程相联系，依靠专制方式和强制手段迫使人们"承认"、"服从"和"遵守"的某种教学常规并不具有真正意义上的合法性。

可见，教师对教学常规的认同，从根本上说是以其自身的科学性、伦理性、合法性为前提的。具备科学性、伦理性与合法性，这是教学常规得到认同和遵守的必要条件，但不是充分条件，教学常规的认同还取决于教学常规是否合乎教师的利益需求和利益选择。教师不仅是一个理性和道德的存在，也是物质与欲望的存在，它有着维护自身生存和发展的利益诉求。在"经济人"视角下，教学常规认同过程不仅是一种理性的认知过程，也不纯粹是一种道德责任感驱使的良心自觉过程，更是与教师的个体利益紧密联系的行为选择过程。我们当然可以相信，广大教师有着充分的理性自觉和道德自觉，能自觉认同和执行合理的教学常规。教学也是一桩神圣的事业，我们有资格要求教师保持一定的职业境界，作为教师也应该比一般职业者更具有些许超越功力的精神追求，但我们不能强迫教师完全放弃自己对正当利益的寻求。其实，一个教师也未必只有完全超脱了个体收益和价值偏好，才能提升教学水平和成为一位优秀教师。实事求是地看，教师不纯粹是一个道德的存在，也是一个欲望和私利的存在，也总是在利益的计算和价值的偏好指引下，对自己的行为做出理性选择。当教学常规的价值寻求与个体利益发生冲突时，教师就可能在自己利益的诱惑下规避、抵制教学常规。这提示学校管理者在制定和实施教学常规时，除了要考虑教学常规自身内在的科学性、伦理性与合法性之外，还要考虑到作为个体的教师利益需要的满足和价值偏好。因此，远离教师个人的利益追求与价值偏好，忽略教师个人的职业动机和教学行为的约束条件，讨论教学常规的认同以及施行，绝不是实事求是的态度。

无论是认同还是抵制学校教学常规和管理措施，推动还是阻碍学校教学改革，教师都有自己独特的利益"盘算"。借用经济学术语，可以简单地归结为"利益最大化"，即教师在认同、遵守教学常规的过程中总是不可避免地追求自身更大利益的实现。对很多教师而言，经过多年的准备与适应，已经习惯熟悉的教材内容、稳定的教学模式和安逸的教学生活，他们为什么要打破现有的教学现状呢？如果教学的改变非但不能获得相应的利益回报，反而招致自身利益的受损，那么教师会出于什么动机来推进教学改革呢？难道仅仅为了遵从学校或上级的改革命令，或者是因为这种改革对学生的长远发展更有利吗？对教师来说，这些都不足以构成他们对新的教学常规、改革措施认同的理由，都不足以成为教师改变原有教学行为的动力。很大程度上，只有当改革的法令、学校管理者制定的教学常规或者学生利益的改善，能够影响到教师的个人利益时，才能激发他们对教学改革的热情。现实实践中，我们也常常看到，只有那些可以增加教师个人"收益"的教学常规，才能更好地被教师自觉遵守和执行。

二 课堂纪律的认同与遵守

如果不依赖一定的课堂纪律，教学活动势必无法正常进行。课堂纪律的形成、制定和实施效果直接影响课堂教学的效果。在教学活动中，明智的教师并不意味着一定要强制学生遵守既定的课堂纪律。课堂纪律要发挥对课堂的规范作用，除了要借助一定的惩戒手段外，更主要的还是要靠学生的内心认同和自觉遵守。

1. 课堂纪律的认同与教师权威

很明显，在低年级课堂上，儿童对课堂纪律的遵从往往不是以其理性认知为前提，因为其理性认识尚不成熟，很难对课堂纪律进行清晰的认识和做出明确的价值判断。儿童是不是遵守课堂纪律，主要不在于对课堂纪律的认识程度，而在于课堂纪律在学生心目中是不是有权威。正如雅斯贝尔斯所说，"对权威的信仰首先是教育的唯一来源和教育的实质。"[①] 对低年级学生来说，课堂纪律的权威实际上是与教师自身的权威糅合在一起

---

① ［德］雅斯贝尔斯：《什么是教育》，邹进译，三联书店1991年版，第44、79页。

的，他们正是由于对教师权威的认同，才会遵守班级中的课堂纪律等。也就是说，在理性尚不成熟的学生眼中，往往把教师的权威看成课堂纪律权威的来源。当然，学生尊重教师权威的前提是其信任教师。正如涂尔干所说，就像除非人民对政治家有好的印象，否则政治家也决不能统治他的人民一样，除非全班都相信教师，否则教师也决不能控制他的课堂。①

但是，随着儿童理性的增长，明智的教师不能总是凭借自己的权威来"诱使"学生遵守课堂纪律，而应该让他们逐渐从对教师权威的盲从和迷信中摆脱出来，学会理性认识课堂纪律的内在价值，形成真正的内心认同，尊重课堂纪律本身的权威。课堂纪律实际上体现为一种课堂规范，它本身具有权威性，是因为纪律自身具有不容被打破的价值。涂尔干认为，为了培养儿童对纪律的偏好，用强力实施纪律或使他们机械地服从纪律，都是不合适的做法。儿童必须自己感觉到在某一规范中，究竟什么是他应该自觉遵守的东西。换句话说，他们必须感受到从规范中得到的权威，这种权威为规范赋予了值得尊敬的价值。② 也就是说，我们必须注意教师权威和纪律自身权威的区别。"教师权威是指教师在教育教学中使学生信从的力量或影响力"。③ 教师之所以具有某种相对于儿童的权威，根本原因在于其掌握的知识并由此而受社会、国家、家长和学校的委托。当然，知识权威是教师天然具有的权威，而教师其他方面的权威，比如维护纪律的权威是从纪律自身的权威和教师的知识权威中派生出来的。"教师的权威是从哪里来的呢？……对惩罚的恐惧和对权威的尊重截然不同。……教师不应该从外面、从他使人产生的恐惧来获取他的权威"④。合理的教育场景中，教师的权威应该和纪律的权威相配合，使儿童充分社会化。教师权威要以维护纪律权威和儿童的自由为目的，如果教师权威既不能维护纪律权威，使儿童内化规则，又在实践中滥用自己的权威，则很容易变成"威

---

① ［德］雅斯贝尔斯：《什么是教育》，邹进译，三联书店1991年版，第155页。
② ［法］爱弥尔·涂尔干：《道德教育》，陈光金等译，上海人民出版社2001年版，第150页。
③ 吴康宁：《教育社会学》，人民教育出版社1998年版，第209页。
④ ［法］爱弥尔·涂尔干：《道德教育》，陈光金等译，上海人民出版社2001年版，第150—151页。

权"。威权意味着强制，意味着借助于外在的权力来维护自身的等级身份。这样既不能树立真正的教师权威，也不能树立真正的纪律权威。

也就是说，教师在帮助学生形成对课堂纪律的认同和遵守方面，实际上起着主导作用。

> 即他所扮演的个人角色，产生了一种我们必须予以警惕的危险。确实，我们有理由担心，儿童会发展出一种习惯，即过于狭隘地把纪律观念本身与教师本人联系在一起，我们担心儿童过于具体地把学校的规定当作教师意志的表达。与此类似，人们总是认为，行为法则是由一个神圣人格制定出来的。而这样一个概念与我们所要实现的目的是背道而驰的。如果规范不是个人的，不通过这种形式表现在我们的内心之中，它就不再是规范了。①

正是在这个意义上，涂尔干强调，"教师必须承诺，不把规范表现为像是他个人制定的那样，而是表现为一种高于他的道德权力，他不过是这种权力的工具，而不是他的创造者。……只有在这种条件下，他才能够唤起一种感情，在像我们这样的民主社会里，这种感情是，或者应该是公共良知的基础：即对合法性的尊重，对从非个人性本身获得优势地位的非个人法律的尊重。"②

然而，在教学中往往出现教师个人权威恣意膨胀，从而压倒或替代课堂纪律权威的情况。这种现象是比较普遍的。如果教师以主观意志"立法"，凭自己的好恶制定和执行课堂纪律，那么这样的课堂纪律就很难具有内在的约束力。如果教学秩序的维持只依赖教师权威，教师的行为就是纪律，学生就很难形成应有的规则意识和纪律精神。这样一来，仅仅把权威寄托于教师的个人主观因素上，也就不利于学生规则意识和纪律精神的养成，最终也不能让学生形成对课堂纪律的真正认同。

---

① ［法］爱弥尔·涂尔干：《道德教育》，陈光金等译，上海人民出版社 2001 年版，第151—152 页。
② 同上。

2. 课堂纪律的抵制

在现实教学中，如果学生不能真正认同和接受一定的课堂纪律，就必然会在行动上对其表现出消极的情绪和行为，就会滋生对课堂纪律的抵制。

学生对课堂纪律抵制的形式主要有：其一，公开抵制和隐蔽抵制。学生出于对纪律的不满而表现出明显的抵制或反抗行为，如学生在课堂上大声喧哗、故意起哄、故意制造意外事件以引起教师和同学的关注。隐蔽的抵制行为，如在教师讲课过程中"做小动作"、"窃窃私语"等，这些行为一般学生能认识到违反"现行"课堂纪律，是被禁止并可能会受到教师惩罚的行为，因惧于惩罚的后果而不得不采用隐蔽的形式。其二，有意抵制和无意抵制。有意抵制指的是明知违反课堂纪律而故意表现出来的行为，是积极的反抗行为。在理性认识能力尚不成熟的情况下，有意识的抵制更多地出于学生个体的自由天性和情绪，是对课堂纪律压制其个体自由的公开流露和抗议。无意的抵制形式一般是不自觉或无意识流露出来的违反课堂纪律的行为。譬如，面对教师长时间滔滔不绝的"讲授"，讲台下面的一个微小动作——学生的"交头接耳"、不经意的"插话"、"注意力不集中"等无意识行为，都可能是对违背教学规律的不合理教学模式和课堂纪律的无意识抵制。必须承认，在灌输式教学大行其道的课堂上，学生的学习行为很多时候并不是自觉、自愿的，更多是受教师强制和控制的，是处于被迫与被动状态的。因而，课堂上出现的一些无意识的抵制行为，应该被看作具有内在合理性的行为，是合乎人的天性和学生正常心理需要的。

毫无疑问，要保证课堂纪律顺利、有效的实施，保障教学活动的秩序，就必须尽量消除学生对课堂纪律的抵制行为，增强学生对课堂纪律的认同和接受。为此，必须具体分析学生对课堂纪律抵制的原因。首先，儿童具有寻求自由的天性。教学是一项社会性活动，教学活动也体现一定的强制性，而自由是人的自然本性，不愿意服从和接受约束是儿童的天性。因而，课堂纪律的强制性与儿童寻求自由的天性之间必然会产生冲突和矛盾。一定程度上说，学生对课堂纪律的抵制，实质上反映了教学的社会规范要求与学生自由天性之间的内在矛盾冲突。其次，课堂纪律合理性缺失。譬如，在传统的教学制度和教学模式下，有些强制性的课堂纪律，如

"不准开小差"、"不准交头接耳"、"不准插嘴"本质上是为教师控制课堂而不是为学生更好地学习服务的，实际上是不合理的教学规范，在很大程度上沦为了压制学生学习积极性、钳制学生学习自由的重要障碍。众所周知，在传统的教学理念下，类似的"抵制"行为是"违法"的，即违反正常的课堂纪律，常常会遭到教师的惩罚和批评，于是学生的抵制行为只能以更隐蔽的形式出现。可以说，此类课堂抵制行为与教师控制性的课堂纪律是相伴而生的，只要以教师为中心的课堂模式存在，类似的课堂抵制行为就很难避免。

在现实教学中，由于学生的理性尚不成熟，很容易遭受"蒙蔽"，从而无意识地接受、顺从不合理的课堂纪律，使本来不具有合理性的课堂纪律得以维持。而一旦学生的理性成熟到能清晰认识原有课堂纪律的不合理性，就会产生自觉和有意识的抵制。毕竟，人是一种理性的存在，理性成熟的人决不情愿接受一些不合理规范的约束和支配。随着学生理性的成熟和自主意识的增强，在对不合理的课堂纪律有了明确的价值判断之后，就会提出自己的批判和建议，抑或逃避甚至有意反抗不合理的课堂纪律。如果教师对此类行为进行制止并加以惩罚，势必会引起学生的消极情绪反应，这是造成教学生活中师生冲突和隔阂的重要诱因。实际上，当前课堂教学中有很多课堂纪律，本质上是为了保证整齐划一、高效地完成"教学任务"而制定并强加于学生的，具有强迫的性质。

其实，强调要反思课堂纪律的不合理性，并不意味着完全肯定学生所有的抵制行为。我们需要明确的是，学生违纪行为的情况是多样的，这需要对学生的抵制行为进行辩证分析。对恶意违规或自我放纵而引起的对合理课堂纪律的抵制，必须加强教学管理，而不能放任不管，不能放纵学生的违规行为，削弱课堂纪律的权威性和约束力。现实教学生活中，教学制度失范现象颇为突出，由于制度的规约力下降，教师权威降低，正常的"管教权"遭到不应有的抵制和反抗，造成教学秩序的混乱，这已经成为教学生活中较为突出的现象。为维护教学秩序，非常有必要完善教学制度、强化课堂纪律的权威性和约束力，对学生的故意违纪行为进行必要的监督、制约和惩戒。

第二节　教学制度的外部制约

现实教学制度不是由人们的观念和思想构造的，而是由复杂的现实因素组合而成，是现实建构的结果，简单抽象的思维逻辑不能代替复杂现实的实践逻辑。因而，要把握教学制度的运行逻辑，还需要更广阔的思维，需要借助社会学视野，对学校外部社会因素进行分析。著名社会学家迪尔凯姆认为，社会学的视野在于分析社会现象对社会环境的依赖关系，并对其中的因果关系进行梳理，从而解释社会现象之间的普遍联系。从社会学的视野来探析当今学校的教学制度问题，要求跳出学校自身的狭小范围，从与社会的普遍联系中来考察。自 20 世纪 70 年代初，"新"教育社会学诞生后，一些西方学者已经对学校教学进行了深入的社会学研究，提出了一些对我们分析教学制度的社会因素有启发意义的观点。① 借助于社会学视野，透视影响和制约学校教学制度运行的重要因素，有助于更好地认清教学制度运行的真实逻辑。教学制度建设不是在真空中进行的，不是孤立于社会之外的，而是扎根于现实情境之中的。学校系统之外的社会文化观念、社会体制与社会结构以及教育行政权力，实际上构成了影响教学制度运转的外部制约因素。

在教育学术研究中，很多研究者在关注学校教学问题的研究时，往往有一定的思维局限，根本无视学校系统不过是社会整体系统的一部分这样一个客观事实。特别是一些待在书斋里的研究者，由于缺乏教育实践的经验与体验，更容易在理论研究中脱离现实的教育情境。"学校"在他们的思维中缺乏实质性含义，仅仅是一个空虚的概念，是"教育"的一个逻辑的承继者，这就反映了一个可怕的现象，即我国教育理论工作者实际上依然持有"真空"式的学校观。② 在这种思维方式下，当新的教学方式、教学制度不能在学校中有效推行和实施时，往往就容易归咎于学校，抱怨学

---

① 如以 M. F. D. 扬为代表的新教育社会学家提出，应该看到学校知识及其制度建构的政治性和阶级性，他们从教育与政治的关联方面对西方教育制度与体制进行过深刻的批判。

② 周浩波：《教育哲学》，人民教育出版社 2000 年版，第 266 页。

校的条件不够，指责学校的改革不得力，而根本不考虑理论要求和学校现实的冲突与差距，更没有考虑学校自身所能承担的有限责任。

把教学制度放在当前中国特殊的社会场域中进行考察，不难发现，学校内部教学活动不是在真空中运行的，不是在人们的纯粹观念中运行的，而是在现实社会文化观念、社会体制和结构中运行的。在人们的思想和观念之外，还有一些更为普遍和广泛的力量，在影响甚至决定着教学制度结构的安排，这些复杂因素可能建构和生成不合理的教学制度，为其提供合法性庇护和支持，亦可能会顽强地阻止新教学制度的建构和形成。这些因素中最强大、最直接、最有效的力量莫过于教育行政权力。

一 教育行政权力的主导

学校教学过程是一个社会"再生产"过程。正如布迪厄"再生产"理论所阐述的，学校教学过程实际上揭示了社会统治的本质面貌。在中国特殊的社会背景下，学校教学过程在很大程度上要受制于教育行政权力。这种权力体现在各级教育行政机关和部门的职能分配中，并延伸到学校内部的科层体制、教学管理制度中，并最终渗透进学校微观教学活动领域。教育行政部门的结构性权力是通过自上而下的行政干预实现的。笔者在20年之前初中生活中，就曾对这种行政化的干扰感触颇深。

迎接上级检查

20世纪90年代初，我们团林中学小有名气，是临沂地区的农村示范学校。当时，学校也正准备创建"省级规范化学校"，因此需要迎接的各级检查就格外多。这可苦了我们学生。常常是正在上课的时间，突然就接到通知，说有领导前来视察或有外地学校前来参观，我们就得立马停课，打扫卫生，准备迎接。为此，老师和学生常常被整得疲惫不堪。

最出格的一次，我们提前很多天接到通知，说时任国家教委主任李铁映要来学校视察。这对一个偏僻的乡村学校来说，可是天大的事。在迎接准备的那几天里，全校总动员，严阵以待，从各个方面做好充分准备，任何人都不许"掉链子"，很多课程都停课了，一切工作也都要为此让路。校园卫生方面尤其要重点抓，校园地面要打扫得绝对干净，连一根草也不能留，花坛里的泥土被我们用双手捏得细如粉末。待检查日来到，我们翘首以盼，期望目睹中央领导人的神秘面纱。然而让全校大失所望的是，我们期盼的"大人物"因为日程安排变更又不来了，代替他的是一帮省教育厅和地市教育部门的领导。在校长一干人的陪同下，上级领导都背着手，围绕学校转了一圈，就一拍屁股走人了，害得我们这些可怜的学生在小轿车的阵阵呼啸声中苦等了一上午。通过这些领导给我们学校留下的题词中我们才得知，来的一批人中有一位名叫"王恩大"的官员，事后才得知此人来头很大，是山东省教育厅副厅长。对偏僻乡下的农村中学而言，这已经是学校历史上所有来客中官职最大的一位了。能迎接省级最高教育行政机构的官员前来视察，这或许是校长们倍感荣耀的一件事了，即使再屁颠屁颠地忙活也值了。

应该说，长期以来正是在教育行政权力的钳制下，很多原本正常的教学秩序被扰乱了，不利于学校根据实际情况组织教学活动，使学校陷入盲目应付和消极应对的状态中。

应该说，教育行政权力——这种被赋予的法定权力是建构当前教学制度性质、状况的关键。在当前教育体制下，任何学校都几乎无可逃遁地要面对这种权力并接受这种力量的塑造。既然如此，这种结构性权力行使的正当性如何，其所制定和推行的政策、法规的科学性如何，将会在很大程度上决定着教学制度建构的正当性和科学性。然而，权力的本性是追逐利益的最大化，正如孟德斯鸠说，"一切有权力的人都容易滥用权力，这是一条万古不易的经验。有权力的人们使用权力到遇有界限的地方才停止。"[①] 由于缺乏应有的监督和约束机制，教育行政权力也很容易走向自我膨胀，造成权力的滥用和误用，成为压制学校教学和管理自主权的一种非

---

① ［法］孟德斯鸠：《论法的精神》，商务印书馆 1978 年版，第 154 页。

正当性力量。如此一来，学校教学制度的运行和改革，在一定程度上就成了一个外在的、强制性的、纯粹的政府行为，成为与学校、教师以及学生自身的生命发展无关的事情，甚至成了不堪承受的负担。也就是说，正是由于教育行政权力对学校教学的过度干预，造成学校自身发展的内在动力和内在尺度的匮乏。近年来，一些学校在推进教学改革中，进行了很好的制度变革和创新，取得了良好的成效，极大地改变了原有的教学现状，成为引领基础教育改革的示范名校。但总体上看，很多学校在制度建设中步履维艰，难以获得根本性的突破，表面看来似乎是学校自身缺乏改革主动性、创新性的问题，究其根源，实乃是学校改革遭受背后教育行政权力不合理干涉和管制的必然结果。

教育行政权力的滥用，除了表现为一种显性和公开的干预和压制之外，还表现为一种隐蔽的破坏力量。这种隐性力量当然不是通过其法定、公开的程序和正当职能来实现的，而事实上已经演化为教育行政操作中秘而不宣的"潜规则"，并通过"暗箱操作"的方式来干预和制约教学制度运行。不必否认，这种隐蔽的权力往往是以部门利益为本位或个人私利为目的，而不是以促进和服务于各级学校教学活动为目的。对学校正常教学秩序而言，它更是一种完全非法的力量，是一种"权力暴力"。作为一种消极的破坏性的力量，它会不断消解正常教育政策、法规的权威性和可信度，破坏公平、正当的制度环境。

必须指出，上述两种不同性质和形态的力量，是教育行政权力发挥作用的基本表现形式。而且在很多情况下，它们之间往往是互相矛盾和冲突的，这必然造成学校管理者和广大教师、学生在应对中的无所适从，造成学校管理中的形式主义和各种混乱现象。这正像有些学校管理者所描述的那样：

现在，每当看到教育部门要求推动素质教育和个性化教育的文件，我就想到我们每个学校面对的教育部门以应试为中心的千奇百怪的管制手法，"强调素质教育与强化管制"，这两种绝对相反的现象，有些教育部门可以奇怪地一起用。前者用在嘴上，后者用在行动上。

官方文件说："你们要自主一些，创新一些！"但是，囚室中的囚犯有自由吗？有，他可以在囚室里来回走动。官方文件说："你们要敢于试验、敢于探索！"但是，戴着镣铐的奴隶有自由吗？有，他可以戴着镣铐跳舞。

直面教学现实，不难看到，当前很多学校就是生存于这样两种互相矛盾、互相抵制力量的夹缝中，这也决定了不少学校在进行制度建构时，常常夹杂着矛盾心态，处于左右为难、无所适从的尴尬处境，也因而造成正常教学制度在实施方面常常流于形式乃至完全失效。近些年，学校自主改革的实践已经在一定程度上给我们提供了这样的教训。考察现实教育行政体制和各级教育行政部门的权力运作，不难发现，在很多情况下，由于这些权力缺乏足够的监督和制约机制，因而在教育行政运作中，追求部门权力和利益的最大化成为教育行政权力运行的重要目的。当然，如果我们期望通过教育体制自身对其权力进行监督和约束，这实际上无异于缘木求鱼、与虎谋皮。在现有社会体制下，教育行政权力行走向泛滥和膨胀几乎是必然的，这是一个很难在现有体制框下所能解决和突破的问题。

由此可见，影响和主导学校教学制度运行的现实力量，与其说是教育者头脑中的观念，不如说是实实在在的权力操作和利益分配机制；主要也不是我们的教育行政机构和学校缺乏制度改革的理念和能力的问题，更根本的是作为权力拥有者的权力机构不愿意进行使自身丧失权力和利益的改革的问题。既然如此，在学校进行制度改革的同时，就不能回避教育行政体制和宏观体制的改革，必须通过宏观体制改革，为学校自身改革提供宽松的氛围，创造支持性的条件。目前，教育行政体制改革已经成为社会改革中不能再拖延的重要一环，"戴着镣铐跳舞"的学校改革亟须权力的松绑。

二 社会体制与社会结构的影响

当然，教育行政权力在建构当前学校教学制度中起着主导作用，这并不意味着教育行政权力本身就是一种自足性的力量。这种力量之所以如此强大和顽固，除了是由现实政治体制结构决定之外，其背后有着更为复杂的因素关联。可以说，从更宏大的社会层面来考察，学校教学制度深深嵌入社会体制和社会结构中，在一定程度上它是社会体制和结构安排的一种回应。

也就是说，一个学校的管理方式、制度安排，从总体上看是与这个学校所处的宏观社会体制和社会结构相一致的。譬如，以美国为例，从社会政治制度和政治活动而言，是以"民主"的活动原则为主。所谓民主，以杜威的说法，就是一种人人参与的活动，人人享有发言权、自主权的活动。这种社会政治制度和活动方式必然影响到学校的制度安排，影响到学校制度的活动。主要表现在，教师只是活动的参与者、指导者、咨询者，学生可以自由发言、自由探讨。而反观我国的社会体制和社会结构，由于缺失民主理念和民主的制度安排，因此学校教学制度安排中，学生就很少参与自由讨论、自由发言的机会。即使个别情况下，教师鼓励学生采纳与探讨，但由于在制度上缺乏应有的保障，学生在没有得到许可的情况下，很少能讲出自己的真实意见。所以，像"填鸭式"、"一言堂"的组织方式很容易在我国课堂活动中生根，而那种创造式、启发式、发现式学习活动便很难推行。可以看出，学校内在的制度调整和变革要想取得彻底成功，势必要求宏观社会的组织方式和体制安排（特别是教育体制）也要有相应的改革，否则，学校内部的微观改革要贯彻到底，其难度是相当大的。[①]

社会制度和社会结构在学校教学制度中的渗透主要有两种途径：一方面，学校依据社会的制度模式和组织方式，形成了自身的教学规章制度、管理控制方式和权力分层特点，对学校的每个成员的权利（如校长、教师、学生的权利）有明确的分配。师生的行为模式只能在特定的教学制度允许的范围内回旋。另一方面，教师是成人的代表，也是社会的代表，他们无意识地把社会的制度安排、组织方式带入课堂，形成自己的教学习惯和行为方式，制约着课堂活动的行为模式。教育史上还有许多试图不依照社会制度与组织方式来设计学校生活、安排教学制度的实验，如杜威的芝

[①] 周浩波：《教育哲学》，人民教育出版社 2000 年版，第 258 页。

加哥学校、英国尼尔的萨默希尔学校。尤其是后一所实验学校，崇尚师生绝对平等，赋予学生过度权利与自由，结果演变成为"激进主义"学校。但正由于学校设计和制度安排上几乎完全脱离社会现实，忽视现实社会制度，因而这种运营方式往往以失败告终。社会、家长对此尤其不能接受。如 20 世纪 60 年代英国的威廉·廷戴尔学校的激进主义改革，先是遭到了家长的围攻，继而受到社会舆论的谴责，终于由政府出面干预而告破产，激进主义教育人员均遭解雇。① 毋庸置疑，任何学校推进教学改革，如果完全否认和抹杀学校系统和社会体制之间的内在联系，都可能会在现实中碰壁。

从根本上说，学校内部的教学制度是对现实社会体制和社会结构的一种回应，这也可以从当前基础教育学校中普遍的"应试体制"与社会结构的因果性联系中得到部分确证。我们有理由相信，当前基础教育中"应试体制"的形成，一定程度上与当下中国"同质化"和"等级化"的社会结构有着内在的关联。因为当下中国社会仍然是一个较为明显的等级化社会，这种等级化的社会分布实际上也体现于当下的职业分工中。原本只是经济和社会生活领域中分工不同的职业差异，也已被打上深深的"等级"烙印，实际上已经被心照不宣地贴上"尊严"的标签，而争取某些职业将是在等级化社会中获取更多资源、利益和赢得社会尊重的最重要方式。这种等级化社会中，接受较高程度的教育几乎是除了政治血缘关系和家庭经济资本以外，争取有利社会地位、获取较大利益和赢得个体尊严的唯一正当、合法的竞争形式。因此，学生在各类学校中取得较好的成绩将是以后获取这些好处的重要"门票"凭证，唯有通过形式平等的分数考试并争夺各种等级的"门票"，才有可能进入基本上等级相应的政治、经济和社会利益的"角斗场"。② 这样的社会竞争逻辑实际上会不可避免地延伸到学校教学活动中，并演化为学校、家长、学生对考试成绩的急功近利的追求和恶性竞争。同时，上文已经提到，当下教育资源的布局和分配是由各级教

---

① Sharp, R., *Knowledge, Ideology and the Politics of Schooling*, 1980, pp. 155 – 157.

② 邓正来：《对"考研变高考"的制度性追究——中国研究生教育的反思与批判（四）》，《反思与批判：体制中的体制外》，法律出版社 2006 年版，第 14—17 页。

育主管部门主导，并深深嵌入中国当下行政权力结构之中的。由于自身利益导向和利益群体主导的学校教育资源处于严重的不均衡和不平衡状态，特别是受各级教育行政部门"关照"的优质教育资源处于严重稀缺状态，这就必然引发人们对教育资源特别是优质教育资源的急剧竞争。近年来，大中城市中小学"择校"问题就是这一矛盾激化的典型表现。我们不得不承认，当前社会背景下，等级化社会结构以及其导致的教育资源分配不均衡，是造成"应试体制"普遍存在的社会根源。换言之，当前应试化的教学制度安排，实际上并不是一种自足性的制度安排，而毋宁说是一种依附性的制度安排——它实际上是对当下中国社会体制和社会机构的一种反射与回应，是家长、学校和社会经由理性"计算"的产物。据此，面对当前学校教学应试化的体制安排，由此产生的侵害学校实际教学质量的行为，以及在实质上践踏学生精神生命的所谓"教学活动"，我们并不能仅仅期望通过学校自身的教学改革和制度创新就能予以完全避免和消除。

三　社会文化观念的渗透

除了以上两种因素以外，一定的社会文化观念也会通过潜在的方式渗透进学校活动中，影响学校教学方式、教学组织和教学制度的建构。

社会文化因素包含两个层面：一是社会深层文化观念。社会深层文化观念扎根于民族文化血脉中，根深蒂固，是深层次、稳定的，但不易觉察。长期以来，"长尊幼卑"、"一日为师，终身为父"、"学而优则仕"等传统教育文化观念深深地影响到当今学校教学。二是社会大众所共享的"教育习俗"。"教育习俗"是人们在长期的教育生活中形成的创造、传承和享用的教育方式、手段、谚语、故事、诗歌、仪式等的集合体，是鲜活的教育文化的遗留物。① 教育习俗是人们教育生活的隐性规范，甚至已经融入民族的教育思维中，潜移默化地影响教育者的行为，可谓人的"第二天性"。现实告诉我们：教学改革中比较顺利贯彻的一些改革措施度，恰恰是那些与通行的教育习俗相一致或相近的制度规范。一个只靠强制力才

---

① 石中英：《教育学的文化性格》，山西教育出版社 1999 年版，第 148 页。

能贯彻和推行的教学制度，即使理论上很先进、很科学，也常常会以失败收场，"在法的强制对抗习俗的地方，哪怕是企图对实际行为施加影响的地方，法的强制则常常是失败的"。更何况教育习俗"是铭刻在公民的内心里；它形成了国家的真正宪法；它每天都在获得新的力量……而且可以不知不觉地以习惯的力量取代权威的力量"①。

毫无疑问，社会文化观念对学校教学活动的影响不能低估。从某种程度上说，现实教学中很多问题和制度安排，都与当前的社会文化观念有直接或间接的关联。比如，长期以来，幼儿园教学中"小学化"倾向在有些地方表现得相当严重。其主要表现是：不注重幼儿综合素质的培养，不注重组织幼儿在游戏中学习，不顾幼儿的年龄特点，过于强调向幼儿"灌输"知识。这种"小学化"倾向的教学安排方式，实际上就是对大众文化观念，特别是教养观念的一种回应。如果社会上仍然有更多的家长期望孩子上幼儿园是为了获得更多的"技能训练"，是为了在将来的应试教育中赢得"先机"，那么学前教育"小学化"的倾向就很难彻底消除，学前教育中重视知识和技能训练的一系列制度安排就很难彻底改变。

同样道理，我们可以充分理解，当前中小学盛行的"封闭式"教学管理，实际上也有着现实的社会文化和观念基础。

时髦的背后是什么？②

近10年来，伴随着基础教育的发展，"封闭式管理"逐渐成为我国中小学学校管理的一种时尚。最初是一批办学理念"先进"的私立学校，在追求办学条件现代化的同时，声称实行封闭式管理；随后便是一大批资深的公立学校所办的"校中校"，也纷纷实行封闭式管理。一时之间，这种管理方式竟成了管理的"现代化"和学校先进的标志，被许多人所称颂。时至今日，许多一般公立学校也在模仿封闭式管理，"封闭式管理"俨然成了众多学校的贴金招牌！

---

① ［法］卢梭：《社会契约论》，何兆武译，商务印书馆2003年版，第71页。
② 蒋红斌：《"封闭式管理"质疑》，《中小学管理》2001年第7期。

无须回避，至今在普通大众的教育观念中，"学校这个词就是'训练'的同义语，它意味着安静，意味着一排排的儿童端坐在课桌旁，聆听着教师的讲课，只有当要他们发言才能开口"。① 在很多家长的意识里，学习似乎意味着就规规矩矩地待在课堂里，意味着要"端坐立正"，要"老实听话"、要"坐得住"、意味着要在学校里老老实实地待着……必须说，正是社会范围内这样一些并不科学的教育观念的存在，在很大程度上鼓励和助长了当前学校"封闭式"管理的现象。

经由以上分析，很容易看出，社会文化观念实际上参与了教学制度的建构，构成了现实教学制度运行的重要基础之一。马克思指出："人们自己创造自己的历史，但是他们并不是随心所欲地创造，并不是在他们自己选定的条件下创造，而是在直接碰到的、既定的、从过去承继下来的条件下创造。"② 可以说，任何社会和学校的教学改革与制度创新都不能完全摆脱这种因素的影响，这也要求我们在思考教学改革的问题时，必须充分考虑社会文化观念的适应性问题。

---

① ［美］杜威：《学校与社会——明日之学校》，赵祥麟译，人民教育出版社 1994 年版，第281 页。

② 《马克思恩格斯选集》（第 1 卷），人民出版社 1972 年版，第 603 页。

第四章
现实教学困境的制度解析

> 学校，与其说是儿童一起学习成长的场所，不如说是丧失欢乐、丧失学习伙伴，也丧失自身的场所更为妥当吧？学校与其说是形成学习的亲和、实现民主主义的场所，不如说是发挥着通过排他性竞争，酿造优越感与自卑感，扩大阶级、种族、性别和社会差异的场所更为妥当吧？学校还是发挥着以追求效率的标准去整齐划一地控制儿童多样性的学习，压抑每一个人的个性和创造性的场所更为妥当吧？
>
> ［日］佐藤学：《学习的快乐——走向对话》，钟启泉译，教育科学出版社2010年版，第77页。

当前中小学教学实践中存在的困惑是多方面的，我们无意去面面俱到地进行揭示和剖析。本章主要从规范与自由层面对教学现实进行必要的制度分析，透视教学中的制度建设问题。一方面，很多学校在教学常规方面已经相当丰富和完善，已经建立和形成相当缜密、繁多的教学规范，对教学活动的各个方面都制定了具体、详细的规定和可以操作的具体标准，力图把教学活动的所有方面都纳入可以操纵和控制的轨道。这就造成了当前盛行的"规范化教学"现象。毫无疑问，"规范化教学"在充分重视制度的规范作用的同时，也将教学活动纳入了标准化的"流水线"，将教学活动越来越等同于一项可以任意操作的技术活动，实际上否定了教学活动的灵活性、创造性。直面现实，当前教学规范在日益强化和保证正常教学"秩序"的同时，也正在使教学活动失去应有的自由空间，压制了正当的教学自由。另一方面，我们也应注意到，学校在强化教学规范、钳制教学自由的同时，并没有形成有效的制度体系，以对教师权力进行有效的监督和制约。当下教学生活中，教师滥用权力的现象是十分突出的，它侵害了学生的正当权益和自由，造成严重的教学暴力，妨碍了教学活动价值的实现。

第一节　教学规范的僭越与教学自由的戕害

教学是有目的、有计划、有组织地培养人的一种社会活动。教学活动主要是在学校内进行的，需要一定的秩序予以规范。学校作为一种社会组织，本质上是社会控制系统和控制结构的一部分，需要一定的规则和纪律等制度形式加以保障。现代教学活动是一种规范性的社会活动，有必要规定教学的基本要求和标准，对教师的教学行为进行必要的限定。同时，教学世界也是自由的世界，教学活动也是自由的活动。教学活动是在教师的引导和帮助下，实现学生全面成长和自由发展的实践活动，只有教师自主地从事教学活动才能为学生的全面发展提供必要的条件。作为生命活动和精神活动的重要形式，教学活动应更富有灵活性、丰富性和创造性，更是一种"自由"活动，应更依赖于"自由"的环境和氛围。只有赋予教师充分的自由，才能最终实现教学的终极价值。当下教学改革中，学校在不断加强制度建设，强化对教学管理和控制的同时，也造成了教学规范对教师自由的僭越，造成了对教学自由的戕害。

一　教学规范的僭越

从制度化教学产生以来，教学走向规范化的趋势就已经逐渐显现出来。近代以来，伴随着工业革命以及工业化社会的进展，现代教学制度逐步确立，教学活动的规范化愈加明显。20世纪初，美国课程研究者博比特（J. F. Bobbitt）把工业管理中的"泰罗制"① 引入课程领域，倡导设定这样

---

① 美国管理学家泰罗在20世纪初创建了科学管理理论体系，他这套体系被人称为"泰罗制"。"泰罗制"的主要内容是：制定工作定额，实施标准化的操作方法，进行标准化管理，强化激励机制。

一种制度：确定教学目标，有效地控制教学过程，用成绩对教学结果进行评价。这种对教学的规范和制度化的管理，经过二三十年代桑代克、斯金纳到布卢姆等心理学家和教育家的倡导和推进，不断形成了"目标—成就—评价"的教学过程模式，构成了教与学的学校教育的标准样式。[①] 20世纪五六十年代以后，随着科学技术革命的开展，新技术大规模地应用于教学中，进一步增强了教学的制度化和规范化倾向。从某种程度上讲，当今我国中小学实践中已经存在严重的规范化教学现象。

1. 传递制度化知识

规范化教学是建立在知识中心主义课程观基础之上的，教学是以传递、传授教科书知识为主要形式，学生接受、掌握和理解这些知识并在此基础上掌握相关技能是教学的主要目的。作为教师，专心致志地向学生传授"制度化的知识"，就是他们的主要使命。佐藤学认为，教学中所传递的"制度化知识"具有以下四个方面的特征：

> 第一，这种知识在现代是被视为真理与真实的学术（科学、技术与艺术）中，被政府、教育部的审定这一"滤纸"通过的知识。第二，这种知识是可以给儿童"明白地传递"的，亦即转换、简要成可供传递的语言（文字、活字）这样一种制度（约束的事件）。第三，这种知识在许多场合是现代学术中已经明确的结论（正解）。亦即，儿童无须经过学术的争论、辩论来学习，而是通过审定教科书使之学习被视为正解的结论。第四，这种知识由于是上述所限定的框架内的知识，不能超越这种框架。[②]

规范化教学显示出来的是一种"传递中心课程"的课程观。这种课程观把课程视为"学科"或者"知识"，认为教学是要向学生传递这些学科

---

① ［日］佐藤学：《学习的快乐——走向对话》，钟启泉译，教育科学出版社2004年版，第67—68页。

② 同上书，第26页。

规范性的知识，而且这些知识被认为是非常重要的，学生不掌握这些知识，就不能适应将来的社会和生活。所以，教学中传递这些知识就是对教学的强制性和统一性的要求。杜威对这种通过强制性的方式传授制度化知识的状况进行了生动的描述，在这样的教室里，"一排排难看的课桌按几何顺序摆着挤在一起，以便尽可能没有活动的余地，课桌几乎全都是一样大小，桌面刚好放得下书籍、铅笔和纸，外加一张讲桌，几把椅子，光秃秃的墙，可能有几张图画，凭这些我们就可以重新构成仅仅能在这种地方进行的教育活动。一切都是为'静听'准备的，因为仅仅学习书本上的课文不过是另外一种'静听'，它标志着一个人的心理依附于另一个人的心理。比较来说，静听的态度是被动的、吸收的，它还意味着已经有一些现成的材料，是地方教育官员、教育局和教师准备好了的，儿童在最少的时间内接受这些教材，越多越好。"① 在课堂中，教师通过讲解制度化知识，将其呈现在学生面前，要求学生对这些知识进行记忆、理解，并对其掌握的情况进行评价，而且将学生对这些知识的掌握程度作为衡量和判断教学成效的主要标准。

2. 教学程式化

规范化教学的另一个典型特征是教学过程的程式化。毫无疑问，教学过程是按照一定的步骤和程序展开的，但教学的程序不是固定、机械的，而是要依据教学的目标、内容、对象而有所差异，每一位教师也依据自己不同的个性来开展教学活动。教学活动中并不存在一种效力无边的、教师拿来就可以随意使用的教学程式，也不存在一种一旦运用就能达到神奇教学效果的固定的教学程式。审视现实教学，似乎有一种隐形的力量在影响和塑造着教学活动，使教学过程朝着程式化的趋向靠近。在中小学语文教学中，教学程式化的问题比较突出，也成为教育界关注和人们抨击的重要问题。一位中学语文教师对语文教学程式化的抨击比较具有代表性：

---

① ［美］杜威：《学校与社会·明日之学校》，赵祥麟、任钟印、吴志宏译，人民教育出版社2005年版，第39页。

教了几年，反倒不会教了。拿来任何一篇课文，都是介绍作者——处理生字词——划分层次——归纳中心——写作特点。这几个步骤是必需的，不管文章是多么富有感染力，中心思想不外乎是通过什么，表现了什么；写作特点么，第一条基本上都是中心突出，层次清晰，语言流畅。这些条框在教参上明明白白地写着，搬过来用上即可。①

可以说，当下教学中程式化的现象在各个学科教学中都不同程度地存在着。教学的程式化与学校教学管理的思维方式有关。当前在教育行政部门的推动和学校自身利益的驱动下，各级学校在不断制造花样迭出的"样板课"、"优质课"，不断展览"完美"的"标准课"和"公开课"，妄图向人们推销某教学过程的最佳"程式"。同时，如果认真考察一下很多学校制定的"教学常规"，不难发现，在他们对教师备课、授课、命题、考试等方面进行烦琐规定的背后，蕴涵着对程式化的过分追求。

毋庸置疑，程式化倾向在当前教学实践中是比较严重的。教学过程的程式化，在很大程度上忽视了教学活动的即时性、现场感、灵活性，抹杀了作为艺术的教学的偶在性、情景性与创造性，这实际上也就意味着取消了教师自身的主体性，钳制了教师的教学行为，阻碍了教师创造性的发挥，扼杀了教师的教学艺术。如果教学活动和教学过程被预设的程序框住，教师就不可能进行个性化的教学。教师亦步亦趋地遵从固定的教学程式，教学活动就变成机械的教学流水线，课堂也就变成了知识传送的标准化车间。在工程化的教学过程中，教师也就无暇顾及不同学生的个性和独特性，根本无法调动学生的兴趣和激发学生的课堂想象力，最终会把课堂变成没有生命活力的课堂。

3. 教学技术化

教学规范化的另外一个表现是教学的"技术化"倾向。所谓"技术"，可以理解为一种技能，一种可以通过模仿、练习和训练而获得的特殊能力。技术意味着可重复性、可模仿性，意味着是可以预期、可以控制的，

---

① 喻合：《现行语文教学程式化现象剖析》，大连师范学院 1999 级硕士学位论文，第 1—2 页。

意味着排斥变化和创新。毫无疑问，教学是一门技术，教学活动需要教师综合利用各种技能，比如语言表达技能、课堂调控技能、运用各种教学手段的技能等。因而，教师作为一种特殊的职业，需要掌握并能综合运用这些基本的教学技能。在现代教学条件下，教师如果缺乏最基本的技能训练，要想把教学提高到理想的层次几乎是不可能的。但当我们说教学是一门技术的时候，并不意味着夸大技术在教学过程中的作用，并不意味着教学就是一种纯粹的技能性或技艺性活动。

然而，在技术思维的统摄下，为了更有效地、准确地实现教学的预定目标，完成教学任务，教学中对技术的利用已经达到无以复加的地步。特别是随着信息化和电子技术的发展，新技术和新的教学手段已经大规模地渗透于现代教学活动的全过程，技术的出场似乎越来越取代教师自身成为影响教学活动的主要因素。"技术"含量的高低，也越来越成为衡量教学活动或教学价值的关键所在，教师对新技术和技能的掌握程度，甚至被一些人错误地当成了衡量教学水平高低的最重要标准。同时，在当前的教学管理和教师培训中，也弥漫着对技术和技能的盲目崇拜，教师基本技能的培训和开发取代了教师的专业成长。然而，我们在大规模开发教师"专业技能"的同时，却漠视了教师自身的情感、态度、个性和最基本的人文素养。事实上，"技术化"思维已经嵌入当前整个教学体系和教学机构中。

针对当代社会技术对人本身的僭越，米尔斯曾进行深入批判，"这些人（崇拜技术研究者）常常把智力本身从个性中割离开来，把它看作一种他们希望能借以在市场上卖一个好价钱的技术小玩意。他们属于缺乏人文修养的人……他们属于精力充沛、野心十足的技术专家。"①现代教学的技术化取向实际上正在塑造懂"技术"的各色专家（社会研究者、社会管理者和工作者），而不能培养米尔斯所言的具有"社会学想象力"的人。强调技术理性的教育，所培养的人"技能一年比一年增进；可是德性的规范，高尚的情操以及做人的基本道理的指引，则一年比一年低落"，结果

———————————

① ［英］赖特·米尔斯：《社会学的想象力》，陈强、张永强译，三联书店2001年版，第114页。

必然造就琼斯（Howard Mumford Jones）所言的一个一个"没有受过教育的专家"。如此"技术化"教学，最直接的结果是改变了教学活动的本性，导致教学活动成为一项纯粹的技术性和技艺性的活动，教师的主体性和创造性就难以得到充分的展示和张扬，最终"被结合到机械体系中的一个机械部分"，教学世界成了"思想赤贫"、"情感冷漠"的世界。① 置身这样的教学世界中，教师的情感、个性、创造性和想象力就会被渗透于教学活动过程的纯粹技术理性所排斥，从而失去其主体地位，沦为教学活动过程的被动客体，也就失去了真正的教学自由。

二 规范化教学的危害

当前教学实践中，很多中小学在"规范化办学"的正确旗帜下，不合理地强调教学的标准化和统一性，突出教学的模式化和技术化的同时，妨碍了教师的正当的教授自由，不利于学生学习自由的发挥。

1. 压制了教师的教学个性与自由

规范化教学使教师的教学活动演化为僵死的、缺乏活力的、封闭的活动过程，很容易使教师保持一种落后的、保守的、墨守成规的教学方式，很可能窄化他们的心理空间、压抑他们的怀疑精神，窒息他们的创造力和想象力。不难理解，在规范化和统一化的教学管理下，教师只需要按部就班、循规蹈矩地进行教学，而不需要打破常规、独立思想和进行创新。这样，教师在教学中就不可能展现自己的个性，不可能充分发挥自己的主体性，也就很难享有真正意义上的教授自由。正像有教师所描述的那样：

深夜里的"搬运工"②

在大学，我保持着写诗、写散文的爱好，现在，我必须把诸如《一件珍贵的衬衫》之类的文章一读再读，然后对着教学参考书，看看究竟讲些什么。每篇教案都是要检查的，从教学目的、课时安排到

---

① 徐继存：《教学技术化及批判》，《教育理论与实践》2004 年第 2 期。
② 刘铁芳：《追寻有意义的教育——教师职业人生叙事》，湖南师范大学出版社 2006 年版，第 33—34 页。

教学环节，从提问设计、作业设计到板书设计，我一笔一画地写着。这样的文字里没有任何灵性，引发不了任何灵感，更谈不上什么创造性。每次备课，绞尽脑汁的就是如何按照每课课前规定的"训练重点"和"课后练习"设计一个个所谓的启发式问题，如何把问题串成一个整体，如何阐述得深入浅出、明白晓畅，如何做到环节与环节的起承转合。整个过程就像构思一种规范的公文。最后思考的是，如何把一些四六句子用线条串起来，凝练地板书到黑板上。现在回想起来，这样的语文备课，其实只不过是将教材与教参改造成教案而已。我的全部价值，说到底只是深夜里不辞劳累的一个可怜的"搬运工"，不能说完全没有自己的话语，但自己的话语还是在解说教材和教参。

　　……

　　什么问题都设计好了，言语和思维都跟着写好的教案亦步亦趋，我的目标就是以循循善诱的口吻与深深浅浅的问题，把学生的思维统一到写好的教案上来。倘若学生对一个个提问有着正中下怀的精彩回答，讲课便激情四射，眉飞色舞；倘若学生启而不发，或对课堂提问一片木然，讲课便如老牛拉车，汗流浃背。一般来说，初一的孩子还有举手发言的积极性，到了初二、初三，他们大都对语文课里的问题失去兴趣。也难怪，每次启发来启发去，最终还是几句老生常谈的结论，现在回头看我当年的语文课，在本质上就是大小相连的"问题套子"。自己先变成套中人，然后以一种请君入瓮的姿态把生动的孩子们纳入相同的思维轨道。……

可见，一方面，规范化教学过分强调统一进度、集中备课，并强制性地推行某一种教学模式和方法，干预教师的教学进度、教学方法和教学评价。另一方面，规范化教学往往又以提高教学质量的名义，经常进行"统一化"的考试、制定标准化的答案、进行整体同一的评价，事实上侵害了教师的自主评价权，使教师成为按照统一规范进行劳动的教学"操作工"。

更有甚者，正如上面材料所描述的，规范化教学也导致了很多教师的"心理"和"行为"出现严重分裂，使教师的"自由"仅仅停留于"观念"层面。当前新课程背景下的"剧场化"教学现象就突出表现了教师心理与行为的矛盾状态。正如有学者所批判的，"剧场化行为是一个社会学概念，指的是人的动作、讲话等并非出于自然，而是为了做出来给人看，就如同剧场里演员的表演只是为了给观众看。出于某种目的而对自我内心世界的掩饰乃是所有剧场化行为的共同特点。"① 教学是为人的社会事业，"剧场化"的行为绝不是一种自由的行为，而是教学自由臣服于不合理现实的结果，它对健康的教学活动和诚实的个性的培养所造成的影响是毁灭性的。

2. 阻碍了学生的成长与发展

首先，规范化教学是对学生人性的压制。在规范化教学下，"学校如工厂，班级如车间，从小学到中学是一条流水线，课程、大纲、教材是生产的规格，教师是操作工，学生则是材料，从六岁进入流水线，经过一道道切、削、磨、刨，最后成为合格的产品，然后输入社会。"② 规范化教学常常是以教师为主导的传授式，进行批量化、标准化、统一性的教学，它忽视了学生的差异性、多样性、独特性。杜威在 100 年前就对这种教学进行过发人深省的批判：

> 试想象 40 名儿童全部都忙于读同样的书本，而且日复一日地准备和背诵相同的课文，试设想这种过程构成他们工作的绝大部分，试设想从他们在一个课时内能够学到什么以及一堂口述课内能背出什么这种立场去评估他们的工作。几乎没有机会进行任何社会分工，没有机会让儿童完成一点专属于他自己的东西。……全体儿童都被安排恰恰是只做同样的工作，制造同样的产品……社会精神就会因不用而萎缩。③

---

① 徐继存：《教学制度建设的理性与伦理规约》，《西北师范大学学报》（社会科学版）2006 年第 2 期。
② 吕型伟：《一个总目标两个基础——展望 21 世纪教育框架》，《教育发展研究》2001 年第 6 期。
③ ［美］杜威：《学校与社会·明日之学校》，赵祥麟、任钟印、吴志宏译，人民教育出版社 2005 年版，第 143 页。

规范化教学模式，强调灌输、强制和服从，是一种无视学生主体性、无视人的尊严和自由的教学方式。规范化教学实际上反映了教师霸权，表现为对学生独特性和差异性的漠视，对学生需要和尊严的漠视。这样的教学不可能培养和开发学生良好的人性，不可能培养具有健全人格的现代公民。

其次，规范化教学造成学生对知识的盲从和学生思维的封闭。规范化教学强调统一的教科书、统一的辅导资料、统一的学习时间和统一的考试内容，强迫学生按照教师的要求来理解、记忆和掌握知识，剥夺了学生对知识独特思考、理解和质疑的机会。在规范化教学下，由于学生对知识的学习几乎完全是"接受式"，甚至是"灌输式"的，这样的知识本身不仅不会成为学生走向"解放"和"自由"的工具，反而成为束缚学生心灵和思维的"牢笼"，极易把学生的思维湮没在知识的"教条"中，阻碍学生思维的开放性、灵活性和创造性，必然会压制学生独立能力、批判意识、怀疑精神的形成。

规范化教学中，学生没有自主支配的时间，没有自主阅读和思考的机会，没有对于世界的独特和深刻的认识、体验、理解和感悟。外在压力下的"规范化"学习只能激发学生学习的功利主义心态，而无超功利的自由思考、自由冥想，也就没有思想的自由。笔者回忆自己的学校生活，凝望反思，常常感受到来自教学规范的力量，一步一步将我们的思维进行着规训，我们也在规范化教学中实现了思维的同质化（下面是一段笔者小学作文课的记忆）。

头疼的作文课

小学一二年级学习相对宽松，三年级之后就不一样了，每天布置的家庭作业就开始影响了玩耍的兴致，在学习方面也开始感到有点压力了，其中最头疼的就是写作文。

每周四下午是作文课，于我而言则是一周之中最难熬的。那时候，老师经常布置一些命题作文，而我总是感觉没有什么可写的，半天憋不出一句话。但是，当时班上有几位女同学，每次作文写得都非常漂亮，经常被老师在课堂上当范文诵读，引起同学们的羡慕甚至嫉妒。

其实不光我自己怕作文，很多同学也都惧怕作文，觉得没有什么可写，写出来的东西也是干巴巴的。当然有时候，我们也会翻看一下《小学生作文选》之类的书籍，然后参照里面的范文，照葫芦画瓢，写出一些顺溜、套路化的句子：

我在马路上，捡到五毛钱，把它交给了警察叔叔，警察叔叔夸奖我说，"你真懂事，你是一个拾金不昧的好孩子"。我的脸顿时红了，但心里却美滋滋的……

每当遇到困难想退缩时，我的脑海中忽然闪过董存瑞、邱少云等英雄人物的身影，和他们比起来，我的这点儿困难算什么！

今天天气晴朗，万里无云，我们来到了XX。首先映入眼帘的是……

望着缓缓升起的五星红旗，我的崇敬之情油然而生……

在我的记忆里，有这样一段故事，犹如最亮的星星一般……

在微弱的烛光下，满头白发的妈妈拿着针头，在缝缝补补，我的泪水再也忍不住流了出来……

作文中，很多教师似乎并不在意学生写的是不是自己的话，是不是自己的语言，而更注重辞藻的华丽和语言的形式美。我似乎很不善于写这些漂亮的套话，因此，每到作文课的时候，就常常倍感难熬，无以下笔。

最后，规范化教学必然造成学生内心精神的贫乏。在规范的压制和束缚下，学生不可能有闲适的心境，而只会处于心事重重、焦虑不安的煎熬之中。规范化的教学模式下，学生也不可能有更多自主的时间和空间去发展自己的兴趣、爱好和特长，去获得深层次的体验，而只会使学生的内心世界贫乏、苍白、肤浅和趋于平庸化。特别是在应试教育导向下，机械训练、简单重复、题海战术、打疲劳战，这样的学习方式必然使人疲惫，使人厌倦，不能对学习产生积极的情感体验，不能唤起对学习的内在兴趣，从而使学生对学校生活失去兴趣和热情。如此，规范化教学就逐渐成为仅仅与知识相关而与学生心灵无关的事业了——仅仅让学生记忆和重复一些知识，却从来没有深入学生的心灵，没有激起学生内在精神的生长，没有引发学生的学习兴趣和对学校的情感。在这样的教学生活中，学生只有知识的积累，而没有真正的生长——没有培养出对知识的真正兴趣，没有真正的求知欲望，也从来没有体验真正的精神生活。结果可想而知，学生们

一旦离校，就再也不想读书。在以后的人生发展中，已经走出校门的学生如果排斥读书，丧失了求知和学习的欲望，就远离了一种高贵的精神生活，其人生必然走向精神的空虚和思想的苍白。

第二节　教学权力的滥用与学生权益的侵害

当前教学生活中，由于监督与约束机制的缺失，教师权力常常缺乏有效的制约，权力滥用现象比较普遍，这极易引发教学生活中的暴力，构成对学生权益的严重伤害。现实中，教学生活中的暴力主要体现为教师的不当惩罚、语言暴力、课堂话语霸权以及课堂中的过度控制。

一　教学权力滥用的表现

教学生活中，暴力的发生常常是教师对正当教学自由和合法教学权利滥用的结果。在一定程度上，教学制度规范自身约束力的缺乏甚至失效，是造成教学暴力的外在原因。应该说，当前教学中的话语霸权、语言暴力和不当惩罚，其危害是相当严重的，这直接影响了学生学习自由的发挥，阻碍了教学价值的实现。

（一）教学中的不当惩罚

无可否认，合理的惩罚是教师正当教学权利的重要表现，是保证课堂秩序和教学活动正常进行的关键，教学管理需要借助一定的惩罚制度和惩戒措施。苏联著名教育学家马卡连柯曾指出："合理的惩罚不仅是合法的，而且是必要的……"[1] 积极的惩罚对维持正常教学活动而言是必要的，凡是需要惩罚的地方，教师就没有权利不惩罚，在必要惩罚的情况下，惩罚不仅是一种权利，而且是一种义务。[2] 可以肯定的是，教学中我们不能排斥正当的惩罚，但是惩罚的正当性必须建立在"合理"、"合法"的基础上。我们加之于学生身上的惩罚首先要具有一定的合理性。所谓合理，其

---

[1]　[苏] 马卡连柯：《论共产主义教育》，刘长松、杨慕之译，人民教育出版社 1981 年版，第 170 页。

[2]　同上书，第 280 页。

动机应该是"良善"的。教师对学生的惩罚行为，应该建立在教师自身"德性"和"良心"的基础之上。教师应在职业道德和良心的关照下，本着爱护学生，出于促进学生发展的良好愿望来施行合理的惩罚。惩罚目标是为了教育的目的，是为了学生道德的改善和进步，而不是借机压制和报复学生，以此发泄个人情绪和私愤。

检讨书的回忆与反思

在求学经历中，很多人都有被罚写检讨书的经历，特别是那些不太听话、"调皮捣蛋"的同学，更难幸免。有些老师把罚学生写检讨当成了惩治学生的杀手锏，凡事都以检讨对付，并且花样百出。迟到要检讨，课堂"交头接耳"要检讨，不交作业要检讨，考试不及格更要检讨，上自习课说话也要检讨……总之，任何错误都以检讨了之。

我也有两次被罚写检讨书的经历。第一次是在初中一年级下学期，因为期末考试班级排名下降，从第8名下降到第16名。班主任把几个成绩下降的同学叫到办公室训话、警示，要求我们每人写一份检讨书，保证下次考试要进前十名，而且要求我们每人在检讨书上签字画押。第二次是在初二上学期，因为熄灯之后和同学说悄悄话，被猫在宿舍窗户后面的班主任监听到了，就罚我们每人写一份500字以上的检讨书，保证以后"绝不再犯"。这两次写检讨书的"光荣"经历，至今犹如在昨日。好在我一贯表现规矩，很少惹事，轻易不给老师添麻烦，学习成绩不算差，所以只是让我写检讨书交给他，并没有让我到班上当众宣读，这已经算是优待了。但两次检讨给我留下的记忆还是比较苦涩的，特别对"面子"是一种很大的伤害，甚至总感到有一种羞愧感，沉藏在心底。

毫无疑问，写检讨书的目的是对自己错误有一种认识和思想检查，目的是为了改正错误，提高认识，保证以后不再犯类似的错误。也就是说，写检讨书首先应该考虑能否达到惩罚和教育的目的，而不应该被滥用。其实，很多老师让学生写检讨书的目的，或许并不是像宣称的那样，是为了帮助学生改正错误，而成为教师控制学生的一种特殊手段。很多教师或许都心知肚明，这样的检讨书真的是没有意义，不过是用来"教训"学生的手段或借口而已，其背后隐藏的是教师内心深处的权力意志和威权心态。

其次，惩罚的运用必要具备合法性——合乎程序、合乎规则。实际上，惩罚的程序是否正当也关系到惩罚的效果，关系到学生是否会接受或者默认教师的惩罚。"程序正当性"是指学校或者教师在对学生进行惩罚时，都必须经过公平、合理、正当的惯例和方式，而且这些程序也必须为学生所共知。如果教师自身不遵守有关的"常规"，随意更改惩罚的程序，也很难使学生信服和接受，甚至会抗拒惩罚，这样最终可能会使问题和矛盾更加突出和激化。所以，教师只有按照透明的规则和程序操作，才能使惩罚有理、有利，才能培养学生遵守规则的意识，才能真正实现惩罚的教育意义。

虽然教育离不开惩罚，但惩罚措施的运用却应该慎之又慎。因为惩罚带来的效果不仅有正面的，也有负面的；同时，更主要的是惩罚手段的运用要在合理、合法的限度内，违背这一限度，惩罚本身就成为一种非法的暴力，甚至会造成严重的教育后果，违背学生发展的根本目的。直面现实，不能不承认，当前教学生活中的不当惩罚是相当普遍的，其形式也是多样的，我们可以经常从媒体上见到相关报道（下面一段是笔者中小学生活中常常存在的一种另外惩罚方式）。

另类惩罚："成绩发布会"

初中生活中，令我们最紧张的莫过于考完试之后接下来等待发布成绩的那几天。当然，不同类型的学生，其心态是各不相同的。自认为发挥不错的，很渴望老师快点公布成绩，希望博得教师的当众表扬；那些认为考得不太理想的，就会比较压抑和沮丧，忐忑不安。但该来的总会来，逃也逃不掉。当各科教师拿着批改完的试卷来到教室的那一刻，每一个人的心都会纠起来，教室里鸦雀无声。

紧接着，一场"成绩发布会"就要"上演"了。每一个人都会竖起耳朵，等待着老师的宣判。通常，老师会站在讲台上，变换着语气喊着学生的名字和成绩，课堂上充满了一种萧杀的气氛，每一个人的表情都凝固了。被喊到名字的同学在众目睽睽之下走向讲台，从老师手中领取自己的试卷，接受全班同学的"检阅"。这样一个"成绩发布会"，对那些差生或者没考好的同学来说，绝对是一种巨大的心理挑战和磨难。经常看到有学生会忐忑不安地坐在位子上，深深地把头低下去，像犯了罪一样，不敢抬头，生怕碰到老师不屑的目光。如果遇到老师情绪不好的时候，就会把那些差生的试卷狠狠地往旁边一甩，这时就会看到那些可怜的同学也只能灰溜溜地蹲下，小心地捡起试卷，满脸羞愧地退回自己的位子上。

当然，这种成绩发布会上，经常也有一些意外和插曲。有一些经受不起的同学，开始用自己的方式表达心中的抗议。他们从地上捡起教师甩过来的试卷之后，不顾老师的"面子"，当场把自己的试卷奋力一撕，使劲一揉，摔在地上，愤而折回自己的座位上。面对这种赤裸裸挑战老师权威的粗暴行为，很多老师不能忍受，所以就时常会发生一些教师与学生扭打在一起的"生动"场景。个别太过"要脸"的女生有时也会因为考得太差而羞愧难当，从而表现出很失态的行为。她们从老师手中夺下试卷后，捂着脸羞愧难当地回到自己的座位上，立刻将头伏在课桌上，双手把试卷握成一团，塞进课桌的抽屉里，然后呜呜大哭。

这些场景，在每一次成绩发布会上都可能精彩上演，主角可能不同，但每次剧情都相差无几。每一次，我们都在老师的一声声宣判中再经受一次心理的惩罚，我们的耐受力就会相应"增强"。

（二）教师课堂话语霸权

话语是一种语言，话语权是指一个人的话语权利，它体现出个体表达自己的理念、想法、情感、态度和价值的权利。作为社会一员，每个人都有表达的意愿和需要，人是通过言说来确证自我的存在。现代社会，正当的话语权也是人们言论自由的体现，话语权的丧失意味着主体存在价值的丧失。课堂上不可能离开言语活动，课堂教学是一种"话语的实践"。在课堂上，存在两种话语主体：一是教师，二是学生。在传统课堂上，教师是社会代言人，承担着教化学生的使命，现行教育法制体系和教学制度因而赋予教师合理的教育权和课堂上的话语权。但是教师的话语权并不意味着教师可以在课堂上随意垄断、控制和限制学生的话语权，并不意味着教师可以随意剥夺学生的话语权。我们经常说的教师"话语霸权"，就是指教师凭借法制所赋予合法地位和合理教学权利，牢牢操纵师生间话语的内容和形式，在教学中形成独占话语权利的现象。在当前教学系统中，教师话语霸权的现象是普遍存在的：首先，教学以灌输为基本特征，拒绝和排斥对话，教师总是独白者，学生总是旁听者，教师的言说和学生的沉默，构成了此类教学的基本图景。其次，教师是话语体系的操纵者和话语空间的主宰者。课堂上，"很多教师不仅是对话的组织者和发动者，而且也是话语权的分配者。课堂教学中，学生该不该说话、何时说话、谁来说话则是由教师掌握的，也就是说，课堂上说话的机会和权利是由教师分配的。一轮对话该不该结束，何时结束，也需要教师来决断。"① 这样的课堂中，教师会有意或无意给课堂话语设置一定的范围和边界，防止教学脱离其预设的轨道。教材知识是不可置疑的，那些与教学内容"无关"的问题是不可随便提问的，那些与"正统"观点相悖的意见是不许随意表达的，教学总是在教师预设的话语空间中运行。帕克·帕尔对这样的教师进行了生动地描述，"在课堂上，总是批评别人而且非常武断，动不动就以'愚蠢的问题'来窒息学生，不让他们提出问题，他最擅长编造一些怪问题，把学生带进他设的怪题的陷阱里，然后再对错误答案进行无情的嘲笑"②。最后，教师以知识的裁判者和真理的化身出现。教师直接掌握着对各种观念进行检验和评判的最终权力，教师是"最终"的评价者，拥有对知识进行标志和鉴别的绝对权力，学生个人化的知识被排斥于教学活动之外。

教师话语霸权的产生与教师内心深处的客观主义知识观紧密相连。客观主义知识观信仰且仅崇拜"客观知识"，认为知识是绝对客观、中立和价值无涉的。客观主义知识观下，"创造知识的人最有权威，传递知识的人因掌握了知识从而分享了权威，而接受知识的人的角色却只能是服从"。教师对客观主义知识观的信仰必然导向教师对知识的垄断，成为知识的代言人和真理的化身，从而形成严重的知识霸权。由于学生要在教师的帮助下接受和获得真理、知识，因此在教师的权威面前只能是服从。所以，客观主义知识观本身就蕴涵、制造着"权威—服从"的等级关系。目前，客观主义知识观已经造成教学中教师与学生作为"知识权威"和"无知者"

① 黄伟：《教师话语权运作及其话语霸权探查：基于课堂教学的话语分析》，《教育研究与实验》2012 年第 2 期。

② ［美］帕克·帕尔默：《教学勇气——漫步教师心灵》，吴国珍等译，华东师范大学出版社 2014 年版，第 7 页。

之间关系日趋紧张的状况，并使教师和学生陷入了被知识奴役的境地。对此，有人认为这是"现代教育和现代社会中最为不幸的事件"，① 也有人不无愤慨地批判说："以真理的名义说话是一种恐怖主义的行为，用作威胁和挑战，使持不同意见者沉默。"②

客观主义知识观构成了教师话语霸权的重要认识论基础。在此观念下，教材是客观知识的代表，是需要学生记忆理解和掌握的"真理"，无须质疑、反思和批判；学生在教师和教材面前是"无知者"，需要在教师的帮助下接受和掌握其所传授的客观知识；教学过程被简化为知识的"传授—接受"过程。在教学过程中，教师和学生有明确的分工：教师负责知识的传授、解释和评价，而学生的主要任务是接受、理解和记忆这些教材知识。在这样的任务分工下，教师成为"知识权威"，牢牢地控制着课堂教学话语权力，而学生作为"无知者"，则在教师的知识权威面前丧失了应有的话语权。

课堂教学中，教师话语霸权蕴涵在教师的教学语言中。教师语言的背后是教师思维方式，在日用而不思的日常教学语言中常常隐藏着自我中心的话语体系。有研究者观察到，在中小学课堂教学中，不时地会出现"老师说"或"老师认为"、"老师告诉你们"等类似的"老师说"的话语表达方式，这样的话语表达背后其实渗透着教师的话语霸权③：

> 当教师把"我说"、"我认为"、"我告诉你们"置换为"老师说"、"老师认为"、"老师告诉你们"时，教师实质上就把自己的"个人言说"转化为一种公共表达，使教师的"个人言说"摆脱了自己的"主观性"而成为"超个人"的"客观性"论述，进而获得了某种毋庸置疑的"真理性"和"权威性"。而"老师说"话体在传授已有知识的同时却恰恰扮演着扼杀学生个体认识的角色。在中小学课

① 石中英：《波兰尼的知识理论及其教育意义》，《华东师范大学学报》（教育科学版）2001年第2期。
② 赵敦华、江立成：《后现代与现代西方哲学的终结》，《哲学研究》1994年第1期。
③ 李润洲：《"教师说"话体的蕴意、隐忧与超越》，《课程·教材·教法》2013年第3期。

堂教学中，"老师说"话体经常出现在学生就某个问题争论不休或者就某个问题某学生回答有误之时，此时"老师说"的内容就相当于真理的宣称，直接告诉学生某个问题的正确答案。

观察课堂教学，我们常常能听到教师在不经意间用一种自我中心主义的话语对学生提出要求、发出指示和发布命令。譬如，教师经常脱口而出的一些话"同学们，你们给我听好了！""大家给我记住了！""大家给我好好遵守"……此类"给我"式的话语表达方式明白无误地透视出教师课堂语言中的霸权心态。如果我们进行深度的课堂观察，对教师课堂日常语言进行完整记录和分析，将会为教师的话语霸权找到更多类似的佐证。

（三）教师语言暴力

在一般的认识中，暴力往往与武力以及与人的肉体"伤害"有关。事实上，暴力的形式是多样的，既可以是身体上的暴力（硬暴力），也可以是心理上的暴力（强制或者软暴力）。心理上的暴力主要包括公然的侮辱、谩骂、嘲弄、讥讽等使他人感到丢脸的言语行为。语言暴力就是以心理伤害为指向的暴力，指一切凭借自己的权力和优势地位，采取不合法的或者非道德的、不文明的言语攻击方式，将自己的意志强加给他人、限制他人的行为或思想自由，从而给他人带来精神伤害的言语行为。[①] 当前教学现实中，教师的语言暴力现象是普遍存在的。2004 年，"中国少年儿童平安行动"组委会公布了一组数据，81.45% 的被访小学生受到教师语言暴力的直接或间接影响。2006 年 2 月 8 日北京青少年法律援助与研究中心公布的《教师语言暴力调研报告》显示，72% 的被调查初中生表示，老师使用的不文明语言对其造成了心理伤害，而小学生受语言暴力的比例更大。

教师的语言暴力中，往往更多地使用一种病理性语言对学生造成伤害，这些病理性语言包括诅咒式语言、命令式语言、辱骂式语言、恐吓式语言（见表3）。语言暴力损害的更多是人格与尊严，带给学生的伤害绝不会比体罚小，甚至有过之而无不及。对一个人的打击，最严重的莫过于尊严，身体的伤害可以很快治愈，心理上的伤害却难以抚慰。现实学校生活

---

① 徐久生：《校园暴力研究》，方正出版社 2004 年版，第 6 页。

中，因为学生尊严受到侵害而引发的严重教育问题，已经引起社会的广泛关注。①

表3	教师语言暴力的类型	
诅咒式	就你们这种水平还想……；你简直无可救药； 一看你就没什么出息；你真是无药可救了	
命令式	滚；滚出去；我说话你听见没有； 给我听好了！给我站好了	
辱骂式	傻瓜；神经病；猪脑子 脑袋被驴踢了；你是什么东西； 你干吗吃的呀；你缺心眼呀 装什么孙子啊；吃人饭不干人事	
恐吓式	别给脸不要脸；再不好好学就不让你上学 写不完作业，就别回来了；我也懒得管你们了	

（四）课堂中的"过度控制"

课堂是教学活动的基本单位，教师运用权力加强对学生的管理和对课堂进行必要的控制是维系正常教学活动的基本条件。但这种管理和控制是相对的、有一定限度的，课堂管理的目的是为了满足教学活动的需要，是为了创造良好的课堂秩序与环境，是为了更好地促进学生的学习。当教师借助于自身职业身份和权威，对课堂进行超越正常教学需要的控制时，就很容易妨碍学生的正当权利，压制学生的学习兴趣、激情，泯灭学生的主体性。课堂中的"过度管理"现象有两个主要表现：第一，把课堂管理水平甚至课堂秩序的好坏作为衡量班级教学活动质量和教师水平的重要标准。第二，把加强课堂管理作为解决教学活动中出现的各种课堂行为问题的重要手段和主要途径，有时甚至是唯一手段。② 这样的课堂管理实际上遗忘了课堂管理的本真意义，仅仅是为了管理而管理，为了秩序而管理，

---

① 某种程度上说，学校中出现的学生厌学、自卑、心理失衡、自杀与杀人等事件和现象，都与学生尊严的丧失有紧密的关联。

② 吴康宁：《论班级活动中的管理主义倾向》，《教育研究》2000年第6期。

手段成为了目的。很多刚刚踏上工作岗位的教师，往往会被一些有资历的教师告知，"要想获得教学的成功，首先就得控制好课堂秩序，第一节课就需要给学生一个'下马威'，镇住学生……"在以"管住学生"、"镇住学生"、"让学生服从"为目标的课堂管理中，学生端坐静听、教室里鸦雀无声俨然成为课堂管理成功的主要标志。

应该指出，在我们长期以来以传统三中心（教师中心、课堂中心、书本中心）为主导的课堂模式下，"过度管理"现象的存在是有一定现实基础的，即一定的现实合理性。教师为了保障自身的中心地位，完成既定的教授任务，势必要努力把控课堂的节奏，按部就班地开展教学活动，不允许意外地干扰与破坏。如此一来，强化对学生的控制和对课堂的管理是教师必然的选择。教师为了塑造课堂秩序，就必须借助必要的惩罚手段、严格的课堂纪律，以此来减少学生课堂行为问题的发生。显然，在教师的强力控制下，学生会惧于教师的惩罚而减少问题行为，同时也不可避免地助长了教师的一种管理自信：即通过强化课堂管理，就可以有效地制止和消除学生的问题行为，塑造教师的课堂威权。

其实，课堂中的"过度管理"现象，很大程度上也与当前广大中小学不合理的教师评价机制紧密相关。评价是一种导向，是一种激励。学校对教师的评价标准和导向会直接决定和影响教师的课堂行为。长期以来，在很多中小学对教师课堂教学的评价中，"秩序"都是重要的衡量标准。根据这种标准，有些教师就会常常以学生的"端坐"、"静听"和"规矩"而沾沾自喜；有些教师则是以能够"镇住"一些"调皮捣蛋"的学生而自鸣得意；很多教师也以"鸦雀无声"为衡量课堂管理成功的标志。过去正是由于我们一直把"规范"与"秩序"当成了理想的课堂教学状态，把能维持这样良好的"课堂秩序"看成一个教师具有较高教学水平和管理能力的表现，这才过度诱发了教师对课堂进行肆无忌惮的控制。

课堂中"过度管理"现象还与当前我国中小学比较普遍的大班额教学密切相关①。经济与合作发展组织的研究（2014）显示，中国的小学和初

---

① 参照教育部班额标准，一般认为，中小学校46—55人为"大班额"，56—65人为"超大班额"，66人以上为"特大班额"。

中班级平均人数分别为 38 人和 53 人，远超其他所有被调查国，居世界第一位。但考虑到中国教育的不均衡现状、城乡差异，实际情况不可能达到均衡，尤其是随着城镇化的发展，城镇中小学中大班额现象尤为普遍，甚至超大班额、特大班额现象也并不鲜见。反观国外学校现状，无论是发达国家还是发展中国家，基本的模式都是 20 名左右的学生以小组方式围坐在一起完成"合作学习"，这成为世界各国课堂教学的主流。

人

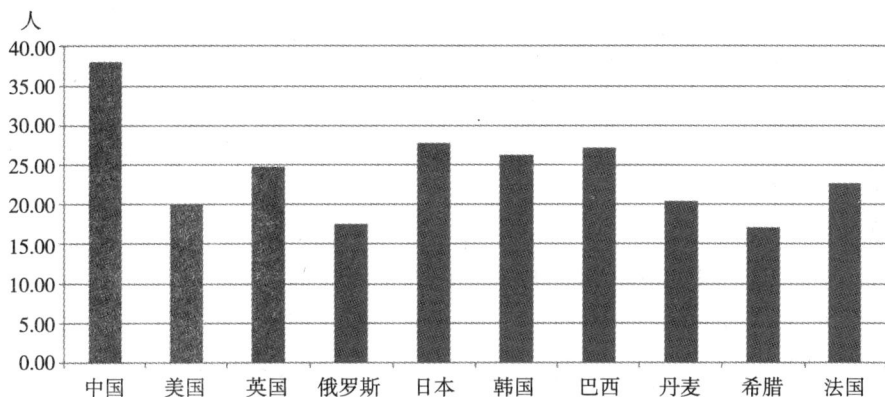

图 1　主要国家小学班级人数柱状图

注：经济合作与发展组织 34 个成员国中，班级平均人数，小学为 21.25 人。

人

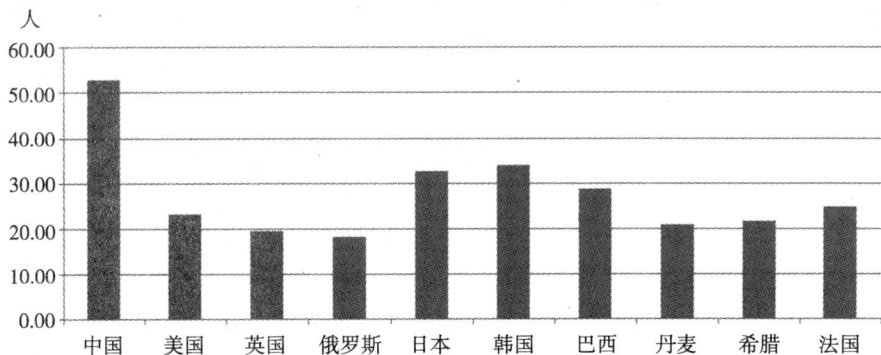

图 2　主要国家初中班级人数柱状图

注：经济合作与发展组织 34 个成员国中，班级平均人数，初中为 23.31 人。

在"大班额"课堂中，会产生更多的干扰因素，教师为完成既定的教学任务，对课堂管理的要求会更高，会更依赖于严格的课堂纪律和惩罚措施，甚至以"高压"的态势管理课堂，维系课堂的"秩序"。可以说，大班额教学客观上势必助长了教师课堂的"管理主义"倾向，为教师进行超强的课堂控制提供了口实。①

二　教师权力滥用的危害

在教学生活中，教师的强权和暴力已经造成了严重的危害，它通过对学生的专制和控制，使学生常常处于受迫学习之中，很容易使学生丧失自我意识和独立人格，压抑学生的人性，造成学生精神世界的荒芜。

1. 泯灭学生的课堂尊严

在教学生活中，教师被赋予法定的教育权力，在教师面前学生是天然的弱势者。如果教师自身不对内心的权力意志有所警惕，就容易漠视学生的权利和需要，滥用自己的权力，将正当的教师权力异化为粗暴的课堂霸权，将自己塑造成教学世界的主宰者和统帅。面对教师的强权，学生也不得不接受、默认教师对课堂的主宰，从而最终成为课堂中的沉默者，失去自主活动和自由表达的能力。如帕尔默所描述的，在课堂强权下，"学生会害怕失败，害怕不懂，害怕被拖进他们想回避的问题中，害怕暴露了他们的无知或者他们的偏见受到了挑战，害怕在同学面前显得自己愚蠢。"②在课堂上，学生因为害怕，所以宁愿保持沉默，也不愿意冒着被批评、指责和嘲笑的风险。很多学生的沉默是一种无奈、无助，他们"不是由于天生的愚蠢或者平庸，而是出于一种想保护自己生存的愿望。那是一种对成人世界的恐惧所驱使的沉默，在这个成人世界里，他们感到疏离、无力。"③

---

① ［日］佐藤学：《学习的快乐——走向对话》，钟启泉译，教育科学出版社 2004 年版，第328 页。

② ［美］帕克·帕尔默：《教学勇气——漫步教师心灵》，吴国珍等译，华东师范大学出版社2014 年版，第 31 页。

③ 同上书，第 40 页。

现实课堂中，很多学生经常感受到紧张和焦虑，而不是轻松和平静，体验到更多的是失败和痛苦，而不是成功与愉悦；他们时常处于自卑、自闭而不是自信和开放的心理状态中。很多学生是作为课堂的沉默者存在的，在老师强迫、监督下度过的……这样的课堂生活对学生来讲，绝不是有尊严的生活。回顾自己中小学教育生涯，感触颇深：

> 中学时代，最刻骨铭心的情绪体验莫过于对教师课堂提问的恐惧。学生面对教师的提问多少都会产生一丝紧张的情绪，这是常理之中的，而我的紧张情绪似乎更强烈。课堂上，面对老师的提问，我心里经常是莫名的紧张，忐忑不安。每次老师在提问的时候，我也与大多数同学一样，都低着头，祈祷教师不要提问到自己头上。如果老师喊的不是我的名字，我会长舒一口气，心里暗暗庆幸。这种恐惧几乎持续到初三学年左右。英语老师的课上表现得尤为强烈，因为英语课上老师提问的密度很大、概率很高、突发性很强，因而课堂恐惧情绪就特别严重。
>
> 初中三年中，大多数老师的授课方式就是"满堂灌"，一节课时间几乎都是老师在哇哇地讲，我们在底下刷刷地记。偶尔也有同学会"交头接耳"或"走神"的时候，会被教师揪起来回答问题。这时候我们往往会措手不及，因为注意力不集中，也就回答不上来，于是只好灰溜溜地站在座位上，耷拉着脑袋，脸上表现出非常尴尬并带着些许负罪感的表情，着急地期待着老师能"从轻发落"，好让自己少丢一会儿脸。

不能回答问题而遭受惩罚"伤自尊"的经历，估计绝大多数人在求学生涯中都会经历过。在初中课堂上，似乎大部分同学内心不愿意接受老师的公开提问，个中原因，大家可能都心知肚明，那就是担心暴露自己的无知或错误而遭到老师批评而担心在全班同学面前"丢脸"。确实，现实中不少老师经常非常轻率、粗暴地对待学生的回答，打击了学生的自信心，降低了学生的尊严。

2. 塑造双重人格

强权会让学生畏惧，这种畏惧可能由原来的身体上的畏惧或畏惧惩罚发展到"畏惧失去别人的称赞，或畏惧失败，甚至形成病态，完全失去信心。……弱者逐渐丧失了对自己能力的信心，安于总是低人一等的地位"①，最后使他们习惯于被"控制"，泯灭了个性与尊严。缺乏"个性"和"尊严"的人在生活中往往不是"奴才"般的自卑，便是"主子"般的自傲，不可能真正的自尊和尊他。对此，鲁迅曾经在《南腔北调集·谚语》中进行过精彩刻画，"有权时无所不为，失势时即奴性十足"。教学生活中，当学生经常处于被管制、被强迫和被奴役的状态时，相伴随的就是课堂参与的丧失，就会在教学中陷入"畏首畏尾"、"明哲保身"的生存状态。这实乃因为，一方面，强制依靠并增强了人趋乐避苦的本性。洛克曾经指出，学校中教师的强制和专断对儿童发展有极大的危害。他认为，强制增强了人趋乐避苦的本性，实际上，正是这种本性使人容易犯错。专制会造就小奴隶，儿童看到教鞭会屈服，在没有教鞭的时候，或者他人不知道的时候就会放纵，因而容易造成双重人格，"表里不一"、"阳奉阴违"和"投机取巧"。

"公开批判大会"

现行教育体制下，很多学生都会"享受"到学校或教师的一些特殊的惩罚措施，譬如写检讨书、罚站、罚写作业，粗暴的教师破口辱骂，甚至拳打脚踢。当然也有对学生心理和人格影响更大的，譬如让犯错误的学生公开亮相、示众，试图通过羞辱学生的方式达到教育的目的。我们就曾参加过一次这样的学校大会。记得初中一年级上学期，有一段时间学校秩序比较乱，班级里经常丢东西，后来案件侦破，抓住了几个"小偷"。于是，学校为整顿纪律，以达到"惩前毖后，治病救人"的效果，就召开了一次全校规模的公开教育大会，把这些小偷请上主席台"亮亮相"，做自我批评和检讨，那阵势真有点儿类似过去常开的那种"公捕公判"大会。当然，参加这样声势浩大的会议，台下的同学很多是抱着"看热闹不怕事大"的心理，幸灾乐祸，可是那些

---

① ［美］杜威：《学校与社会·明日之学校》，赵祥麟、任钟印、吴志宏译，人民教育出版社2005年版，第144页。

被请上主席台的同学可就惨了。当时场景至今记忆非常清晰，高音喇叭在操场上响起，教导主任首先发言，他用铿锵有力的声音陈述这些学生的"犯罪事实"，然后把他们轮流"请"到主席台，面对台下上千名学生，当众进行自我检讨，并保证以后"绝不再犯"。会后，这几位同学的事迹立刻闻名全校，成为学校的"名人"。

回忆这场"公开大会"，已过近二十年了，只记得当时好几位受此"荣耀"的同学不久之后都中途退学或者转学到其他学校。"盛名之下，其实难副"，他们应该是真得不堪重负而选择离开，这是他们的伤心之地，或许已经没有什么可以让他们留恋的。对这些学生来说，这种经历恐怕是他们一生中最惨痛的经历了，难道还能有比这种方式更能让他们难堪，更能打击他们的自尊心吗？或许今天我们真的不敢想象，作为教育场所的学校竟能运用如此卑劣的教育手段，但这确是我20年前所经历的真实教育场景。

3. 妨碍公民精神的成长

我们不难发现，当学生没有权利和机会参与学校事务和班级事务的管理时，他们就无从理解教学公共生活的切身性，从而产生自己不过只是一个局外人和旁观者的观念，不过像陌生人一样待在课堂和学校里面，也就不可能发展出对班级和学校的一种强烈的感情以及责任感。这一点对于那些习惯于专权和控制的教师是不可能体会到或者不愿承认的。事实上，长期以来我们在构建和实施教学制度、强化教学管理和学生管理时，也正是在深深习惯于剥夺学生的自主和自治权利。现实教学活动中，我们几乎包办学生的一切：从练习题的编订、作业的布置、课后的督促检查，甚至自习课上的监控……通过制度化的规训，对学生的自主学习能力显示出极大的怀疑，甚至连日常生活中的具体事务也都代替学生选择，以致造成不少学生生活自理能力极为低下。也就是说，当前教学中我们过于依赖成人的控制，不愿也不敢给学生自主机会和自主权利，也就不可能培养学生的自主能力。排斥民主的社会和制度不可能塑造一种健全的公共精神和公民素质，不可能塑造真正有德性的健全公民。而"没有德性则不能成为伟大的人，不尊重权利则不能成为伟大的民族；几乎可以说，没有权利就没有社会"。① 一个社会和集体如果只是依赖于强力和控制来维系，就只会塑造人

---

① ［法］托克威尔：《论美国的民主》（上卷），董果良译，商务印书馆1991年版，第238页。

们的奴性、顺从和对公共生活的冷漠。可以想象，一个在班级生活中畏首畏尾、对集体事务漠不关心、毫无参与意识的学生，不可能成为自由的公民，不可能主动行使自身的自由权利，也不可能成为民主社会的积极参与者和建设者。正如托克威尔在考察"美国民主"时所看到的，"正是由于美国国民普遍地能够自由地运用政治权利参与公共生活，民众因而受到良好的'实践的政治教育'而变得开明，而德性也逐步锻造出来"①。毫无疑问，只有自立、自主和自由的学生才能构成民主的教学生活实践，而靠强权和控制维系的教学生活不可能造就人格健全的公民。

"选举小偷"

初中时，班级里失窃的事情是经常发生的，几乎每个学生都有过失窃的经验，铅笔、小刀、文具、教参、钱等都可能遭遇黑手。遇到这样的事，学生的第一反应，往往就是首先报告老师，期待老师能把小偷揪出来。这种小"案件"，由于没有直接证据，很多老师也没辙，很少真正下工夫去追查，丢了东西也就只能自认倒霉。当然，也有些教师往往比较重视，会想方设法去"破案"。

当然，也有一些教师还会创新"侦破"手段，运用"政治"手腕来处理类似事件。据《人民日报》（2004 年 5 月 14 日）报道，安徽亳州市帅威特服装技校举行了一场选举：投票选小偷！由于最近学校经常发生失窃事故，学校决定用选举的方式，查出小偷。投票采用无记名投票方式，公开唱票，有 6 位同学榜上有名，根据选举结果，"票数多的处罚最重，票数少的处罚最轻。"

其实，前些年，选举小偷的新闻也曾屡屡见诸报端。"选举小偷"事件背后，暴露出教师对权力运用的肆无忌惮。这样的选举，绝不是什么真正的学校民主，而是对选举的曲解、误读和滥用，与其说是选举，不如说是专制和强权。在赐给学生选举权的背后，教师都是"操盘者"，学生都是被"被操控者"，其实无论如何投票，学生都是输家。这样的选举，非但无助于学生民主精神的培养，反而在学生之间制造了对立、隔阂和矛盾，伤害了学生的人格尊严。

---

① 编委会：《托克威尔：民主的政治科学》，三联书店 2006 年版，第 78 页。

三 教师权力滥用的原因

教师权力的滥用破坏了平等的师生关系，实质就是教师按照自己的意志，对学生进行任意操纵、强迫、控制和塑造，目的是把学生塑造和驯服成可以支配的工具。教师权力的滥用是教师自身权力欲望和权力意志膨胀的结果，是专制主义思维在教学中渗透的重要表现，也是法律制度与学校管理制度失范的必然结果。

（一）权力意志的膨胀

任何明智的人都应该承认，追求权力是人类的本性之一。正如别尔嘉耶夫指出的，"在人身上，有一种对权力和统治的渴望"，"人纵使不能在世界之中、一国之中，成为暴君，也要在一家之中、一个公司之中成为支配者。"① 可见，权力欲望根植于人的本性之中。权力欲望会随着权力的扩大而不断膨胀。必须指出，权力欲望本身并非一定是恶的，而是人最基本的生存本能，是个体生存意志与能力的体现。由此，肯定教师权力欲望的存在，坦然承认任何教师内心其实都存在某种潜在、隐晦的权力占有欲望，这非但不是贬低教师的人性价值和人性尊严，而是对正常人性进行客观分析的结果。当教师利用权力进行教学活动和进行学生管理时，实际上就必然在使用自己合理、合法的"权力"。在现实教学过程中，由于缺乏足够的监督和制约，教师个体权力欲望和权力意志很容易走向膨胀。毫无疑问，教师权力的滥用是教师内在权力欲望和权力意志膨胀的结果。

但是必须指出，权力是在人与人之间的关系中发生的，正当的权力，是源于公共生活的需要。权力是在公共生活中实现的，没有公共生活参与者，就没有权力。在教学中，教师对教学自由的运用实际上将学生纳入其权力关系中。因而，教学中权力对于教师而言，既是诱惑，又充满着危险和挑战。这要求教师持有平常心，警惕权力的边界和限度，合理、正当地使用权力，抵制权力意志的膨胀。

---

① ［俄］尼古拉·别尔嘉耶夫：《论人的奴役与自由》，张百春译，中国城市出版社2001年版，第69页。

（二）专制主义思维的渗透

在日常话语中，专制（autocracy）一词往往是与民主相对的，通常被作为一个政治学术语来使用，泛指最高统治者独享最高权力。一般意义上，专制主义通常指的是政治上的独裁统治和当权者不受限制地掌握、使用权力。撇开其政治层面上的内涵，就精神实质层面而言，专制主义在独断的思想和作风背后，是对个体价值的蔑视与贬低。"专制的唯一原则就是轻视人类，使人不成其为人"①；"重视以权力的地位来决定人的价值，重视命令与服从关系，缺乏友爱和人类的温情"。在现实生活中，专制主义思维就是强迫他人意志、剥夺他人权利和奴役他人行为的心理趋向。怀有专制主义心态的人对强权有一种强烈的心理癖好，秉持"顺我者昌，逆我者亡"的信念，贬低他人的人性尊严和人格价值，将他者看成实现自身利益的手段与工具。在当今时代，由于民主启蒙的任务并没有完全实现②，政治体制和政治操作中民主理念仍然比较匮乏，专制的思想幽灵仍然相当普遍。专制主义思维在教学生活中主要表现为，教师为了树立个人的权威，通过各种非道德手段刻意制造与学生之间的等级关系；违背学生的主观意志，不以学生发展为目的，将学生当成实现自身私利的工具和手段；在班级事务和班级管理中秉持专断、蛮横的作风，不给学生任何协商的机会和空间等。譬如，教师对学生之间的交往，特别是异性之间的往来，采取简单粗暴的方式进行干涉；利用各种手段来监视、监听学生的活动和行为；随意扣留学生信件、翻看学生书包、书桌等多种违反学生权利的行为，这些都是教师专制主义行为和作风的具体体现。

应该说，专制主义是中国漫长的文化传统留给今天教育的重要遗产。国人对权威人格崇拜，强调教师的权威人格，师道尊严，在历史上曾经达到了无以复加的地步。教师无疑被纳入有统治力的精神系统之中，有着天然的主导权和统治权，而且"一日为师，终身为父"伦理观念深入人心，这就把师生关系纳入伦理关系之中，传统的师生关系就变成一种操纵与被

————————

① ［美］科恩：《论民主》，商务印书馆1988年版，第411页。

② 新文化运动以来，所开启的"民主"启蒙运动和思想解放运动，由于各种原因而被迫中断，今天国人的民主理念和民主意识仍然比较匮乏，这是一个不争的事实。

操纵、控制与被控制的关系，"这种等级关系，再加上由于一方在年龄、知识和无上权威等方面的有利条件和另一方的低下与顺从的地位而变得根深蒂固了"。①

（三）法制与制度的失范

当下教学生活中，教师权力的滥用更是教育法制建设缺失和制度规范弱化的必然结果。

1. 教育法制建设的缺失

改革开放以来，我们在法制建设上取得了很大的成就。应该说，法律的供给已经比较充足。但是在学校办学实践和教学管理中并没有真正做到依法治校、依法治教和依法治学。譬如，改革开放以来，我们在多部法律法规中对儿童的权益进行了立法和保护，《未成年人保护法》第15条明确规定："学校、幼儿园的教职员应当尊重未成年人的人格尊严，不得对未成年学生和儿童实施体罚、变相体罚或者其他侮辱人格尊严的行为。"《中华人民共和国教师法》第37条规定"品行不良、侮辱学生，影响恶劣的，由所在学校、其他教育机构或者教育行政部门给予行政处分或者解聘。……情节严重，构成犯罪的，依法追究刑事责任。"《中华人民共和国义务教育法实施细则》第22条也规定："学校和教师不得对学生实施体罚、变相体罚或者其他侮辱人格尊严的行为；对品行有缺陷、学习有困难的儿童、少年应当给予帮助，不得歧视。"与立法相比，我们在执法方面却严重滞后，"法律执行"很不到位，学校生活中教师侮辱、体罚学生的现象屡禁不止。如果被法律禁止、防范的行为在学校生活中照样大量发生，甚至有增无减，那么这种法律的执行力是欠缺的，法律的权威也就丧失了。法律的执行不力——强制性法律约束作用没有充分发挥出来，结果违法者就会因为没有受到应有的制裁而有恃无恐，学校生活中教师对学生的侮辱、体罚和人格伤害就会屡屡发生，而得不到制止。可以说，当前法制建设中，在继续法律供给的同时必须加大法律执行力度，形成有效的法

---

① 联合国教科文组织：《学会生存》，华东师范大学比较教育研究所译，教育科学出版社1996年版，第107页。

律问责和追究机制，充分凸显法律的权威，这已经成为教育法制建设的当务之急。

2. 学校制度建设和执行不足

不能否认，在当前学校改革中，为约束教师权力的滥用，很多学校在制度建设方面做了大量工作。譬如，很多学校为规范教师行为制定了"教师教学行为规范"（守则）、"教师职业道德规范"；为了预防教师语言对学生的伤害，有学校制定和公布教师"禁语"、"忌语"（见表3）；为了防止教师对学生体罚，很多学校也制定了相关惩罚条例和规定。不可否认，这些措施在一定程度上能对限制和约束教师权力的滥用起到一定积极作用，但整体而言，这些规范、禁语、条例只是停留在文件和口号的层面，根本没有被很好地执行，或者根本就无法执行。权力滥用和权力暴力的发生也就是必然的了。

表4 　　　　　　宁夏中卫市第五小学颁布的30条"教师忌语"

（见《新华每日电讯》，2007 - 08 - 28）

1. 我要是你早不活了！2. 你真笨！你真傻！3. 看见你我就烦！4. 谁教你谁倒霉！
5. 谁再不给我好好学，就请你家长！6. 你这孩子无药可救！7. 您的孩子没法教，领走吧！
8. 闭嘴！我不想听你说！9. 你是最差的一个！10. 你长眼睛干什么用的呀？11. 你有病呀？
12. 低能！13. 住嘴，不要再说了！14. 一边待着去！15. 我看你这辈子算是完了。
16. 现在的学生，一拨不如一拨。17. 讲了多少遍了也不会，真是个榆木疙瘩。
18. 老师就是老师，老师说什么都是对的，你不听就不成！不听你可以不来。
19. 再不改，就请你家长！20. 看你长不长记性！21. 不懂人话。22. 真笨，不是学习的料。
23. 你给我出去！24. 缺心少肺！25. 你给我站起来！26. 缺心眼儿。27. 不争气的东西。
28. 你简直是个白痴！29. 一边站着去，想通了再来找我。
30. 你别在我们班里混，哪儿凉快哪儿待着去。

当然，更为重要的是，当前学校管理中并没有形成系统、有效的民主机制，对学校和教师权力进行监督和制约。如对学生权益起到保护作用的一些相关制度如"学生申诉制度"、"学校听证制度"等还没有普遍确立。

学生听证制度和申诉制度主要是通过一定的程序和机制来纠正学校和教师权力的滥用，从而起到保护学生权力和利益的目的，它们构成一个完整的学生权利保护体系不可或缺的组成部分。在听证制度框架下，学生对教师或学校施加的不公正惩罚、处分以及其他不公正待遇可以要求听证，可以自我申辩，听证后仍不满的可以向学校上级主管部门申诉，以保障自身合法的权利。学生申诉制度，也就是学生在其合法权益受到侵害（譬如遭受了教师的语言暴力或教师不合理惩罚）时，可以依照《教育法》及其他法律的规定，向学校管理部门或上级行政机关申诉理由、请求处理的制度。如果听证制度和申诉制度发挥其真正的效力，就可以在很大程度上制约教师对学生施加语言暴力，有效防止教师在课堂上任意剥夺学生的权利，并大大减少教师对学生施加不正当的惩罚和体罚。

可以说，当前通过加强学校民主制度建设，对学校和教师权力进行监督和约束，是防止教学暴力的重要途径。进一步从更宏大的社会背景来看，防止教师教学权力的滥用，更主要的还必须借助于教育行政体制和学校民主体制，通过学校的民主化改造才能最终实现。

当然，通过法制建设和健全合理的民主制度来约束教师权力是必要的，而教师内心的自我警醒对于防止权力滥用则更为迫切。有责任感和使命感的教师，应该不断反思内心深处的权力滥用倾向：我们是否经常超越了道德和伦理的底线，而滥用我们的自由和权利？我们是否出于对权力的诱惑或难以抵挡的功利追求，而扭曲自己的行为，侵害了学生的自由？或者我们是否还具有这样自我询问的勇气？如果教师能在教学活动中对自身的"权力"保持这样一种警醒的意识，那么，在力所能及的范围内减少权力的滥用，消除教学暴力，也并不是完全不可能的。

第五章
当前教学制度建设的问题与反思

就像许多有改革头脑的领导人已经发现的那样，从上面进行控制是一种错觉，没有人能够从上面控制复杂机构……每个人都是变革的动力。变革太重要了，不能把变革只交给专家，个人的思维模式和熟练掌握是最后的保障。

迈克尔·富兰：《变革的力量——透视教育改革》，教育科学出版社 2004 年版，第 48—51 页。

教学制度建设是推进教学改革的主要动力，教学制度建设的成效也是衡量教学改革能否成功的重要标志。成功、彻底的教学改革意味着新的教学理念经由制度建设而落实和体现在人们的行为中。当前教学改革中，很多中小学都十分重视加强教学制度建设，但审视现实，却问题重重，需要我们进行深刻的反思。在教学改革中，我们既需要避免以激进主义的革命方式进行制度建设，也需要同内心深处的保守主义思维做斗争，引领教学改革走向渐进、理性的轨道。在推进教学制度建设过程中，不能仅仅停留于自上而下的行政推动，而需要千千万万学校激发自身改革的动力，唤醒教师的自觉参与，用自上而下的草根行动，推进教学改革的进程。

第一节　当前教学制度建设的问题检视

受制于当前教育行政体制的制约，当前很多中小学在推进教学改革中存在突出问题，严重阻碍了教学改革的进程。为了推进教学改革的深入，需要我们对其进行深入思考和剖析。

一 改革动力不足

无法否认，在当前社会体制和教育体制背景下，自上而下的行政推动是引领当前教学制度改革的重要动力，但对于真正的学校改革来说，这又是最不重要的。正如迈克尔·富兰（Michael Fullan）所说，"强制是重要的，政策制定者有义务确定政策、设立标准并监督实施。但是要达到某种目标——在这里是重要的教育目标，你不能强制决定什么是重要的。因为，对于复杂性的变革来说，真正重要的是技巧、创造性思维和投入行动"。[①] 任何教学改革都是在学校领域和课堂领域发生，在学校管理者的推动和教师的教学改革中完成的。学校是教学制度建设的当然主体，教学制度建设要以学校现有条件为基础和本位，要从学校内部开展。长期以来，受文化环境和管理体制的影响，很多中小学缺乏明确的主体意识和周密的办学方略，在制度建设方面动力匮乏，严重阻碍了学校的教学改革与创新。

校长是学校发展的第一责任人，校长的强力领导是教学改革的第一推动力。在一所学校中，校长的高度关注和有效领导是学校教学持续改进的重要保障。审视现实，很多中小学校长对学校教学的关注度和参与度不高，对教学改革投入的精力不足，也有不少仅仅作为学校的一般管理者而不是教学领导人的身份出现，因而也就很难胜任学校教学改革中的"领头羊"角色。这是当前很多中小学教学改革进程缓慢的重要原因。当然，无须否认，在现有教育管理体制下，校长职业生存压力较大，承担了超负荷的工作任务，他们要应对上级检查、组织召开和参加各种会议、布置学校计划、处理学校突发问题、计划学校财务、组织基础设施建设、处理与家长关系，等等，这使他们很少拿出时间进课堂听课、开展研讨以及与教师、学生进行交流。虽然学校也会经常组织一些教学、教研研讨会，而校

[①] ［加］迈克尔·富兰：《变革的力量——透视教育改革》，教育科学出版社 2004 年版，第 31 页。

长却很少能真正参与，不能对教师教学提供实际的指导。多年来，很多中小学校长更是忙于复杂的校外事务，热衷于世俗的人情交往，长期疏离教学一线，已经钝化了他自身的教学观察力和原本可能比较高的教学能力。当校长自身远离了课堂，拿不出一堂属于自己的优秀公开课，来供教师们研讨和交流，也就难以成为教学改进的示范和榜样，这让校长的权威在很大程度上大打折扣，不利于调动和激发广大教师教学改革的积极性。

校长领导乏力也与现行教育体制下的校长选拔机制相关。美国教育学者萨拉斯（Sarason，1982）曾考察了北美安大略省几个学区校长的资历，发现很多校长是由本校教师成长、提拔而来，个人工作履历比较单一，这就构成新校长开展学校领导的自身障碍。根据萨拉斯的观察，教师（未来的校长）在与校长的交往中只能获得当校长的点滴知识。这种经验上的狭隘性，又因为教师往往仅在一两所学校工作而更显局促。[1] 其实，校长领导经验的欠缺问题在我国中小学也比较普遍，大多数校长的成长路径比较单一，"普通教师—主任—副校长—校长"——常常是很多校长职业成长的基本轨迹。因为很多校长是在本校内部培养起来的，缺乏在不同学校和部门开展管理工作的丰富经验，创新思维与领导经验不足，也就不太容易吸收和借鉴外来的经验，不利于教学改革的突破。

校长领导乏力也与不少校长自身消极的求稳心态相关。受我国传统文化观念影响，遵规守矩、恪守中庸之道、重做人而不重做事是很多人的处世哲学。当今社会环境似乎也并不容忍和鼓励校长去进行大胆的改革和突破，一个比较出众的校长也会常常招致非议甚至嫉恨。"枪打出头鸟"、"木秀于林，风必摧之；堆出于岸，流必湍之；行高于人，众必非之"等古训经常会在现实中得到部分印证。加之在当下教育行政体制下，官场中异化的政绩观也对校长的职业心态产生了重大影响，很多校长宁愿意做一位四平八稳的官员而不是锐意改革的教育家，"宁可不做事，也不要做错事"成为很多校长治校的内心方略。可以说，当下教育环境下，官场政治中的生存之道已经渗透进校长们的思维意识中，导致很多校长在工作中瞻

---

[1] ［加］迈克尔·富兰：《学校领导的道德使命》，教育科学出版社 2005 年版，第 18 页。

前顾后，拒变求稳、"步步为营"，使自己沦为学校改革的保守力量。改革意味着利益的调整和重新分配，必然会在现实中遭遇障碍。即使校长有改革的意愿，但如果缺乏明智的决断和勇气，就很容易被一些不良环境所同化，不知不觉地放弃了通过微小改革就取得成功的种种可能。在日常保守的思维影响下，校长就会不断滋生抱怨心态，他们会不断地抱怨体制对学校的束缚，抱怨学校环境的恶劣，责备教师对改革不够努力和配合。确实，现有体制和学校周遭的环境是推进教学制度建设的最大阻碍，也就很容易成为校长对现状不满时最现成的排遣对象。在抱怨思维下，很多校长也就不会积极地思考和创造条件去改变学校的环境，在习惯于抱怨和牢骚的背后，反映了其认识论的偏差，他们实际上陷于了"条件性依赖"① 的思维局限中。

校长既然非常理性地知晓自己的改革可能会受挫，因此不断降低自己的角色期待，对消极的学校环境持宽容性的理解，于是校长就逐渐成为一个被动而非主动的角色。在学校改革中，校长身边经历的一些事实也足以向校长提供了很多负向的心理强化：精明能干与碌碌无为、大胆做事与保守维持、主动改革与被动应付所带来的收益似乎并没有多大的差异，甚至有一些大胆改革、扎实做事和推进改革的校长会败走麦城，一些靠拍马溜须、奉承迎合和做表面文章的校长反而获得领导的垂青和上级的提拔。教育行政体制中的"逆淘汰"现象，让很多校长产生了油滑的生存智慧，滋生了犬儒心态，泯灭了作为教学改革主体的责任感。可以说，由于校长本身缺乏推动制度改革的动机和热情，也就使教学制度建设丧失了第一推动力。

二　伦理意识缺失

教学是一项道德的事业，教学改革其实也就是一种道德的努力。如果

---

① 持有依赖性工作态度的人，往往认为"只有当甲和乙发生后，（人们）才能做好（自己的）工作"，"只有当教师接受了良好的培训后……""只有当政府不再发布那么多的新政策后……"等。这并不是一个好校长应该具有的思维和态度，因为这种条件依赖性思维只能导致他们保守，因循守旧。［加］迈克尔·富兰：《学校领导的道德使命》，教育科学出版社2005年版，第20页。

我们偏重于工具价值，以"效率"和"功利"为唯一尺度，以规范和秩序为衡量教学制度优劣的标准，就必然会在教学活动中失去应有的价值关照和伦理关涉。人是教学的出发点，人的发展是教学的终极目的，任何教学制度只有从属这一目的才是道德的。教学制度应以提升人性、确证人的存在和价值为目的，否则，在现实操作中，教学制度就很容易沦为一种单纯的管理技术和手段，异化为对人性的束缚和压制，这样的教学制度就丧失了正当性，沦为非道德的强制和束缚。

直面学校现实，缺乏对教师与学生伦理关注的制度建设比比皆是。如仅仅出于管理者一己之方便，不厌其烦地要求教师填写与上交各种"表格"、"总结"，给教师造成额外的负担；出于所谓"教育"的目的，对教师或学生采取种种监视方法和手段；为了某种"高尚"的动机，而对教师和学生隐私权所进行肆无忌惮的侵犯；为了所谓的集体利益，漠视身心健康和基本的休息权，强行要求教师加班加点的工作等。这种以剥夺人的基本权利和人性尊严为代价所进行的制度建设，构成对人基本价值的贬损，失去了对人基本的伦理关怀。由此而形成的违背人性伦理的制度规范，事实上也会导致教师与学生对不合理制度的抵制。

学校生活中，缺乏人性伦理的制度仍然司空见惯，习以为常，而合乎伦理的教学制度在现实中未必具有可行性。一些有志于推进素质教育、促进人性化管理的学校，却由于"较低"的教学质量，并不被人们褒扬。而以剥夺人的基本权利、剥夺人的自由和压榨学生的学习时间为手段的一些所谓"超级中学"，却能给各方带来最大的"收益"。这些非人化的"魔鬼学校"非但不会被人们唾弃，反而令广大家长和学子趋之若鹜。这一悖论揭示了制度建设"有效性"与"伦理性"之间的尖锐矛盾和对立，也反映了当前学校改革中教学价值观的混乱与扭曲。很多学校就经常陷入教学制度建设的两难困境，而无所适从。追根溯源，这与整个社会对教育的功利主义追求有很大关系。在功利主义的教育观念下，教学制度效用和效率的评价标准更多地指向于人的外在属性而不是人的内在本性，更多地指向于可以度量的品质与行为，而不是人的真正发展。功利主义教育观最典型的体现就是应试文化的兴盛。毋庸讳言，长期以来应试文化如精神的血液一样渗透进国人的文化血脉中，影响着人们群体的思想和行为。在一百年前，陶行知就对当时教育体制中占主导的应试文化进行过深入的揭示和批判：

> 现在的中学有月考、学期考、毕业考、会考、升学考，一连考几个学校。有的只好在鬼门关去看榜。连小学的儿童都要受着双重夹攻。日间由先生督课，晚上由家长督课，为的都是准备赶考，拼命赶考……赶考和赶路一样，把一路应该做的有意义的事赶掉了。除非请医生，救人，路是不宜赶的。考试没有这样的重要，更不宜赶，赶考首先赶走了脸上的血色，赶走了健康，赶走了对父母的关怀，赶走了对民族人类的责任……①

可悲的是，在中国教育的百年历史发展中，我们一直难以摆脱应试对学生人性的侵害与压制，时至今日我国基础教育仍然深处应试文化的泥淖中，难以自拔。

伦理缺失成为当前学校教学制度建设中存在的重要问题，这还与时代的精神气质息息相关。当今时代是物质产品极大丰富的时代，也是精神匮乏的时代。当今社会是市场化高度发展的社会，人们关注的是产品、市场、消费，社会中流行的是物质文化，人们追求时尚，生活方式奢华，传统价值观不断流失。正如有学者所言："现时代是'物义论'的时代，也就是以人的'物性'和物的'物性'为生活的阿基米德点的时代。"② 尽管从历史发展的进程看，这种异化人的制度形成具有一定的历史必然性，但从总体上看是不道德的，不应该成为教学制度改革和发展的趋势。一个无法否认的事实是，当前我们尚未形成系统明确的教学价值观念的善恶标准，学校管理者也甚少自觉对教学制度本身进行伦理与道德的反思，不合伦理的教学制度也就能在实践中大行其道。

---

① 陶行知：《创造的儿童教育》，转引自《陶行知教育名篇》，教育科学出版社2005年版，第326页。

② 金生鈜：《规训与教化》，教育科学出版社2004年版，第293页。

当然，我们批评教学制度的非人道方面，并非超越现实，教学制度是扎根于现实实践中的，"存在的，就是合理的"，凡是现存的就符合一定现实需要，不能完全超越现实实践。特别对学校来说，生存的压力、社会与家长的期望乃至教育行政权力在很大程度上都是决定性的。但是，承认现实的部分合理性并不意味着我们对现实教学制度的非人道方面进行辩护，也并不意味着学校自身就可以名正言顺地成为不合理制度的"共谋者"，就可以顺理成章地推卸掉自己的责任。

三 民主理念匮乏

当前学校改革实践中，民主理念的缺失与民主机制的匮乏现象是比较突出的，对现实教学造成的危害也是比较严重的。

民主理念缺失的一个最突出表现就是权力不受制约。在推进教学制度建设中，学校集权尤其是校长专权现象严重。当前中小学管理体制中，实行的是"校长负责制"。校长负责之下，学校的权力几乎都集中在校长身上，日常管理中的校长负责就变成了校长集权甚至校长专权。在学校集权管理下，管理是自上而下的，教师和学生常常被排除在学校管理和制度建设之外，也就很容易失去对学校事务的热情和对学校改革的关心和投入。在集权和专权的学校里，学生常常被看成管理和控制的对象，而不是共同治理和管理学校的伙伴，学生也就不可能把自己当成学校的主人，不会把自己视为学校改革为主角。在佐藤学看来，"在学校改革中，学生是最值得信赖的改革伙伴，他们往往会先于教师发挥他们支撑教师课堂改革的作用。……倘若能够提供给他们机会，那么，他们就能比教师更快地领悟改革的愿景，就能领先于教师，发挥改革领头羊的作用。"[1] 陶行知对学校管理中对学生独断专行的做法不止一次地批判过，他认为传统学校管理中最大的问题是，"学校和教师设定规矩，学生遵守规矩"，学生完全被排除在学校管理之外：

---

[1] ［日］佐藤学：《学校的挑战——创建学习共同体》，钟启泉译，华东师范大学出版社2010年版，第2页。

我们办学的人所定的规则，所办的事情不免也有与学生隔膜的。有的时候，我们为学生做的事情越多，越是害学生。因为为人，随便怎样周到细致，总不如人之自为。我们与学生经验不同，环境不同，所以合乎我们意的，未必合乎学生的意。勉强定下来，那适应学生需要的，或者遗漏掉；那不适应学生需要的，反而包括进去。等到颁布之后，学生不能遵守，教职员又不得不执行，却是左右为难……

陶行知告诉我们，在学校管理中，让学生自己共同订立的规则要比强加的制度更接近人情、更加易行。来自学生参与制定、共同形成的规则是深入内心的，会让学生自觉遵守和执行。而当下的学校管理中，由于民主理念普遍匮乏，学校管理者常常对学生进行严格的提防、监督和控制，甚至诉诸暴力。下面是笔者对初中生活学校管理的自我叙述：

教师"监工"

初中生活中，学生对老师常常有一种戒备感和距离感。由于当时学校领导对课堂纪律的要求很高。特别是上自习课的时候，教室要保持绝对的安静。套用当时很强势和霸道的校长一句话就是，"教室里要静到你掉一根针都能听见的程度"。上自习课的时候不允许讨论问题，有不懂的问题必须课下解决，当然也不允许看小说、阅读其他的报纸杂志，更不能交头接耳、说笑打闹。这样的纪律几乎全校都要贯彻，有时候校长会亲自去各个班级督查。当时班主任还是很可怜和辛苦的，整天在校长的淫威之下，活得也没有什么尊严。因此，每个班主任也都高度重视课堂纪律，以免被校长无情"修理"、"痛骂"一顿。在校长的重压之下，他们从早操开始就盯着我们，防止个别同学在宿舍睡懒觉；每顿饭后也要去学生宿舍检查，督促我们赶紧回到教室学习；每天早自习和晚自习的时间都要不定时去教室"巡查"，其实也就是对学生进行盯梢。重压之下，我们晚自习即使不想做作业，哪怕头疼发热，也只能坐在位子上熬到下课铃响。有时候，班主任会躲在窗外，透过窗户玻璃来监视着我们的一举一动，而我们在教室里通常又看不见，因此要时刻保持警惕。特别是每当听到远处传来或听到"嚓……嚓……嚓"的皮鞋声，就知道班主任已经离教室不远了，大家立刻紧张起来，赶紧坐直，打起精神，或翻开书本，或拿起钢笔，开始装模作样地写作业；等老师转身离开教室之后，同学们紧张的神情又放松下来，一切照旧。这样的"游戏"似乎每天都在上演。当然，有一些同学隐蔽得比较好，会坐在位子上偷看小说，也不会被班主任发现，算是走运。但经常也会有一些同学时运欠佳，在老师推门而入的时候被当场抓住"现行"，也只好自认倒霉，听从发落，接受处罚。

晚自习之后，班主任也不能休息，还要等到宿舍熄灯之后去督查，监管学生睡觉。等熄灯之后，我们就必须上床躺下。但是，一个宿舍四五十名同学，难免有例外。有同学熄灯之后仍然在下面吃"夜宵"，也有在床上窃窃私语，还有照着手电筒在被窝里看小说，但都必须保持警惕。班主任经常会躲在门外，进行监听，一旦发现动静，就会破门而入，把学生抓个"现行"，甚至狠揍一顿。

初中三年生活中的每一天我们几乎都是这样度过的。在我们很多学生眼中，班主任就是一个兢兢业业的监工，全天候地对我们进行着监控，我们似乎就是监狱里的罪犯，时刻警惕着狱警的到来。在这样的学校管理中，当教师把学生当作看管、监视的对象而不是合作、信任的伙伴，也就不可能把权力下放，来促进学生的自我管理。

学校管理者中校长和教师的集权，实际上也会不断塑造着不平等的师生关系，这已经成为影响教学质量和阻碍学生真实发展的重要障碍。教学中的不平等给学生造成的危害将是十分严重的，它会对学生的心灵结构产生影响，会制造学生之间的敌视、对立，会造成师生关系的隔阂和矛盾，不断再生产不平等的观念和精神，最终压制和阻碍学生学习自由的发挥和实现。

四　工具主义倾向严重

教学活动追求合理的规范和秩序无疑是必要的，教学制度就要为教学活动的正常开展提供规范和秩序上的保障。但是如果一味追求规范与秩序，就会遗忘教学活动的根本目的和教学的正当价值，就会在教学管理中陷入"工具主义"泥潭。直面现实，"工具主义"倾向已经广泛渗透进当前教学制度建设的实践中，并对现实教学活动造成了严重的危害。如：很多学校为了追求学校和教学秩序，越来越热衷于制定更细致、更密集的学校常规，力图使学校和教学活动做到"处处有规矩"、"时时有规矩"、"事事有规矩"。同时，我们也看到，随着这些规范的日益强化，它们在发挥"有效性"，保证正常教学"秩序"的同时，正在使教学活动失去了应有的活力，走向同质化。特别是在应试教育背景下，考试成绩被当成唯一的度量标准，分数、考试、升学率代替了学生发展本身成为教学的价值追求，成为制定教学制度和进行教学管理的出发点。如此一来，教学制度变成了以严格规范和追求秩序为目的，以追逐功利为指向，教学活动也就变成了对学生压制而不走促进学生解放的活动了。

教学制度建设上的工具主义倾向与学校科层式管理体制密不可分。今天，科层化的管理体制已经成为高效率的管理组织形态，但它也很容易导向对效率的过度追求。从现实的层面来看，我国中小学的组织系统大都采用了科层管理制度。当前学校科层体制隐含着"秩序至上"的行为准则，学校的制度规则和管理手段几乎都指向秩序的稳定，学校教学管理的理想境界就是各项工作井然有序。在规范与稳定的旗号下，教师的工作似乎成为一种习惯性的劳作，成为一种机械化、技术化的行为活动。教学中"按部就班"、"不出差错"、"遵守常规"压倒了对教学个性化、创造性的寻求。这种对教学秩序的过度追求，必然导致教学管理上的机械、单调，阻碍教学活动的丰富性、开放性和创新性，从而背离真正的教学价值和意义。

必须指出，离开了人的发展，离开了对人潜能的挖掘和人创造性的尊重，教学活动就失去了应有的价值和意义。今天，在教学制度建设上我们同样必须警惕制度建设中工具主义思维倾向，避免单纯地为规范而规范、为秩序而秩序的错位追求。教学活动是为了促进学生的发展和完善，是为了学生的成长与解放，而不是为了对学生的压制和灌输。教学制度最终也应该将教学价值的实现，以促进学生的发展与个性解放为目的，这是教学制度存在的合理性依据。在今天的学校改革中，如果失去人文的视野，离开了对教师与学生基本的人性关照，我们将在教学制度建设中失去最坚固的支点。

第二节　教学制度建设的方法论思考

制度建设是当今学校推进教学改革的重心所在，越是激烈改革的时代，我们越需要保持冷静的思维。教学制度建设既不应该是一场急风骤雨的革命，也不能抱残守缺、因循守旧，而应该秉持坚守理性原则，逐步推进。教学制度的建设是一场渐进式的改革过程。在制度建设中，自上而下的行政推动能为改革提供动力，但深度改革却离不开底层的广泛参与推进。教学制度建设过程是广大教师共同参与的过程，每位教师都是教学改革的主人。

一　制度建设中的激进与保守之辨

当前，基础教育教学改革正如火如荼地展开，已从一般的理念层面进入制度突破和行为变革的层面，制度建设在很多学校也取得显著成效。但是，如同社会领域中的任何一项改革一样，始终会伴随不同的认识与思维方式。其中，当前教学制度建设中也存在两种不同的、需要我们警惕的思维倾向：一种是激进主义，另一种是保守主义。要推进当今教学制度改革，形成对教学改革的正确认识，就需要对这两种改革思维进行历史的回溯和分析。

（一）激进主义

由于人们对教学改革本身的艰巨性和长期性的认识不足，在教学制度的建设中很容易萌生激进主义心态。激进主义以"真理在握"的高姿态现身，从根本上否认现存制度的合理性，否认制度建设的长期性和连续性，力求以他们理想的样式，全面、迅速、彻底地取代现存教学制度。他们奉行"先破后立，大破大立"，主张在制度建设上"要大破大立"、"推倒重建"，进行根本性的改革，改革的过程中要"一刀切"、"快刀斩乱麻"。激进主义曾在很长时间内影响和左右着我国教育改革的思维方式，并与近代中国的激进主义文化思潮里应外合，构筑了百年教育改革的动荡与激进的历史。考察一下近百年来的教育改革的历史，这种急功近利的心态对于我国教育事业和学校教学实践造成的危害是惨重的。新中国成立后很短时间内我们几乎摧毁了既有的教学体制，并盲目模仿、照搬苏联教学体制，这是激进主义思维的典型表现。后来，当政者曾一度高举"革命"的大旗，推进教育革命，用群众运动的方式搞教学改革，力图颠覆传统，一夜之间荡涤旧教育，建立新的教育体制。这就是 1958 年掀起的教育"大跃进"。由于无视传统的积累，一味诉诸情绪，不加分析地把我们对现实教学问题的一切愤懑笼统地发泄到传统教学体制上，行动上便表现为不折不扣的"义和团精神"，大胆地"推倒重建"，但是却"在泼洗澡水的时候连同孩子一起倒掉了"。特别是"文革"中我们所进行的"教育革命"，推行"运动式"制度改革，搞所谓的"开门办学"、"办工半读"以致"停课闹革命"等比较偏激的做法，这都是激进主义思维恶性发作的必然结果。当前教学改革中需要警惕激进主义，实乃因为曾经有惨痛的历史教训，付出过沉重的代价。在今天的文化和时代背景下，这种激进的改革思维和非理性的盲目冲动仍然像遗毒一样，深潜于人们的意识和思维深处，其偶尔发作，就会对教育改革带来相当大的危害。

历史经验告诉我们，激进主义的制度革命往往不能达到预期的结果，在激进主义的思维方式下，由于人对自身理性的过分自信，很容易导致这样一种错误的感觉：既然制度都是由人创造的，我们必定也完全有能力以我们所喜欢的无论什么方式去改造它们。① 波普尔曾对这种认识论倾向进行尖锐的批判，斥之为人类"理性的自负"。教学制度其实是深深嵌入时

---

① ［英］哈耶克：《科学的反革命》，冯克利译，译林出版社 2002 年版，第 86 页。

代文化形态和教学实践群体之中的，是共同维持和应对现实教学生活而发展出来的经验积累，而不是完全可以凭人们的理性所建构的，当然便不可能一夜之间被完全推翻并被另一种全新的制度形态所取代。激进或革命的方式可以摧毁旧的教学制度，并建立新的教学制度和教学秩序，但是这种改变只是表面的、形式的。一个新的教学世界和无数教师的教学观念、行为是不可能在教学制度结构改变之后立刻脱胎换骨。真正有效的制度变革是内生的、增量式的，是渐进、连续的。现存教学制度确实存在诸多不合理的方面和因素，这是可以而且应当批判的，但是批判的根据是理性和学识，而不是诉诸情绪和情感。日本教育学者佐藤学协助了 2000 所中小学的改革，刚开始的十多年是失败的，当然，那期间通过某些改革实现了部分的改善，各个改革环节也都获得了相应的成果。他认为，学校改革失败的一个重要原因是由于变革过于仓促，学校是顽固的替代物，绝不能急于求成。"学校改革不是以几年为单位就能达致的轻松的事业，也不是通过局部的改革或依靠一部分人的参与就能奏效的事业。学校改革至少需要以十年为单位精雕细琢地实施'永远的革命'。"①

三十年来我国中小学在教学改革方面的经验与教训也在昭示同样的道理。教学改革必须立足于现实的社会基础，它不是一场急风暴雨的战斗，也不是一场"总体性的社会事件"。在民主、自由与文化不断昌明的当今时代，确立理性的改革观念，从内心剔除新旧对立、急躁冒进和大破大立的激进思维，将会有利于将教学改革推向深入，使教学改革的旅途更加坦荡。

（二）保守主义

在制度建设中，与激进主义思维相对的是保守主义。保守主义首先是一种心理态度，是绝大多数人在日常生活中表现出来的一系列特性：习惯、惰性恐惧以及好胜心，等等②，是人们心目中的一种自然的性情，即抵制对习惯性生活和工作方式带来混乱的变化。持保守主义心态的人往往

---

① ［日］佐藤学：《教师的挑战——宁静的课堂革命》，钟启泉、陈静静译，华东师范大学出版社 2012 年版，第 145 页。
② ［英］罗杰·斯克拉顿：《保守主义的含义》，王皖强译，中央编译出版社 2005 年版，第 2 页。

固守传统，因袭经验，排斥"变革"，拒绝新的思维方式，不愿意进行新的尝试，反对变革现实，表现出希望维持现状的思想倾向。杜威在谈到改革中的保守主义时曾经这样描述：

> 对他们来说，一个理想的社会应该是固定不变和统一的，变动并不是他们所希望得到的东西，任何变化的事物都会引起混乱和冲突；他们坚持认为学校不应试图参与社会变革。由于这个原因，他们严厉地批评那些提倡建设性变革的现代思想，一致反对新的教学内容和新的教学方法，不愿意接受任何新的观念和新的思想；他们相信，教育的目的就是为了维持现状。[①]

保守主义就是以这样一种传统主义的表述和言说方式来对激进主义进行显性的抗争或不公开的抵制，表明自己反对变革的立场、原则和主张。在今天开放的社会系统下，虽然人们不至于如此愚昧地反对任何制度方面的改革，稍具判断力的人也不会如此夜郎自大地认为我们当前的制度是完美无缺，是不需要任何改革和改造的。但是，相比较于激进主义，保守主义思维也更加隐蔽，并且主要以个人的意见和态度的形式潜存于教师的思维和意识深处，不易察觉。这种近乎沉默的保守主义态度是一种更加顽强的力量，它才是我们当下教学改革艰难曲折的最顽固的阻碍力量。因为任何改革都对人们现有的习惯、信仰和价值观提出了挑战，"改革要求人们接受要失去某些东西的现实，体验一种不确定感，甚至是表达对人或文化的背叛。由于变革迫使人们对周围事物提出疑问，同时还可能需要重新界定他们自己的身份，它也会挑战人们对自身能力原有的感知"[②]。可以说，由于任何改革都会带来不确定感，挑战和影响人们习以为常的安稳生活，人们对其产生抵触也就不足为怪了。承认人们的求稳心理，并不意味着学校教学就要一味地适应和顺从教师的思维和习惯。改革本身就是对人性的

---

① ［美］杜威：《民主主义与教育》，王承绪译，人民教育出版社 2001 年版，第 79、291 页。
② ［加］迈克尔·富兰：《变革的力量——深度变革》，教育科学出版社 2004 年版，第 46 页。

挑战，对人们正常心理状态的突破。在当今教学制度建设中，我们要防止激进主义的思潮，同时更要警惕保守主义的惰性思维，要以开放的心态推动教学改革的前进。在制度建设中，我们需要激情、勇气和积极的情绪、开放的胸襟；同时又保持工具理性的科学态度，需要平静的理性和智慧，而不是守旧的情结。

二 制度变革的"上"、"下"之思

教学改革有两种方式：一种是"自上而下"的行政推动，另一种是"自下而上"的底层推进。两种方式各具优势，互相渗透，互相补充。只有协作互动，共同推进，方能促进教学的持续改进，实现教学制度的循序变革和更新。

（一）"自上而下"的顶层推动

教学改革是一场渐进的、零星的社会工程，而不能将其简化为一场笼统、整体的社会革命。教学改革本身受多种力量控制、约束、影响，各种力量交互作用、制衡、冲突，最后汇成一股改革的"合力"，合力的大小与方向会在一定程度上决定着教学改革进展与方向。在影响教学改革的各种力量中，最直接、最明显的因素便是教育行政权力。在我国教育管理体制下，改革往往首先来源于自上而下的政府决策和行政推动，它构成了教学改革的第一推动力。但"自上而下"的改革模式，其局限性是显而易见的。其一，教育行政权力倾向于用整齐划一的方式，经常忽视各个学校自身的具体情况，抹杀现实教学情况的多样性和复杂性，而推行统一性、标准化和模式化的改革。其二，行政权力的逻辑常常是要求迅速地、大范围地推广，寻求立竿见影的时效性，而忽视学校自身的条件和可接受性，"理解了的要执行，不理解的也要执行"。其三，行政权力的推动往往易受政策的变迁与领导人变更的影响。在现行教育体制下，由于常常受制于更高层次行政权力的干涉，所出台的政策常常朝令夕改，基层的学校常常无所适从。同时，教育行政官员的职务变动也常常会导致教学改革的停滞或流产。

改革开放以来，我国30余年教学改革的实践证明，仅仅靠政府强力推行的改革往往很难取得成功。迈克尔·富兰通过对世界各国教育改革的研究证明了这一点。他研究发现，近30年来，世界范围内许多由政府强力推进的教育改革，大都在轰轰烈烈开展之后无疾而终，所以寄希望于自上而下、由政府或专家强力控制、规划出来的改革，是靠不住的，"强制性的变革往往有非常不良的记录"。我们也经常看到，中国教育场域中，很多学校在教育行政部门强力推动下进行的改革大多都不了了之。事实确实如此，缺乏科学设计与规划，无视基层学校基础和条件的行政干预，在很多情况下非但不能调动学校改革的积极性，反而会成为学校改革的重负，消解了学校自身内部改革的动力，进而会导致改革的失败。佐藤学在分析日本学校改革的经验时，发现近30年间，日本文部省与地方教育委员会致力于教师的"教学实践指导能力"的提高，制定了诸多政策，国立大学教育学部设置了教育硕士课程，对中小学教师进行培训和指导，文部省和各地方教育当局也分别设立了很多实验学校，进行教学模式的探索和实验，国立大学和一些师范学校也开设了教师实践研究中心，还有很多全国性的教育学术组织（教育学会、教育研究会）等都积极推广教师进修和研修。然而，他发现了令人啼笑皆非的现象，即学校教师自主研修伴随着教育行政研修体制的扩张而不断式微，"教师自主教学研修的式微与教育行政的教学研修的制度化并行不悖地进行——教学研究繁荣，课堂教学灭亡；教师研修繁荣，教师灭亡；学校改革繁荣，学校灭亡……[①]这种并非笑料的事态之所以蔓延，究竟是怎么一回事呢？为什么控制手段（行政力量）在改革中不起作用呢？

一个明显的原因是教学改革过程复杂得难以控制，在许多情况下是"不可知"的。变革是一个复杂的进程，"变革是一项旅程，而不是一张蓝图——变革是非直线的，充满着不确定性，有时还违反常理[②]。变革是怎

---

① ［日］佐藤学：《学校的挑战——创建学习共同体》，钟启泉译，华东师范大学出版社2010年版，第51页。

② ［加］迈克尔·富兰：《变革的力量——透视教育改革》，教育科学出版社2004年版，第33页。

样复杂的呢？因为改革本身充满着"细节化的复杂性"①。在复杂性理论看来，"秩序是由于不可预测的互相作用而自然产生的——互相作用是秩序产生的工具，而不可预测则是促进新事物产生的刺激因素……当一个系统中的行为对另一个系统中的行为产生刺激作用，而后者又会刺激其他系统中的行为时，自动催化便会产生；最终，刺激链会反过来促进或催化原始系统的变化，事物的周期变化得以强化"。② 而改革设计者和上层对改革过程中的诸多复杂因素可能是无知的，这就是"自上而下"式行政推动的教学改革容易失败的主要原因。

著名思想家哈耶克对复杂性现象背后隐藏的人们的"无知"进行了深刻揭示。"人对于文明运行所赖以为基的诸多因素往往处于不可避免的无知状态，然而这一基本事实却始终未引起人们的关注。我们的知识在事实上远非完全。……社会领域中，却往往是那些并不为我们所知的东西更具有重要性意义"。③ 倘若学校管理者不承认或者不意识行动者所具有的这种"必然无知"类型，那么他们就会倾向于夸大他们的心智能力，试图在完全认识的基础上采取干预措施以"规范"学校生活秩序，从而自上而下进行顶层设计，并依靠行政权力和资源强行推进。

（二）自下而上的底层渗透

教学改革面临这样一个矛盾的现实：学校需要进行根本性的教学转变，但依赖于从上而下的策略却无法达到大规模变革的目的。如果改革战略完全基于基层学校的自主发展，也确实存在一定的局限。有学者分析了自下而上的改革模式的问题，第一，下面学校真正动起来的部分并不多；第二，有的学校朝错误的方向发展了；第三，有一部分学校的改革富有成

---

① 教学改革是如何充满细节化的复杂性的呢？富兰在《变革的力量——透视教育改革》一书中对改革不可避免地遇到的因素进行分析：政府政策的改变或被重新解释；关键领导人离任；有联系的重要人物调动了工作；新技术的发明；移民的增加；衰退缩减了可以利用的资源；激烈冲突的爆发，等等。最后，认识到进入综合的因素中的每一项新的变数即那些不可预测但又不可避免的不寻常的因素，并产生10项其他的结果，这些结果反过来又产生数十倍的其他反应，如此继续下去。（第27页）

② ［加］迈克尔·富兰：《变革的力量——深度变革》，教育科学出版社2004年版，第30页。

③ ［英］哈耶克：《自由秩序原理》，邓正来译，三联书店1997年版，第19—20页。

效，但是并没有能够持续很久。这也从另外一个角度说明"上层"是关键——更广阔范围内的基础架构的确对整个体系的变革至关重要。① 这意味着，在教学改革中，我们不能完全否认自上而下行动推动对教学改革的重要意义。但是自上而下的改革中，实际上经常存在的情况是，很多政策和计划并不能够持续很长的时间，"它或者由于外部压力的变化而变得过时，或者由于机构内部出现对优先发展重点的分歧而停顿。不过，没有理由认为最好的做法是被动地执行计划。"② 因而，我们不能把改革的权力交给领导和专家，而应该还给学校，让它回归每一位教师的手中。教学改革的最终成效体现在课堂上，体现在课堂教学质量的提升上。

学校的教学只能从内部发生变革。近年来，全国众多农村的基层学校在改革中脱颖而出，其中的典型如江苏省的东庐中学和山东杜郎口中学、山西的新绛中学等，它们自力更生，积极探索，尝试变革学校的组织结构，创造了改革的奇迹，影响遍及全国。这些基层学校在资源、理论、政策支持方面没有任何优势的背景下，"背水一战"，进行了大胆改革和突破，创造了独特的教学模式，为"自下而上"的课改模式提供了成功的佐证。当前，这些走在教学改革前列的"明星学校"，为新课程改革杀出了一条"血路"，为广大学校推进教学改革起到了极大的示范和榜样作用，成为推进和引领教学改革的重要力量。当前，在一些教育学会和学术组织协调下，全国范围内的中小学自发成立了各种形式的"课程改革联盟"③，成为当前基础教育学校改革中的一道亮丽风景。引领一批数量庞大的基层学校在课程改革中释放出了强大创造活力与潜能。这一现象令人刮目，也使我们确信，课程改革的强大动力是在民间，植根于广袤的大地上，蕴涵在基层的学校之中。佐藤学将这种植根于大地之上、在学校和教室之中自下而上发生的变革，称为"静悄悄的革命"。他认为真实的课堂教学改革

① ［加］迈克尔·富兰：《变革的力量——深度变革》，教育科学出版社 2004 年版，第 44 页。
② 同上书，第 41 页。
③ 近些年成立的课改联盟有"全国高中学校课程改革联盟"、"全国初中学校课改联盟"、"全国小学学校课程改革联盟"、"全国农村县域教育基础课程改革联盟"和"中国课改名校联盟"，等等。

是在千千万万间的教室里，而不是在各级教育行政部门发布的文件中，更不是在教育行政官员进行决策的办公室里，"静悄悄的革命是一个个教室里萌生出来的，是植根于下层的民主主义的、以学校和社区为基地的革命，是支持每个学生的多元化的革命，是促进教师的自主性和创造性的革命"。①

　　如果将目前我们正在推进的教学改革看成一场革命的话，这场革命也绝不是一蹴而就的行动，而是一个缓慢的变革进程。每一所学校都将是革命发生的场域，每一位教师都将是教学革命的重要参与者，革命的成功与否取决于基层学校自下而上的变革诉求，取决于广大教师是否能自觉、自主地展开自己的行动。

---

　　① ［日］佐藤学：《静悄悄的革命》，李季湄译，长春出版社 2003 年版，第 8 页。

第六章
教学制度建设的路径

　　几十年来，一种教育改革正经历一场静悄悄的革命。这种宁静的革命，在学习方式上表现为从各自呆坐的学习走向活动性的学习，从习得、记忆、巩固的学习转向探究、反思、表达的学习；在教学方式上表现为从传递、讲解、评价的教学转向触发、交流、分享的教学。这种革命不仅在日本，而且在世界各国的课堂里正波澜壮阔地展开。实际上，欧美各国的课堂改革潮流更是浩浩荡荡，势不可当。可以毫不夸张地说，除了包括日本在内的东亚国家和地区之外，那种以黑板和讲台为中心、众多儿童整齐划一地排坐的课堂，以学科为中心、让儿童习得教师所传递的知识、技能，然后借助考试来加以评价的教学方式已经进入历史博物馆了。

　　佐藤学：《教师的挑战——宁静的课堂革命》，华东师范大学出版社2012年版，第1页。

　　当前，在我国广袤的大地上，教学改革正如火如荼，新的教学理念正在传播，但是教学制度并没有很好地跟进，既有教学制度中的消极因素正在阻碍着教学改革的进展。如果教学活动和教学行为依然囿于现有的教学制度框架，为现有的制度所束缚，那么新的教学模式就不可能建立起来，教学改革可能就会流于形式，成为不彻底的改革。任何立足于现实的研究者都不得不承认，如果不从根本上破除现存教学制度中一些不合理的规范和束缚，不能从根本上对教学制度进行民主化改造，就不可能将教师和学生从陈旧的教学方式中解放出来，不可能使教师和学生获得教学的自由与解放。

教学制度的改造和建设，也不是通过一场一劳永逸的革命就能实现的，而需要长期的渐进的过程，离不开校长的推动和教师的广泛参与。校长是学校改进的第一责任人，要承担起教学改革的重任，要对不合理的学校制度和教学常规进行改造。教师在日常教学生活中也要不断反思自身的教学习惯，对现有的课堂纪律进行审慎的思考、批判，积极引导学生自我管理，培养学生民主的素养。当前，教学制度需要进行民主化的改革，这已成为推进教学改革获得突破的一项紧迫任务，一项刻不容缓需要认真研究的时代课题。

第一节　教学规则的反思与重建

教学改革在学校推进的过程，实际上就是新的教学规则逐渐形成的过程。新的教学规则不应该是校长或少数人依靠强制权力制定和确立的，而是广大教师在教学改革的不断反思、批判中获得改造的。新的教学规则确立的过程，应该是学校民主化的过程，是学校成员（校长、教师、学生）广泛参与、共同协商的过程，是广大教师对新的教学理念认同、接受和践行的过程。

一　教学常规的反思与教学个性的培育

当前，走进任何一所学校和班级，几乎都可以找到相同或相似的教学常规，它们大多体现在学校公开发布的各类"教学规章"、"教学守则"、"教学细则"等文件中，以及体现在不成文、约定俗成的教学惯例中。毫无疑问，教学常规已渗透于教学活动的全过程之中，甚至在很大程度上成为塑造现实教学的重要力量。

（一）确立新的教学常规

教学常规通常就是教师在教学过程中所遵守的基本"规则"，是关于教学的"守则"。《现代汉语词典》将"守则"解释为：共同遵守的规则，将"规则"解释为"规定出来供大家共同遵守的制度或章程"。从概念的内涵来解读，教学常规至少应该含有三层意思：其一，一定是针对教师的具体行为而言的，不涉及其余范畴，不是对教师"思想"、"道德"等方面的规范和要求。因而，"教学守则"也就不同于教师的"道德要求"、"道德准则"等规范。其二，教学常规要对教学活动发挥应有的作用，应该是具体、明确，具有可操作性的。任何教学常规只有具体和明确，才具有可执行性，才能在实践中具有一定的约束力，而缺乏约束力和可执行性的教学常规必然在学校管理中流于形式。其三，教学常规作为一般的教学守则，应该规定教师行为的底限，规定教学行为的最低要求。然而，考察现实教学实践，一方面很多学校在随心所欲地忙于炮制更加细密的教学常规；另一方面也有很多教学常规实际上正在沦为一纸空文，成为与教学活动无关、无法真正兑现的"白条"。这是我们必须承认的尴尬现实。

下面两则教学常规，一是我们从调研学校中看到的一份教师守则；二是美国华盛顿州制定的"教师守则"。两则教学常规都具有一定程度的代表性，背后渗透和反映了不同的教学观念。对其进行深入的比较分析，将有助于我们更好地理解和改进学校的教学常规。

山东省一所初中学校的教学守则

（1）热爱教育岗位，全面贯彻教育方针，有强烈的事业心和责任感。

（2）热爱学校，关心集体，以主人翁精神积极参与学校的民主管理与监督。

（3）刻苦钻研业务，认真学习教育教学理论，按教育教学规律办事。

（4）努力学习新知识、新技术，不断充实和提高自己。

（5）主动承担教学任务，认真执行教学计划，完成教学任务。

（6）要以严谨、求实、刻苦、勤奋的科学态度组织教学。

（7）树立以全面素质为基础的职教观念，在教学中理论联系实际。

（8）积极参加各项教研活动，注重提高课堂教学效果。

（9）加强学生的素质教育，教书育人，促进学生全面发展。

（10）以热情、和谐、宽容的态度关心学生、了解学生、爱护学生。

（11）言传身教，教学相长，建立民主、平等、正常的师生关系。

（12）因材施教，循循善诱，妥善处理好学生中的各种问题。

（13）虚心向优秀教师学习，教学上要互相切磋，取长补短，共同进步。

美国华盛顿州的教师教学常规①

（1）记住学生姓名。

（2）注意参考以往学校对学生的评语，但不持偏见，且与辅导员联系。

（3）锻炼处理问题的能力，充满信心；热爱学生，真诚相待；富于幽默感，办事公道。

（4）认真备课，别让教学计划束缚你的手脚。

（5）合理安排课堂教学，讲课时力求思路清晰、明了，突出教学重点。强调学生理解教师意图，布置作业切勿想当然，且应抄在黑板上。

（6）熟悉讲课内容，切勿要求学生掌握你所传授的全部内容，并善于研究如何根据学生的需要和水平进行课堂教学。

（7）教室内应有良好的教学气氛。教师应衣着整洁，上课前应在门口迎候学生，制止他们喧哗嬉闹。

（8）课前应充分准备，以防不测。

（9）严格遵守规章制度。让学生知道学校规章，张贴课堂内，并解释说明。

（10）步调一致。对同一错误行为，采取今天从严、明天应付的态度会导致学生无所适从，厌恶反感。

（11）不能使用威胁性语言，否则将会言而无效。

（12）不能因少数学生不轨而责怪全班。

（13）不要发火。在忍耐不住时可让学生离开教室，待到心平气和后再让他们进来上课。教师应掌握一些基本原则，不能在家长面前

---

① http://www.teaacherblog.com.cn/blog/zhuozhuoyu.

说的话也决不能在学生面前讲。

（14）在大庭广众下让学生丢脸，并非是成功的教育形式。

（15）有规律地为班上做些好事。协助布置课堂，充分利用公告栏来传达信息。注意听取学生的不同反映，但应有主见，不随大流。

（16）要求学生尊敬老师，教师也需以礼相待。

（17）不要与学生过分亲热，但态度友好。记住自己的目的是尊重，而不是过分随便。

（18）切勿使学习成为精神负担。

（19）大胆使用电话，这是对付调皮学生和奖励优秀学生的有效手段。学生家长欢迎与教师保持联系。

（20）在处理学生问题上如有偏差，应敢于承认错误。你将得到的是尊敬，而不是其他。

（21）避免与学生公开争论，应个别交换意见。

（22）与学生广泛接触，互相交谈。

（23）避免过问或了解学生的每个细节。

（24）应保持精神抖擞，教师任何举止都会影响学生。

（25）多动脑筋，少用武力。

（26）处理学生问题时，应与行政部门保持联系，当你智穷力竭时，会得到他们的帮助。

比较两则教学常规，不难看出，美国学校教学守则中的二十六条内容，基本都是针对教师的具体行为而言的，是对教师教学行为方面的具体要求。而相对比另一则中国某学校的教学守则，从以上所列出的十三条"守则"中，除去很多空洞的、口号式的内容外，其他"规定"也往往都是一些泛泛的要求，缺乏具体性、针对性和可操作性。如"有强烈的事业心和责任感"，如何算是有"强烈的事业心和责任感"？依据的标准是什么？显然在教学实践中无法度量和判断。还譬如"在教学中理论联系实际"，该如何做才算"理论联系实际"？毫无疑问，这样一些规则都不是具体的和可操作的，不是真正意义上的教学常规，只能算是一些笼统的教学的方法和原则。其次，其所列的"守则"中，有很多都不是对教师行为的要求，而是对教师道德的要求，譬如"热爱教学"、"热爱学校"、"要热情、宽容"等，其实都不是教师行为准则，而属于对教师道德和伦理方面的要求。毫无疑问，这样缺乏针对性和可操作性的教学守则，在实践中很难得到真正贯彻，也不可能产生真正的约束力。

（二）教学个性的培育

教学常规的重建，不仅是学校管理者的任务，也需要教师的自觉努力和主动参与。在当前的教学关系中，教师是现实教学生活的主要塑造者，是课堂教学的主导力量，也是推动教学变革的中坚力量。明智的教师要时刻对外在的教学常规保持警醒，对不合理的教学常规始终保持批判的视野，而不仅仅成为某种教学常规的忠实执行者。如果我们毫无批判的执行不合理的教学常规，必然会对其缺乏应有的警惕和批判，就会在教学中失去自己的个性和特色。只有对教学本性有着深刻的理解，教师才能具有超越的胸怀；只有对教学本性有着理性的认识，教师才能在不合理的教学常规面前保持批判反思的态度，才能在课堂上保持自主的教学精神和意识，才能既遵守又超越于合理的教学常规，并能对不合理的教学常规进行"合理化"的改造，才能形成自己独特的"教学个性"。教学个性是教师个性、自主性在教学中的集中展现，也是教学创造性和艺术性的集中体现。在课堂教学中，教师通过自身的实践探索，经过长期的经验积累，会形成自己独特的备课方式、教授艺术、课堂仪式以及师生交流方式等，这些汇成了教师的教学个性。正如米尔斯所言，每一个人都是他自己的方法论学家，教学个性的形成也依赖于教师独特的"方法论"，是教师在个人独特思维方式和方法论指导下形成的[1]。"教学个性"形成的过程，实际上也就是教师对现实教学常规进行批判性改造的过程，更是教学活动超越教学常规的重要体现。当然，超越并不意味着否认教学常规的存在，不是不遵守基本的教学常规，而是不为教学常规局限，是教学活动创造性的展现。

作为学校的管理者，其责任不是从整体、抽象的教学出发，炮制更多

---

[1] ［美］赖特·米尔斯：《社会学的想象力》，三联书店2001年版，第132页。

类似的教学常规，而是应该从现实和具体的教学活动出发，考虑如何帮助教师发挥最大限度的能动性，解放教师的教学个性。作为学校管理者，更需要去警惕和抵制及反思教学的规范化。在教学活动中，制度规范不是无限的，必须有一定的限度。正如涂尔干所说的，"把规定搞得极为琐细，也是没有必要的。规范必须得有；倘若所有一切都需要规定，那的确是件不幸的事情"。[①] 同样，教学常规也无须涵盖整个学校生活和教学过程，教学内容的组织，教学方式、方法的选择，评价方式的运用未必都要进行同一的规定。况且，"儿童的态度，儿童的举止，他走路或背课文的方式，他写作业或记笔记的方式，等等，也都无须精确地规定。因为，如果这样扩充开来，就违背了规范的真正旨趣，就像迷信与真正宗教的旨趣完全一样"。[②] 事实上，"教学规范化"的理念是企图用一种看似合理的程序来规范教学活动、评判教学活动的内在价值。实践中，当很多学校正在忙于制定一系列所谓的"教学规章"、"教学制度"、"课堂条例"时，也就是在为实现教学"规范化"、"标准化"而努力的时候，他们似乎逐渐遗忘了教学活动价值评判的真实依据，遗忘了教学活动的本质属性。即使教师的教学行为完全合乎现实的教学规范和纪律标准，但我们也不能对其教学活动是否具备"合理性"和"正当性"做出肯定或否定的评价。实质上，教学活动自身的价值多半不能由外在的规范来测定，而只能由教学活动的结果——学生的发展程度来呈现。学校管理者更为重要的是帮助教师在遵守合理教学常规的基础上形成自己的"教学个性"。只有如此，我们所形成和遵守的教学常规才能成为教学活动的保障，而不致沦为教学活动的阻碍。我们通过反思、批判和清除不合理的教学常规，促进教学制度的完善和建设，这并不意味着陷入另一种风险，即完全否定现有的教学常规，否定教学中的所有规范，而使教学的理想完全寄托于教师的良知与主观责任感，从而使教学完全陷入一种"个人主义"和"无政府主义"状态。反对所有的教学规范意味着教学变成单纯依赖教师自主、自觉的任意活动，必

---

① ［法］爱弥尔·涂尔干：《道德教育》，陈光金等译，上海人民出版社 2001 年版，第 149 页。
② 同上。

然导致教学处于一种失去方向、失去控制的放任自流的状态之中。

二 课堂纪律的反思和重建

课堂纪律之于课堂教学是不可缺少的。合理的课堂纪律无疑是维持正常教学秩序的前提，是教师教学自由发挥的重要条件，更是学生学习自由实现的重要保障。课堂纪律是学生课堂学习的重要规范。课堂纪律与课堂自由并不是对立的，"自由和纪律是同一事物不可分离的部分，就像一枚铜币的两面一样"。课堂纪律作为课堂教学中学生行为的基本规则，意味着规范与限制，意味着对一些消极课堂行为的否定。课堂纪律存在的必要性和价值已经无须赘述。我们需要思考的是，课堂纪律应该具有何种内在属性和结构特征才是合理的，才能成为有效的课堂规范。单从规范与自由的关系而言，好的课堂纪律的最低限度是不能限制和破坏学生的正当学习自由，不能打击学生学习的积极性，不能降低学生参与课堂教学的热情和兴趣，不能成为师生交流的障碍。

（一）现实课堂纪律的反思与批判

在教师日常教学行为背后，很多习以为常、熟视无睹的不合理课堂纪律，实际上严重束缚学生的学习自由。其一，在强调"集体"和"统一性"的过程中，扼杀了学生的个性和个别差异；其二，片面强调课堂秩序，对学生的身体进行了过度的限制；其三，为便于教师的课堂控制，过分强调学生的顺从和强制，阻碍了学生主动性和积极性的发挥。要推进教学制度的改革，必须对这些课堂纪律进行分析、批判，对其进行清理和重建。当然，旧的不合理课堂纪律是很多的，我们不可能一一进行考察和分析，下面仅以一条比较有代表性的课堂纪律为例，进行分析。

课堂上不准插嘴

不可否认，"不能随意插嘴"是当前教学实践中普遍遵循的课堂纪律。长期以来，人们也一直不假思索地把它当成课堂教学中的"金科玉律"，而很少对其加以质疑和批判。实际上，"先举手后发言"是课堂教学中普遍遵守的一条重要规则，意在形成班级授课制下课堂教学的有序状态，这在重视教师讲授、强调学生静听的"讲授式"课堂上更是一条"铁律"。正如杜威在 100 年前所描述的传统课堂情景一样：

> 一排排难看的课桌按几何顺序摆着挤在一起，以便尽可能没有活动的余地，课桌几乎全都是一样大小，桌面刚好放得下书籍、铅笔和纸，外加一张讲桌，几把椅子，光秃秃的墙，可能有几张图画，凭这些我们就可以完成仅仅能在这种地方进行的教育活动。一切都是为"静听"准备的，因为仅仅学习书本上的课文不过是另外一种"静听"，它标志着一个人的心理依附于另一个人的心理。比较来说，静听的态度是被动的、吸收的，它还意味着已经有一些现成的材料，是地方教育官员、教育局和教师准备好了的，儿童在最少的时间内接受这些材料，越多越好。①

"能不能插话"，背后其实关涉学生是否享有一项基本的学习权利——表达自由。所谓表达自由，是公民的基本自由之一，指公民在法律规定或认可的情况下，使用各种媒介或方式表明或公开传递思想、意见、观点等内容，而不受他人干涉、约束或惩罚的自主性状态。表达自由是由人的天性决定的。人之区别于动物，主要在于人需要用语言来交流思想，表达意愿和表露情感。学生和老师一样，应该在课堂教学中进行自主表达，这是教学活动本身的要求。对课堂教学而言，"先举手后发言"这样的课堂纪律的存在仍然是必要的，这是保证每一个学生都有公平发言机会的重要前提。因为从一般的社会交往规则来看，"不随意插话"作为一种重要的交往规则，体现的是对他人的尊重和美德。课堂教学中，这也是保证课堂上教师能完整、清晰和不受干扰地讲授课程内容的需要。但必须指出，"不随意插话"这样的规则必须有一定的适用范围和条件，其合理性必须以能给学生提供适当的发言和交流机会为前提。如果学生的课堂时间全部被教

---

① ［美］杜威：《学校与社会——明日之学校》，赵祥麟译，人民教育出版社 1994 年版，第 39 页。

师的讲授占用，没有任何表达机会，而"课堂纪律"又硬性规定"不能随意插话"，这样本来合理维护各方表达权利的正当规则就演变成全面钳制学生课堂交流和课堂参与的"霸王条款"。一旦将类似的规则普遍化和绝对化，使之成为一切课堂教学活动形式都必须遵守的规则之后，它实际上就忽视了学生真实的表达欲望和学习需要，降低了学生课堂教学参与的积极性和主动性，从而成为钳制学生学习自由的重要障碍。透视"不能随意插话"这一课堂纪律背后，其实蕴涵着传统的教学价值观。而在传统的以知识传授为主要目标的课堂组织中，要保证教师的课堂讲授不被随意打乱，保证教学任务的实现，类似"不允许插话"的课堂纪律实质上就维护了教师的中心地位，保证了"教学任务"的顺利完成，它是传统教学模式的组成部分和重要保障力量。

应该指出，当前课堂教学中排除一些恶作剧和故意捣乱的少数现象之外，课堂上的"插话"现象，更多的是学生积极思考、渴望交流的心理流露，是学生学习主动性、积极性和创造性的展现，但是在旧有观念下，这样合理的欲求和行为却经常被视为"违纪"，积极思考者反而成为"违纪者"。正如杜威理解的，课堂上的"插嘴"实际上"有助于教学，而不是像在强迫制度下那样成为要被抑制的讨厌的东西"。在新的教学理念下，"现在感到阻碍教学的那些东西，将会变成教师所要培养的积极的品质"。①今天，在新的课程和教学观念下，能否对学生的"插话"现象持宽容性的理解态度，是考验教师是否具备现代教学理念的试金石，也能够折射出教师是否真正确立了以学生为本的教学信念。

（二）课堂违纪行为的理性分析

长期以来，一些课堂纪律如"不准交头接耳"、"上课时不许回头"、"不许打瞌睡"、"上自习课不许说话"成为很多学校制定课堂纪律的重要内容，是学生必须遵守的"铁律"。如此多的课堂纪律实际上涵盖了整个课堂生活。如某小学规定"在教室和走廊内都打手势和传纸条，以防影响

---

① ［美］杜威：《学校与社会——明日之学校》，赵祥麟译，人民教育出版社1994年版，第285页。

其他同学学习"。据说，这一规定已经整整维持了 10 年之久。[①] 有的教师为了让学生保持安静，"禁止乱讲话"，竟然用胶带封住孩子的嘴巴；也有的学校为了监督学生，竟纵容学生互相揭发，"选举差生"……当然，这些只是一些极端的案例，但类似非人道的课堂纪律在现实教学中并非罕见。这些不合理的课堂纪律背后其实隐含着教师内心深处根深蒂固的控制性课堂管理思维方式。下面是一段笔者对小学课堂生活的叙事与反思。

课堂上的"糗事"

小学一年级，当时教我们语文的老师是一位非常严谨、刻板的老先生，年龄 50 多岁，是我们村小学唯一的公办教师。老先生上课极其威严，左手一直握着一支两尺长的木制教鞭，说话慢条斯理，不温不火，经常引得学生在课下模仿。另外，他好像特别爱管闲事，"婆婆妈妈"的，就有人给他起了个绰号——"二公事"，这一名号全校学生皆知。课堂上，他要求我们必须背着手、抬头挺胸，不允许"交头接耳"或者"搞小动作"。更苛刻的是，上课的时候老先生还禁止学生上厕所。有的同学课堂上实在憋不住了，就硬着头皮向他打报告，但通常都会挨一顿训，被质问"刚才下课的时候为什么没去?!"讨无趣多了，同学们也都变乖了，不到万不得已，也就不会再要求上厕所了，宁愿憋着等到下课再去解决。当然，也有憋不住的时候，结果尿了裤子，"出了丑"，这种事情并不鲜见。

我也曾深受其害，当时就发生了一件很"糗"的事，回忆起来至今还觉得有点儿难以启齿。那是一个夏天的上午，老师在讲台上讲得神采飞扬，我却如坐针毡，很想去厕所，但又没有胆量给老师打报告，于是只好坐在位子上"现场直憋"。左右为难之际，突然发现座下里面墙角下有一个老鼠洞口。于是，我灵机一动，趁着老师在黑板上写字的工夫，稍稍猫下身子，在课桌的掩护下，快速解决，地面上也没留下痕迹，然后装作若无其事的样子坐好继续听课。现在回想，

---

① 《为何要小学生在走廊内"闭嘴"?》，《辽沈晚报》2004 年 11 月 16 日。

真有点儿后怕——万一被老师发现，或被同学当场告发，我必将脸面尽失，甚至会"臭名远扬"、"身败名裂"了。

今天看来，之所以会发生这种尴尬事，很大程度上是由于当时过于严格的课堂纪律所致。由于课堂是高度控制性的，课堂纪律对学生身体的"管制"比较严重。在传统的课堂上，以上课堂纪律通过对学生身体的规训，往往很好地保证了课堂的秩序，但却对学生的身体和活动造成严重的压制。

当前，人们已经越来越多地认识到这样一些控制性课堂纪律的危害，它们实际上都漠视学生的年龄特征，忽视学生的生理需求和心理特点。其实，低年级的课堂上，儿童的身体是需要活动的，正像杜威所说的，儿童的身体必须有场所可以活动、伸展和锻炼肌肉，疲倦时可以休息。人人都同意，用襁褓包裹儿童并不好，限制和阻碍了身体的发育。那直背式的课桌，就等于婴儿的襁褓，还有头要朝前看，手要折起来，所有这些对于上学的儿童来说，正如同是束缚甚至是精神上的折磨。难怪每天必须这样坐上几个小时的学生，一旦束缚解除，就会爆发出阵阵过分的喧哗和盲动。既然他们的体力没有正常的发泄渠道，它就只得在体内积蓄，一旦机会来临，它就会由于原先受到的精神刺激——这种刺激是由于压抑训练不周的躯体活动造成的——而更加猛烈起来。当儿童需要时，就该给他活动和伸展躯体的自由。

总之，对学生的各种"违规"和"违纪"行为，我们需要进行实事求是的分析。必须指出，排除某些学生天然的破坏性以及主观恶意之外，确有一些"违规"行为是由于现实课堂纪律本身的不合理所引发和导致的。诸如，由于教师布置的作业超出了学生的能力范围而不能完成；抑或由于课堂教学的乏味而引起学生注意力的下降，如"打瞌睡"、"上课走神"或其他相关行为。对于这些抵制行为，教师只有通过改变教学模式，使用多样化的教学方式和提高学生的兴趣性和兴奋性，才能从根本上加以消除。反之，教师如果一味谴责和抱怨学生"缺乏纪律"抑或"素质太差"，继续在强化课堂纪律和课堂管理上下工夫，强化对学生的控制和惩罚，将无益于从根本上消除学生对课堂纪律的抵制，反而会使学生的抵制行为更加隐蔽化。更有甚者，由于强化教学管理而使用的不合理惩罚，则会进一步引发师生之间更深层次的矛盾和冲突，恶化师生关系。

正如杜威曾经指出的那样，"在典型的传统学校的教室里，存在着课桌的固定的行列和对学生军事式的管理，学生们只准在特定的固定的信号下进行活动，通过这些固定的安排，对学生的外部行动进行限制。"[①] 在传统的课堂上，以上课堂纪律通过对学生身体的规训，往往很好地保证了课堂的秩序。即使在今天的教学理念下，我们仍然不能完全否认和取消这些课堂纪律。毕竟，学生作为理性尚不成熟的个体，缺乏足够的自控和自制能力，因而教学过程中制定一些带有强制色彩的课堂纪律是非常有必要的。但是，这并不意味着这样的课堂纪律就不需要反思和批判，特别是在当前新课程改革的理念下，如果不考虑这些常规本身的适用条件和适用范围，不考虑教学的方式、方法、内容以及教学的具体情境，而将类似的课堂纪律奉为绝对化的教条，则是不明智的。

（三）课堂纪律的批判与重建

在新的教学理念下，要推动和促进课堂纪律的重建，并不是要求我们彻底打破和根除现有的教学常规，而是要在新的教学理念下对现有课堂纪律进行甄别、分析和改造。教师自身是课堂纪律改造的最重要力量之一。在日常教学中，教师只有通过不断的自我反思和自主行动，不断对已有的教学习惯进行批判和改造，才有可能使自身从习惯的束缚中解脱出来，才能促进课堂纪律的重建。同时，教师只有真诚鼓励学生的课堂参与，把学生真正当成课堂的主人，在教学活动中共同协商、合作，才能真正形成合理和正当的课堂纪律。

1. 教师教学习惯的反思

我们反思这些课堂纪律，当然也绝不是简单的一概否定或肯定，而是必须进行辩证分析和批判。毋庸置疑，这一类课堂纪律，其背后的教学观

---

① ［美］杜威：《我们怎样思维·经验与教育》，姜文闵译，人民教育出版社 1991 年版，第281 页。

念实际上是一致的，都是建立在知识单向授受的教学观念基础上，都是适应教师"独白式"教学的需要而形成的，都是为保障教师独享话语权服务的。这样的课堂纪律与传统的教学模式相适应，是为了限制学生的活动性，保障学生"静听"，保障教师教授和课堂教学的"效率"而存在的。

首先，要推动课堂纪律的改造，离不开教师对教学习惯的自我批判与改进。现实教学中常常存在"穿新鞋，走老路"的现象——似乎用新的理论来指导自己，实际上所产生的教学行为仍然是固守传统的方式。这其实是受长期以来所形成的教学习惯的支配所导致的。教学习惯作为教学活动的"非正式"规则，实际上是支配教学活动的重要力量，它会自发地引导教师的感觉、观念与行动，甚至其自身也在塑造着不合理的课堂纪律。旧的课堂纪律之所以难以根除，在很大程度上是因为它与教师的教学习惯往往是糅合在一起的。如果不破除旧的教学习惯，要想建立和形成新的课堂纪律是不大可能的。教师通过不断反思，对自己以为正确的认识和行为进行重新审视，从而突破自身教学习惯，这对于课堂纪律的重建具有关键意义。如果我们缺乏真诚的自我反思精神和深刻的批判意识，就会经常陷于教学认识上的"误区"。如很多教师把课堂中出现的违纪行为完全归咎于学生"素质差"、"听课不认真"、"注意力不集中"、"故意捣蛋"……教师在进行课堂归因时，总是倾向于将责任归于学生，似乎很少从自身找原因，将自己应该承担的责任推卸出去，掩盖自己教学方法的不当和教学组织的不利。

应该指出，负责任的教师必须敢于反思和批判自身。因为无论如何，教师是师生关系的主导者，是课堂教学形态的塑造者，课堂中学生的行为问题与教师的教学方式存在紧密的关联，甚至在相当多的情况下正是由教师的教学行为直接导致的。如果不逃避责任，我们就必须承认，当前的教学实践中，正是由于单纯"讲授式"，甚至"灌输式"教学方式的普遍存在，导致了学生在长时间"信息轰炸"下的听觉疲劳、注意力分散，造成学生的"反课堂"行为。也可以说，课堂中学生的行为问题一定程度上是由教师教学方式不当或缺乏教学艺术导致的，教师是引发这些问题的根源。帕尔默在考察了课堂上"为什么很多学生总是沉默"这一普遍现象后，认为正是由于教师独断的教学方式导致了学生的沉默，导致了"在最后一排的远远的角落里，有一位'来自地狱的学生'无精打采地坐着，像个幽灵"。① 而实际上，"在课堂上看上去沉默和表面上忧郁的学生，他们的大脑不是死的：他们充满了恐惧……'来自地狱的学生'不是天生就是那种样子的，而是被他或她所不能控制的环境造成的"。毫无疑问，在专制和霸权的课堂上，保持沉默是学生被逼出来的生存方式，"沉默是处于社会边缘的人经常采用的一种沉默——这些人恐惧那些有权力的人，懂得不说话较安全。"② 如果我们有改善教学的一腔热情，有真正促进学生学习和成长的良好意愿，我们就应该转变我们的行为，改变我们的教学策略，改变压抑的课堂气氛，让学生摆脱沉默。我们断然不能再继续抱怨学生，不能再情绪化地对待学生，不能再用消极的语言来评价学生。我们尤其要学会走进学生内心，倾听学生内心的声音，在教师与学生之间架起沟通的桥梁。

可见，当我们真正把思考的视角转向自身，就会产生自我批判的可能和自我改善的要求。当我们积极改进课堂教学方式，利用多样的教学策略，积极提高教学艺术，调动学生积极性、主动性的时候，原来教师一味抱怨的"课堂纪律差"、"不认真听讲"、"开小差"、"交头接耳"等现象，就会随着新教学方式和模式的运用随之减少或消失。原来所谓的"上课不许插嘴"、"不准开小差"、"要认真听讲"等课堂纪律就失去了存在的必要。这也正是帕尔默所说的"只要我们需要一种新的对学生内部状态的诊断：多设身处地理解他们的需要，少推卸我们对学生困境的责任，这样就更有可能形成创造性的教学模式"。③

也就是说，有时候课堂教学中需要改变的不是"现象"本身，而是我们的观念、态度，需要改变导致这些现象产生的教学方式和行为方式。我们的观念、态度一旦转变，新的行为一旦形成，旧的问题自然就会消失。

① ［美］帕克·帕尔默：《教学勇气——漫步教师心灵》，吴国珍译，华东师范大学出版社2005年版，第44页。
② 同上书，第45页。
③ 同上书，第44页。

正如有学者所说的，只要我们改变我们的认知意向，调整我们的行为方式，原来的问题和现象就会消失，呈现在我们眼前的将是另一种不同的"现象"。①

2. 引导学生参与课堂纪律的制定

课堂纪律的重建，更需要学生主体的参与。只要我们认同学生是课堂教学的主体，是课堂生活的重要参与者，我们就必须承认，课堂纪律的形成和建立离不开学生的参与。教师必须和学生合作，共同探讨，互相协商，才能形成共同认可并具有约束力的课堂纪律，从而保障教学活动的正常进行。这不仅可以从现实实践中得到有效证明，而且具有充分的理论依据。皮亚杰的认知建构论认为，在大约十岁以后，儿童的规则意识会呈现如下特点：他们认识到规则的作用是为了协调人与人之间的关系，认为规则是可以变化的，而且可以由他们自己来制定。对于"规则怎么形成"的问题，他们一般认为，只要孩子之间能够取得一致意见，就可以制定出规则。总之，这个阶段的儿童不再把规则看成不可触动的，而是个人实际思想的表达，规则不再是外在的和强制的东西，而是人们在活动中协商、合作和共同形成的。正是从这个时候起，协作的规则逐渐代替了强制的规则。对于这个阶段的儿童来说，规则已经不再是一种外在的强制，也不再因为它们是成人的规定而具有神圣性。他们认为，规则是他们自己决定的，制定规则要经过大家的同意，其中也包含自己的希望和要求。所以，他们从内心感到这种规则是值得尊敬的，在实践行动中便能自觉遵守。②

按照詹姆斯·马奇的说法，规范是群体成员间的共同协定，人类学家用共享性规范的存在来解释合作行为的产生。在共同规范的基础上，将局内人和局外人区分开来，并且合作行为仅仅扩及前者而不能到达后者。③在当前课堂教学和课堂管理实践中，却几乎看不到所谓"共享性"的影

---

① 正如有学者所说的，从不同的观点和视角出发的认知意向，都共同地具有对客观世界加以条理化的作用。一套由某一套认知意向衍生的分析框架，能够使我们"看到"其他的分析框架所不能看到的现象，但同时它却不可能"看到"由其他的角度才"看得到"的现象。参见孙隆基《中国文化的深层结构》，广西师范大学出版社 2004 年版，第 2 页。

② 陆有铨：《皮亚杰理论与道德教育》，山东教育出版社 1984 年版，第 73—77 页。

③ ［美］詹姆斯·马奇：《规则的动态演变》，上海人民出版社 2005 年版，第 19 页。

子，也不是所谓的"共同协定"。当前课堂纪律实际上更多的是由学校管理部门和教师制定并强加给学生的。在新年级或新学期开学的第一堂课上，我们经常会看到教师"宣讲"课堂纪律的情景：

> 各位同学，新的学期开始了，我在这里给大家重申一下课堂纪律。
>
> 首先，上课不能迟到，不能睡懒觉，要按时到校。一定要遵守学校的规章制度……
>
> 上课的时候，要认真听讲，要认真记笔记，积极回答问题，不能交头接耳……
>
> 课堂上要尊重老师，不准搞小动作，不能做与教学无关的事情，不准扰乱课堂秩序……
>
> 要按时完成老师布置的作业。如果发现有同学抄作业，将会受到处罚……

毫无疑问，现实课堂教学中，很多课堂纪律都是这样经由教师的单方面"宣布"而强迫学生接受和遵守，仍然没有摆脱弗莱雷（Paulo Frere）所说的"课堂上教师制定纪律，学生遵守纪律"的尴尬局面。皮亚杰认为，外部制约强加给学生的规则只能停留在学生的精神之外，基于相互尊重和合作的规则才能植根于学生的心灵。因此，强加的课堂纪律很难在学生面前获得"合法性"认可，也很难得到学生的真正认同和遵守。

因此，现实教学中，有必要让学生参与课堂纪律的制定，共同协商什么叫作好的行为，什么叫作不好的行为。对学生而言这本身就是一个受教育的过程。正如苏霍姆林斯基所说的，"只有能够激发学生去进行自我教育的教育，才是真正的教育。"[①] 教学要促进学生参与课堂纪律的制定，要调动学生的积极性、主动性和主体意识，其中最关键的一点，就是在学校管理和课堂管理中引进和贯彻民主理念，进行民主教学实践，并最终推进教学制度的民主化建设。

---

① ［苏］苏霍姆林斯基：《给教师的建议》，教育科学出版社1983年版，第350页。

第二节　教学改革的民主"化"推进

民主化是当今时代发展的诉求，也应是学校改革的重要目标和方向。杜威早就说过的，学校教育的目的在于民主主义社会的建设，因此学校自身必须成为民主的社会组织。尽管学校比其他地方更需要民主，然而学校却比其他地方更轻慢民主主义，更加受到非民主关系的支配。[①]当前教学改革向我们提出了一个更加迫切的要求，那就是必须用民主的方式改造我们的教学生活，改造我们的教学制度。然而，如何推进教学中的民主，推动民主的教学制度建设？对此，我们不得不把视野投向历史。在民主与教育的关系问题上，杜威早在100年前就做出了深刻的回答。他在《民主主义与教育》中对民主与教育的关系进行了考察，他认为，教育是达到民主社会的必要手段，而教育生活也必须经过民主化的改造，才能塑造民主化的社会。20世纪二三十年代，陶行知先生进行的民主教育的实验和探索，为我们推进民主的教学制度建设提供了很好的典范。陶行知作为本土教育家，他在《民主教育的提纲》中详细阐述了民主教育的实施纲要，从民主教育的方法看，就是要"使学生自动，而且要启发学生能自觉"，要使学生自治，要有民主的教师（民主教师的基本素质：虚心，宽容，与学生同甘共苦，跟民众学习，跟小孩子学习，肃清形式、教条、先生架子），要有民主教育的教材，民主教育的学制以及民主教育的行政等。[②]这些构想对我们推进教学制度的民主化建设，仍然具有重要的启示意义。必须承认，在学校范围内要推进教学的民主，促进民主教学制度建设，就离不开校长与教师的民主自觉与民主行动。

一　校长的理性自识与道德自觉

当前，任何明智的教师都应该认识到民主对教学生活和学校管理的价

---

① ［日］佐藤学：《教师的挑战——宁静的课堂革命》，钟启泉、陈静静译，华东师范大学出版社2012年版，第146页。

② 陶行知：《陶行知教育文选》，四川教育出版社2005年版，第746页。

值和意义，没有民主制度和民主观念，就不会有真正的教学自由和学习自由。

必须坦然承认，作为科层体制中的"弱势者"，民主的自我管理方式其实也是我们每一个人所渴望的，这来源于我们对平等参与的内在心理需求，是作为学校生活中的普通一员对学校事务所产生的参与意识和情感的自然流露。由此，作为学校管理者我们就不能不对体制结构更下层学生抱有一种同情性的理解。我们总不能对同样两种自然的心理需求和自然情感持一种矛盾的态度：一方面我们深受"不民主"之苦；另一方面却漠视学生的民主诉求和参与热情，甚至以更加专断的方式对待学生。实际上，大多数明智的学校管理者和教师，内心深处并不是不相信民主的好处和可能给学生带来的益处；或者说，阻碍我们将民主理念与精神贯彻在教学生活中的障碍，主要不是我们的观念和信念，而是我们的态度。如果由于我们不能很好地认识民主对教学的价值，而不去推行民主，那是囿于视野和认识论的局限，这仍然是可以理解的；如果我们已经真正体会和感受到民主给个人带来的益处和价值，却害怕民主方式的实行会削弱我们手中的"权力"，会降低在学生面前的"权威"，会有损内心的"自尊"，而不去推进民主，在这种情况下，难道我们不会因此而受到道德和良心的责问吗？

当然，即使我们对民主的价值有了充分的体会和理性的认识，也并不意味着在教学中推行民主，对教学制度进行民主化改造就是轻而易举的。民主素养不是恩赐，是需要在民主的实践中养成的。只要我们不是自欺欺人，就必须坦然承认，即使对在学校生活中处于主导和支配地位的校长而言，也依然会受来自教育行政体制和学校科层体制的层层压制，处于被强权控制和操纵的尴尬境地，也依然是"弱势者"和"无权者"。在这种情境下对他们提出过高的要求似乎不近情理，有脱离现实之感。但是，在学校内部，校长却是一种主导性和支配性力量。他们是否持民主的态度、民主的作风将在很大程度上决定着学校生活的民主与否。即使处在当前教育行政体制的夹缝中，校长仍然有相当大的自主权和自由空间，他们也就没有理由不去利用自己的力量，没有理由不去身体力行地推动民主的学校管理，推动民主制度在学校的建立和完善。

在今天特殊的教育体制下，校长是学校生活天然的"领导者"和主导者。凡是熟悉学校教学生活的人都必须承认，没有谁比校长对学校的影响更大，以至于经常有人说"一个好校长就是一所好学校"。既然校长对学校生活有如此深的影响力，如果他们没有民主的素养和作风，相反持一种不民主的态度，那么整个学校生活就是不民主的；如果他们坚持民主的理念和作风，就会成为教师和学生的榜样，并能引导学生民主态度和民主素养的形成。因此，作为学校的"领导者"，他们负有托克维尔所说的"教化民主"的责任，"教化民主；如有可能，重新唤起民主的信仰；净化民主的风尚；规制民主的行动"。[①] 正是从这个层面说，作为学校的领导者，如果校长能够进行理性的自识，怀有道德的自觉，并能在学校管理中践行民主的理念，教学的民主化改革就是可行的。

二 教师的民主行动

要真正推进民主的教学，塑造民主的教学生活，教师应该使自己成为民主生活的典范，成为民主的"酵母"，"使凡与他接触的人都发起酵来，发起民主的酵来"。[②] 如果不能设法成为一个具有民主素养和作风的人，我们怎能有资格引导学生走向民主？又怎能使学生获得真正的自由？教师真正需要做的，就是在教学中基于自己的理性与良知过一种民主的生活，实践民主的作风。杜威的教育哲学吸引我们的，不是他那炽热的民主理念，而是因为他在实际生活中体现了不知疲倦的民主实践和践履平等的理念，是因为他的全部生活就是一种民主的生活实践。他致力于民主的教育生活改造，在芝加哥创立了对进步主义教育影响深远的著名的实验学校。作为反战运动和其他国际事务的关键人物，杜威还担任两个旨在促进美国民主社会主义的第三政党的组织主席。此外，他还主持托洛茨基审判调查团与文化自由委员会。

课堂生活是教师的重要生活。教师要成为民主的典范，就必须把课堂

---

① ［法］托克维尔：《论美国的民主》（上卷），董果良译，商务印书馆1991年版，第11页。
② 陶行知：《小学教师与民主运动》，转引自《陶行知教育名篇》，教育科学出版社2005年版，第344页。

教学当成民主生活的实践。这要求教师首先转变教学的方式：改变教材知识的呈现方式，解构教材知识的霸权，突出知识和认识论的多样性，防止教材知识对学生自由思想的束缚；改变教学观念；改变教学组织形式，增加讨论、质疑、辩论、试验、自学等环节，使课堂变成平等讨论和自由交流的场所，而不是教师的"一言堂"和"独角戏"；在教学过程中培养学生的批判性思维，使他们成为自主的学习者或认识主体；改变教学评价方式，使教学评价更能引导和促进学生的自主学习、自由表达和批判性思维能力的发展。[①] 其次，要减少对学生的控制，还给学生基本的自由，解放学生。课堂生活中，学生需要自由的时间来支配自己的学习，作为民主的教师，"不应该把他的功课表填满，不逼迫他赶考，不和家长联合起来在功课上夹攻，要给他一些空闲时间消化所学，并且学一点他自己渴望要学的学问，干一点自己高兴要干的事情。"[②]

应该指出，身处复杂的关系网络中，特别是现实不合理的教学体制的规约下，教师做到这些仍然是很难的，这在某种程度上还要取决于教师的观念、能否超越现实关系束缚的智慧，以及是否愿意进行改革的道德勇气。当我们深切地认识到，"教师的职责现在越来越少地传递知识，而越来越多地鼓励思考；除了他的正式职能以外，他将越来越成为一位顾问、一位交换意见的参加者，一位帮助发现矛盾论点而不是拿出现成真理的人"[③]，当我们在教学中能迸发出积极行动的道德力量和勇气时，我们就已经成为塑造教学生活民主化的最大力量。

教师要以身体力行的方式推进教学的民主化，还需要不断消除内心深处的"专制主义"心态，必须对自身的"权威"身份保持高度的警惕。教学生活要成为民主的生活，就必须提防教师以专制、强迫的方式和手段所树立的"英雄"形象和"权威"地位。与专制主义相伴随的，是对权威、

---

① 石中英：《教育哲学导论》，教育科学出版社 2004 年版，第 338 页。

② 陶行知：《小学教师与民主运动》，转引自《陶行知教育名篇》，教育科学出版社 2005 年版，第 343 页。

③ 联合国教科文组织国际教育发展委员会：《学会生存》，华东师范大学比较教育研究所译，教育科学出版社 1996 年版，第 108 页。

"英雄"的盲目迷信与崇拜心理，是刻意制造"英雄"和"群众"之间虚幻的差别。正如历史哲学家悉尼·胡克所警告的，"一个民主社会对于英雄人物必须永远加以提防"①，他对权力的腐蚀作用和易错性（fallibility）有着清醒的认识和深刻的恐惧。他的主张是"一个健全的民主社会应当尽可能通过明智的自我改造和社会改造来扩大社会机会，使尽可能多的人发挥自己的潜力和才能"。②一个民主社会应当警惕"英雄人物"的危险性，这是基于对自由和民主的深刻理想。必须指出，班级教学中教师只不过是个普通人，是在知识、经验等方面的"先学者"而已，绝不应成为课堂中的"英雄"人物，更不应被树立成为学生盲目迷信和崇拜的偶像。实际上，教学生活中也并不必惧怕教师的真正权威，正如米尔斯在批评强制权力时所指出的，"在强制之外，我们尚须考虑权威——自愿服从者的信仰所合理化的权力"③。教师要成为实质权威，真正起到权威的作用，就必须得到学生的认可，从学生那里"赢得"权威，而不能自封为权威。真正的权威是建立在师生密切交往的基础上的，是建立在学生的情感接受与理性认同基础之上的。靠专制方式和强迫手段造就的教师权威，只能是虚幻的权威，而不是真实的权威。

总之，民主不仅是一种政治实践，更是一种生活方式。只有当教师将民主的理念化作实际行动，转化为自身内在的生活方式、行为方式时，才有可能实现教学生活的民主化改造，才有可能在学校生活中塑造民主的教学制度。

三 鼓励和引导学生走向自治

教师要减少非正当权力的干预，促进民主教学制度的形成，还需要鼓励和引导学生走向"自治"。在杜威看来，学校是由社会建立起来完成一定的特殊工作的机构——执行一定的特殊职能以维持生活和增进社会的福

---

① ［美］悉尼·胡克：《历史中的英雄》，王清彬等译，上海人民出版社 2006 年版，第 157 页。
② 同上。
③ ［美］赖特·米尔斯：《社会学的想象》，陈强、张永强译，生活·读书·新知三联书店 2001 年版，第 17 页。

利。学校如果认识不到这个事实所赋予的伦理职责，就是不负责任和玩忽职守。学校对儿童的教育要能培养他的自治，使他能照管自己，使他能不仅适应正在发生的变化，更能适应未来的民主社会。

> 我们必须把儿童看成社会的一个成员，要求学校做的任何事情都必须使儿童能够理智地认识学校所用的一切社会关系并参与维护这些关系……他要成为一个从事某种有益于社会并能维护他自己的独立于自尊的职业的工作人员。儿童要成为其中一个成员的社会是一个民主的、进步的社会。儿童要成为某个特定的邻里和社区的一个成员，必须对生活的价值作出贡献……必须教育儿童既能领导，又能服从。他必须具有自我指导的能力和指导别人的能力、管理的能力、承担负责职务的能力。[①]

陶行知在《民主教育的提纲》中详细阐述了教育应促进和培养学生的自治能力，"在一个社会里，每个人能照料自己，每个人在不损害他人的限度下享有个人和行动的自由，每个人应当能指导自己，也就是能成功地照料自己去行动，这是十分重要的"。培养学生的自治能力，实际上就是"必须教儿童既能领导又能服从，必须具有自我指导的能力和指导别人的能力，承担负责工作的能力"[②]。学生自治的重要内容，就是学生参与对教学生活的共同治理，参与学习活动的自我组织、自我管理。学生自治的目的，是为了形成良好的教学秩序，最终实现学习自由和使学生获得最大程度的发展。当前教学实践中，要鼓励学生参与教学生活的治理，首先必须帮助学生制定和形成必要的规则。如果教学活动中的所有规则都来自学校管理者和教师，学生往往就会把这些规则看成外在的、强加的，就必然会缺乏自发的认同和遵守；如果学校或课堂有一部分规则是通过学生参与形成的，那么学生更易认同和遵守。正如陶行知所说的，"大凡专制国家的

---

① 杜威：《学校与社会·明日之学校》，赵祥麟、任钟印、吴志宏译，人民教育出版社 2005 年版，第 138—140 页。

② 陈波：《陶行知教育文选》，四川教育出版社 2005 年版，第 302 页。

人民，平日不晓得法律是什么，只有犯了法之后，才明白有所谓的法律，那么法律的力量都只限于犯法之后，这是很有限的。"① 也就是说，每个人都倾向于遵守自己制定的规则和纪律，排斥强加的规则和纪律；越是自己参与制定、共同协商的规则，越能得到较好的遵守和执行。在学校管理中，要提高学生的自治能力，学校就必须帮助学生积极参与学校重要事务的讨论，参与学校规则的制定。在课堂教学中，要促进学生的自治，教师就要更多地引导学生共同讨论制定课堂纪律、课堂规则和其他管理制度，就要鼓励学生参与课堂谈论、共同协商，就要善于倾听学生的意见和建议，形成和谐、民主、平等的师生关系。这是一个真正具有民主理念的教师应该做到的。当然，鼓励和促进学生自治，决不能对学生"放任自流"，当成放弃自身管理责任的"挡箭牌"。学生自治"不是自由行动，乃是共同治理；不是打消规则，乃是大家共同立法守法；不是放任，不是和学校宣布独立，而是练习自治的道理"。② 所以学生自治，并不意味着教师可以减少甚至推卸掉自己的引导和管理责任，相反，学生自治对教师角色提出了更高的要求，要求教师必须成为一个公共事务的"协调者"、"合作者"和"监督者"，成为鼓励和促进学生自治能力提高的促进者和引导者。

很明显，民主教学制度的改造需要从教学生活中的小事开始。人们参与公共事务管理的热情，往往首先来源于自己的切身利益，都是从身边的小事萌发的。正如托克维尔所说，"很难强迫一个人走出自我并使他关心整个国家的事务，……但是，如果要修筑一条路穿过他的家园，他立刻明白这件小的公共事务如何影响到他最重要的私人利益……如果公民多管小事儿少操心大事，他们反而会更关心公益，并使他们信服他们需要经常齐心协力实现公益"。③ 可见，我们也不要指望通过与学生利益无关的社会政治"大事"，来培养学生的民主精神。学生对教学生活参与管理的热情源于学生自身的具体利益。譬如，班级代表的选定、班干部的选用、班级活动的开展等都是小事，但是我们不能低估对这些小事治理所带来的效力和

① 陈波：《陶行知教育文选》，四川教育出版社2005年版，第302页。
② 《陶行知教育文选》，四川教育出版社2005年版，第302页。
③ ［法］托克维尔：《论美国的民主》（上卷），董果良译，商务印书馆1991年版，第632页。

价值，因为只有参与到小事的管理中，才能充分认识到集体与自我是不可分割的，才能认识到个人价值和利益的实现离不开公共利益，也才会形成高度的责任感和义务感，才能不断塑造自身的主体意识、参与意识和自我管理能力，最终养成民主的理念和精神。

第七章
制度改革中的教师作为

个人变革是通向制度变革的最强有力的进军令。

——迈克尔·富兰

在匆忙的教育改革中，我们忘记了一个简单的事实：如果我们继续让称职的教师应当依赖的意义和心灵缺失，仅仅依靠增加拨款、重组学校结构、重新编制课程，以及修改教科书，改革永远不能成功。……体制改革进度缓慢，我们一直等待教育制度改革来关注教学所需要的深切热情，却忘记了体制中也有"我们"，我们只是在推迟改革，继续慢慢陷于悲观和怀疑，这是大多数教师教学生涯的写照。

[美]帕克·帕尔默：《教学勇气——漫步教师心灵》，华东师范大学出版社 2014 年版，第 7 页。

必须承认，在强大的制度和环境面前，个体的力量是有限的，也是弱小的，个人并没有无限的能量去对抗制度和环境。但制度和环境毕竟是被动而不是主动的，任何改革都不能坐等体制转变之后再开始。其实，教学改革近在咫尺，就在每一个人的身边，就是每一位教师的行动。"个人才是变革的最后动力"，我们不能将改革托付给领导和专家，每个教师的行动和自我改变是教学改革成功的最后保证。

当前，我们需要从官僚制度的困扰和束缚中解脱出来，在日常教学生活中，减少一些对体制和现实的抱怨，不断地反思和改造自己的教学观念，唤醒内心对教学的美好理想，心怀希望地进行教学，不断优化自己的专业生活，努力追寻教学的自由。倘若如此，教学改革的成功就不是虚无缥缈的，而是现实的和可能的。

第一节　教学观念的反思与改造

"教学"是教育研究者及教育实务工作者经常运用的一个术语和概念。教学论的教科书中常常这样界定，"教学乃是教师教、学生学的统一活动；在这个活动中，学生掌握一定的知识与技能，同时，身心获得一定的发展，形成一定的思想品德。"[①] 这种对教学的定义也得到了研究者较为一致的认同。但在实践中教师常常不是从概念化的理解出发来从事教学活动，而更多的是从个人经验出发来理解教学实践，并做出相应的教学行为。个人经验化的教学认识往往是在长期的教学过程中习得的，也常常是没有经过深思熟虑的一种"教育偏见"。然而，很多情况下恰恰是这些个人化认识，构成了教师的教学观念，制约着教师的教学行为，左右着教师对教学方法的选择和运用。在教学改革过程中，如果我们要突破原有教学观念的束缚，塑造新的教学行为，养成新的教学方式，就首先需要对潜藏在内心深处经验化的教学认识进行反思和改造。

在传统的教学实践中，教师经验化的教学认识主要有：①教学＝"教师教"＋"学生学"；②教学＝教书；③教学＝讲授；④教学＝传授知识。必须承认，以上四种对教学的经验化认识在教学实践中是普遍存在的，它们广泛渗透进教师的认知思维中，直接制约着教师的教学行为，影响着教师的教学决策。

一　教学≠"教"＋"学"

"教学"＝"教师教"＋"学生学"，这种认识将教学活动看成由教师的教与学生的学构成的两种并列、独立的活动。当然，这种看似很合理的理解是有一定认识基础的。首先，教学活动是由师生双方共同参与的，

---

① 王策三：《教学论稿》，人民教育出版社1985年版，第88—89页。

教学过程中同时存在教师教的行为和学生学的行为；其次，在思维和逻辑上，教的行为和学的行为是可以分离，也是可以分别加以研究的。如此看来，教学本身就是两种活动，这似乎是顺理成章的。然而即使肯定教学既包含教师的教授行为，也包含学生的学习行为，但这并不意味着就可以把教学理解为两种并列的活动。

1. "教学合一"

事实上，教学是教与学的统一，它应该是一种活动，是由教与学构成的"合二为一"的活动。正如杜威所说，"教学是一件事，而不是两件事。"教学就像是市场上的买卖关系，"教之于学就如同卖之于买。"① 买与卖两者相互依存，才有买卖关系与交易活动的发生；教和学相互结合，才会有教学活动的展开。1919 年陶行知曾积极呼吁把当时通用的"教授"一词改为"教学"，他认为"教学"比"教授"更准确、更能反映师生共同参与活动的事实。1927 年他在《教学做合一》一文中还特别指出，"看见国内学校里先生只管教，学生只管受教的情形，就认定有改革的必要。这种情形以大学为最坏。导师叫做教授，大家以被称教授为荣。他的方法叫做教授法，他好像拿知识来赈济人的"②。可见，陶行知之所以主张教授改教学及教授法改教学法，主要在于他认为教是为学服务的，不存在没有学的教，"教学合一"就是教学的存在形态。显然，如果轻易把教学理解为由教授活动与学习活动构成的两种并列活动，则是一种错误和歪曲的认识。而且如果把教学理解为两种活动，在实践中就很容易走向操作的误区，导致教师与学生各行其是——教师目无学生，只能"瞎"教；而学生缺乏引导，走向"盲"学。

的确，教学不是两种活动，而是一种活动，教学是教与学的统一。教师要"教中有学"，而不能一味地教；学生也可以"学中有教"，而不仅一味地学，也可以边教边学。这是因为，一方面，当今社会发展日新月异，知识更新和进化愈加迅速，因而教师必须跟上不断变化的社会，不断学

---

① 中央教科所：《简明国际教育百科全书·教学》（下），教育科学出版社 1990 年版，第 233—234 页。

② 华东师范大学教育系：《中国现代教育文选》，人民教育出版社 1989 年版，第 285 页。

习，研究学问，提升自己，丰富教学内容，做到教学相长。如陶行知所言：

> "做先生的，应该一面教一面学，并不是贩卖些知识来，就可以终身卖不尽的"，而要"学习，学习，学习，……我们要虚心地跟一切人学，跟先生学，跟大众学，跟小孩学，跟朋友学，跟大自然学，也跟大社会学，要学的专，也要学的博"①。

在当前课堂教学中，"教学合一"的理念要求教师既要把教学过程看成教师"教"的过程，也要看作自身"学"的过程，是自身不断提高的过程；同时，也要求教师给学生提供更多的机会，让学生寓"教"于"学"，以"教"促"学"，从而大大提高学习的效果，获得更大的发展。

2. "做中学"

学生的主要任务是学习，但学习不仅仅意味着学生在教师的教授中进行接受式的学习。人类获得知识可以通过间接经验的传授来获得，也可以通过直接经验的方式来获得。直接经验同样具有重要的教育学价值和意义，然而长期以来在教学实践中却常常被我们忽略了。

从知识的来源看，任何知识——也就是间接经验，都是从人们的经验中产生的。一个人的知识不外乎直接经验和间接经验两部分：在我为间接经验，在人为直接经验。因此，就知识的总体来说，一切真知都是由直接经验发源的。"知识有真有伪。思想与行为结合而产生的知识是真知识。真知识的根是安在经验里的。从经验里发芽抽条开花结果的是真知灼见。"②而凡是与经验无关的，不是从人的经验里发生出来的知识便是陶行知所说的"伪知识"，"比如小孩儿用手摸着冰便觉得冷，从摸着冰而得到'冰是冷的'知识是伪知识。小孩儿用身靠近火便觉得热，从靠近火而得到'火是热的'知识是真知识。小孩子单用耳听妈妈说火是热的而得到'火是热的'的知识是伪知识。"③也就是说，从人类个体知识的起源来看，离不开

---

① 方明编：《陶行知教育名篇》，教育科学出版社 2005 年版，第 3 页。
② 陶行知：《陶行知全集》（第 1 卷），四川教育出版社 1991 年版，第 86—93 页。
③ 同上。

人的直接经验。杜威早就明智地指出，教育就是人经验的改造（改组），个体经验是人获得一切有价值知识的源泉。同时，从直接经验与间接经验的关系来看，直接经验是人们获得间接经验的重要基础，是学生进一步学习的条件。一般而言，间接经验是比较抽象的，它主要表现为概念、定理、原则、规律等。对于理性思维和抽象思维还没有充分发展的青少年学生而言，要很好地理解和掌握它，其实是很困难的，这就需要借助于直接经验。陶行知对此进行了形象比喻：

> 倘若对于某种知识，自己的经验上无根可找，那么无论如何勉强，也是接不活的。比如在厨房里烧过火的人，或是在火炉边烤过火的人，或是把手给火烫过的人，便可以懂得热带是热的；在冰房里待过的人，或是在冰窖里待过的人，或是做过雪罗汉的人，便可以懂得北冰洋是冷的。对于这些人，"热带是热的，北冰洋是冷的"虽从书本上看来，或别人演讲时听来，也是真知识。倘自己对于冷热的经验丝毫没有，那么，这些知识虽是学而时习之，背得熟透了，也是于他无关的伪知识。①

陶行知用日常生活中的形象事例，生动地展现了直接经验的获得对于学习间接经验的重要性。其实，在各个学科的学习中，学生无时无刻不借助于自身的直接经验进行学习，加深对书本知识和理论的理解和掌握。譬如，物理学学习中，日常生活中"水中的筷子是弯的"这一经验，就有助于我们加深对"光的折射"这一理论的理解；我们平常坐车遇到的突然刹车的经验，对我们更好地理解惯性定律也是很重要的；如果我们曾在游乐园坐过"翻滚过翻车"或者有过乘坐飞机的经验，也将会加深我们对"失重"这一概念的理解。不光是物理学，其他任何学科知识的学习都要借助于一定的生活经验和亲身体会，即使像数学这种纯粹数理逻辑的知识也不例外。一个最有说服力的例子，就是幼儿和儿童在最初接触"数"这一概

---

① 陶行知：《"伪知识"阶级》，转引自《陶行知全集》，湖南教育出版社 1985 年版，第 86—93 页。

念，或者进行数的加减运算时，通常首先都是借助于生活中的具体事物而进行的——手指、筷子、木棍等。如果脱离现实生活中的具体事物，儿童就很难掌握数的概念。其实数学本身也是从生活中抽象出来的。教材知识如果不经过学生经验的同化，就很难为学生吸收。如杜威所指出的，教材只不过是精神的食粮，是可能具有营养作用的材料，但它不能自己消化，它不能自动地变为骨骼、血和肉：

> 一门学科或学术的一个分支，一门学科的有逻辑、有系统的材料，终究不能代替个人具有的经验。一个下坠体的数学公式不能代替对下坠体的个人接触和个人直接经验……当一种符号是从外界引进的，而不是被引导到原始的活动中去，便是一种空洞的或纯粹的符号，它是僵死的和贫乏的东西。那么，任何事实，无论算术、地理或语法，如果不是从儿童生活中由于本身的缘故占有重要的地位的东西逐渐被引导进去，就被迫处于这种境地。①

传统教学最大的问题就是常常脱离学生的经验，却耗费大量的时间对学生进行"符号"的教学，"儿童被送去受训练的地方正是世界最难得到经验的场所……在那里，教员教学生游泳而不到水里去，而是反复练习游泳所需要的各种动作"②。在杜威看来，从经验中学习，与从只是跟经验有关的书本或别人的言论中学习是不一样的，而学校的最大浪费就是学生经验的浪费：

> 由于儿童完全不能把在校外获得的经验完整地、自由地在校内利用；同时另一方面，他在日常生活中又不能应用在学校里学习的东西。那就是学校的隔离现象，就是学校与生活的隔离。……学校由于不能利用这种日常经验，于是煞费苦心地采取各种方法和手段，用以

---

① ［美］杜威：《学校与社会·明日之学校》，赵祥麟、任钟印、吴志宏译，人民教育出版社2005年版，第121—124页。
② 同上书，第31—41页。

激发儿童对学校功课的兴趣。①

我们承认"做"对学生学习具有重要意义,这也并不意味着教学就必须以学生的直接经验为中心。在教学活动中,我们要重视儿童的经验与活动,但绝不能由此走向"唯活动论",忽视间接经验的学习,而应该把两者统一起来。

二 教学≠"教书"

传统的教学观念还存在另一种经验化的教学认识,即"教学 = 教书"。这种教学认识把教学过程等同于单纯教授书本知识的过程。毫无疑问,教科书是知识的载体,是教学的主要内容。离开教科书,教师很难正常开展教学活动。但必须指出,教科书只是教学的手段和工具,是需要学生去学习、理解和掌握的材料。在"教书"的观念指导下,所谓教学就是"上课",有效的教学就是"上好课",把课上得精致。由于教师把关注点集中在"教"上,而不是"学"上,所以很难真正面向学生开展教学。陶行知先生对这样的教学观念进行过批判,他认为教学绝不是"教书"的过程,而应该是"教学生"的过程,"先生的责任不在教书,而在教学,而在教学生学"。可以说,教师从事教学活动不是首先从教科书出发的,而是应该从学生出发;教师应该根据教学对象的差异、特点以及需要来决定教学的内容、方法和手段。"教书"与"教学生"两者之间存在根本的差异。

1. 教学出发点的差异

如果把教学看成"教书"的活动,教师就会着眼于书本,从教科书内容出发,把自己的课堂角色定位为"讲授者",把教学过程看成单纯地讲解教材、传授知识的过程。在"教书"的过程中,教师往往更多关注教学的环节和进程,关注学生是不是认真听讲,关注学生对所讲解知识是不是能很好地记忆和掌握,关注学生书面成绩的好坏。

---

① [美] 杜威:《学校与社会·明日之学校》,赵祥麟、任钟印、吴志宏译,人民教育出版社2005年版,第31—41、58页。

如果把教学看成"教学生"的过程，教师在教学中就会着眼于学生，立足于学生发展，从学生的实际和需要出发，把自己的角色定位为学生学习的促进者，就会把教学过程当成引导和促进学生发展的过程。在"教学生"的过程中，教师往往会更多地关注学生的学习兴趣与实际需要，关注学生的情感体验，调动学生的积极性、主动性，使学生在课堂上得到真正的发展与提高。

2. 课堂管理的差异

在"教书"的课堂上，教师往往把学生"听话"、"顺从"和"静坐"作为管理的重要目标，课堂管理上往往会追求严格的课堂纪律和课堂秩序，教室里"鸦雀无声"、学生"端坐静听"往往被认为是良好的课堂状态。佐藤学对这样的课堂情境进行过生动的描述，"在沉闷的教室里，看到的是学生笔直地端坐着，面无表情，教师也是用生硬的姿势、硬邦邦的语言控制着整个教室，教师的注意力一般只集中在讲课上，很少去关注听课过程中学生思想的起伏波动或与学生的想象产生共鸣"。① 为了控制课堂，教师需要制定更多的课堂纪律，更多地借助各种惩罚手段来维持课堂秩序，以限制学生的"自由"活动，防止课堂秩序的"混乱"。在高度控制性的课堂上，常常会把限制学生的自由和活动作为最重要的管理手段和方式。

在"教学生"的课堂上，教师往往不会过多地限制学生的身体和活动，而是以追求学生良好的学习状态为目标；教师会把调动学生的积极性、促进学生主动学习作为良好的课堂状态；课堂的管理主要不是依赖严格的纪律和控制手段，而是通过创设宽松的课堂气氛，给学生更多的自由空间，以发挥学生的主体性。

3. 师生关系的差异

作为两种不同类型的教学活动，"教书"和"教学生"两者在师生关系方面也会呈现出巨大差异。在"教书"的课堂上，教师与学生主要表现为一种知识授受关系——教师是知识传授者，而学生是知识接受者。教师

---

① ［日］佐藤学：《静悄悄的革命》，李季湄译，长春出版社 2003 年版，第 99 页。

居于课堂的中心，成为课堂的"主角"，学生是配角，学习好的学生是主要的"配角"，大多数学生常常只是台下的"观众"或"听众"，沦为课堂的边缘。"教书"的课堂上，教师要成为知识的权威，主导课堂话语权力，就会排斥真正的对话与平等的交流，教师与学生之间更多地体现为"权威"与"服从"的关系。相反，在"教学生"的课堂上，教学的目标将不再局限于知识领域，而是多元的，教师与学生之间的关系将不再是单向的知识"授受"关系，而是一种双向的合作关系。这样的课堂是学生学习的课堂，是促进学生成长的课堂，教师会把促进学生发展而不是掌握知识作为最重要的目标。教师的角色将由知识的传授者变为学生学习的促进者和学生成长的引导者，由课堂的控制者变为课堂的合作者，鼓励学生参与课堂的管理。教科书不是用来灌输的材料，而仅仅是学习的内容和工具。当教师能意识到这一点，就不会再将自己视为真理的化身，将会更加切近学生开展教学，考虑学生的兴趣和实际需要，倾向于与学生开展对话和交流，更乐于塑造和建构民主、平等、和谐的师生关系。

三　教学 ≠ "讲授"

日常教学实践中，还有一些教师把教学过程误解为"教师讲—学生听"的过程。在他们的意识中，教学就等于"讲授"。长期以来，这种教学认识在很多教师的思维中根深蒂固，难以撼动，构成了长期以来"灌输式"（或填鸭式）教学在实践中普遍盛行的认识论基础。

1. 讲授与灌输

讲授主要是指教师用学生能接受的简明语言，系统讲述教材、帮助学生获得知识，它包括教师的讲解、讲述、讲演。作为历史最悠久、使用最广泛和操作最简单便捷的教学方法，讲授法能最广泛地面向全体学生，保证学生知识接受的系统性、完整性，使学生能在较短时间内接触更多知识，能较大程度地适应大多数学生的需要，更能节省教学时间，提高大规模班级教学的效率。当然，再好的东西也会同时有自身的缺点，教师如果过度讲授，忽视学生的需要，一味地进行单方面的"独白"或"宣讲"，必然导致"灌输式"教学。现实课堂中，我们经常会看到讲授式教学与灌输式教学"合体"的现象：教师在讲台上"卖力"地讲，学生在讲台下"无奈"地听，师生双方都很"配合"地在努力完成教学的"任务"。这样的课堂场景常常在我们的课堂中上演，而大多数教师却浑然不觉，习以为常。

其实，教师的讲授未必一定导致"灌输"，我们也不能轻易把讲授与"满堂灌"画上等号。讲授与灌输两者还是有区别的。两者区别的关键不在于讲授所占课堂时间的比例，而在于如何讲，在于讲完后学生听的效果如何。如果教师充分考虑学生的认知特点和教学内容的特殊性，进行生动而精练的讲解，把新知识与学生认知结构中原有的观念建立起实质性联系，并且有效地激发学生的学习积极性，这样的讲授就算不上灌输，而是一种启发；否则，如果教师无视学生的兴趣和需要，进行冗长乏味和单调枯燥的说教，导致学生丧失听的主观意愿，或迫于压力而不得不听，这种讲授就是彻头彻尾的灌输了。保罗·弗莱雷曾对"灌输式"教学进行了激烈批判，他认为"灌输式"教学的主要特点是："教师教，学生被教；教师无所不知，学生一无所知；教师讲，学生听——温顺地听；教师做出选择并将选择强加于学生，学生唯命是从；教师选择学习内容，学生适应学习内容；教师是学习过程的主体，而学生只纯粹是客体。"① 可以说，灌输式教学的产生，恰恰与不少教师所持有的错误教学认识——"用嘴讲便是教，用耳听便是学"密切相关。在现实的教学术语中，有一个我们经常挂在嘴边的词汇——"听讲"，很值得玩味。似乎教师的职责就是"讲"，学生的使命就是在课堂上认真的"听讲"——"听老师讲"，脱离了教师的讲和学生的听，教学也就似乎不成其为教学了。这样的"听讲"教学观需要我们反思。

信息窗：保罗·弗莱雷批判"灌输式教学"

1. 教师教，学生被教；

---

① ［巴］保罗·弗莱雷：《被压迫者教育学》，华东师范大学出版社 2001 年版，第25—26页。

2. 教师无所不知，学生一无所知；

3. 教师思考，学生被考虑；

4. 教师讲，学生听——温顺地听；

5. 教师制定纪律，学生遵守纪律；

6. 教师做出选择并将选择强加于学生，学生唯命是从；

7. 教师做出行动，学生则幻想通过教师的行动而行动；

8. 教师选择学习内容，学生（没有征求其意见）适应学习内容；

9. 教师把自己作为学生自由的对立面而建立起来的专业权威与知识权威混为一谈；

10. 教师是学习过程的主体，而学生只是客体。①

实践中，很多教师确实都有一种由职业和身份带来的对课堂教学质量的担忧：担心讲授时间太短或重复次数太少，学生就可能记不住；担心讲的内容太少，学生掌握的知识就会不全面；担心讲的内容不系统、不全面，学生就不能将知识深化和内化。因此，为了"提升"教学质量，很多教师就倾向于对教材知识进行"系统"、"全面"和高强度地讲授，在课堂上进行密集的信息轰炸。在很多教师看来，教师讲授不足的教学是没有效率的。实践中，也有很多教师对教师少讲而开展"合作学习"、"小组讨论"不以为然，甚至认为开展合作学习是解脱教师责任的借口。表面看来，合作学习比以教师为中心控制的讲授式教学，似乎是一种效率差的方法。事实上，教师讲授的效率未必是教学的真正效率，更不一定是学生学习的效率。以教师为中心控制的讲授式教学看似高效率的背后，其实也存在着巨大的课堂浪费现象。对于这一浪费现象，长期以来很少引起人们的关注。就知识的学习而言，仅仅凭视听的感官接受知识，未必能转化为学生内在的知识。在很多讲授式的课堂上，有很多学生注意力经常会分散，对老师的讲授并没有认真、全程地听下去；有很多学生确实在认真听讲，

① ［巴］保罗·弗莱雷：《被压迫者教育学》，华东师范大学出版社2001年版，第25—26页。

但未必能听得懂，即使听得懂，也未必能记住；即使能一时记住，也未必能长久。何况，就知识的学习而言，学生必须借助于自己的主动思考、探究和加工，才能形成牢固的知识观念，建构和生成新的知识。且不论很多讲授式的课堂，是以放弃了学习困难的学生、忽略了寻求发展性学习的学生的兴趣为代价的，因而讲授式课堂上的所谓的"教学效率"是值得怀疑的。①

从以学生的学习效果而不是以教科书处理的进度和知识传输的效率来评价，以教师为中心的讲授式课堂通常是缺乏效率、浪费学生时间的教学方式。学生最大的浪费是在课堂上的浪费，是学生学习时间的浪费，这种浪费是由于学生在课堂上没有真正地投入学习，学生仅仅是进行了浅层学习，而不是深层学习。总之，教师的讲授对教学很重要，但并不是决定性的，教学成功的决定性因素是学生对学习的真正投入，是学生学习兴趣的激发和学习主动性的发挥。具有方法意识的教师，真正的责任应该是帮助学生在课堂上实现高效学习，努力提升学生的学习效率，而不是把全部精力用在讲授上。

2. 教学与对话

教学是师生双方共同参与的双边活动，这种双边活动决不意味着"教师讲—学生听"的简单分工，而应是一种双向的交流与对话。陶行知先生对传统教学的批判至今仍发人深省，"最好的教育是有来有往。老是靠你一方面讲，你不变成了一个话匣子吗？"② 如此通俗而又掷地有声的叩问其实暗含了现代教育的最基本理念——教学过程是一种对话过程。在教学史上，师生对话的教学形式早已存在，古代西方苏格拉底所倡导的"产婆术"就是对话教学的典范。在苏格拉底看来，真理只有在对话中产生，而宣讲和灌输并不能产生真理。教师的任务不在于传递真理，而是要做一名知识的"产婆"，教师的重要角色就是要进行启发和对话，在与学生谈话的过程中，教师不能直截了当地把学生所应知道的知识告诉他，而应该通

---

① ［日］佐藤学：《学校的挑战——创建学习共同体》，钟启泉译，华东师范大学出版社2010年版，第75页。

② 陶行知：《陶行知全集》（第3卷），四川教育出版社1991年版，第237页。

过讨论、问答甚至辩论方式来揭露对方认识中的矛盾，逐步引导学生自己最后得出正确的结论。

关于苏格拉底对"产婆术"的运用，有一段苏格拉底与青年欧谛德漠关于"什么是正义"的对话，非常形象地展示了师生对话的开展：

> 问：偷盗、欺骗、奴役等应归于哪一行？
>
> 答：应归于非正义一行。
>
> 这时苏格拉底问道：如果一个将军惩罚那些极大地损害了自家利益的敌人，并对其采取了奴役的手段，这能说是非正义吗？
>
> 答：不能。
>
> 问：如果他偷走了敌人的财物或在作战中欺骗了敌人，该如何断定？
>
> 答：这当然正确，但我指的是欺骗朋友。
>
> 听到这里，苏格拉底说：好吧，那我们就专门讨论朋友间的问题。倘若一个将军所统帅的军队已经丧失了进攻的勇气，如果他欺骗士兵说援军就要来了，从而鼓舞士气，取得了最后胜利，这种行为应怎样理解？
>
> 答：也应算是正义的。
>
> 苏格拉底又接着说：如果一个孩子有病，却不肯服药，父亲骗他说药很好吃，结果治好了他的病，这种行为该属于哪一行呢？
>
> 答：应属于正义一行。
>
> 问：如果一个人发了疯，他的朋友怕他自杀，偷走了他的枪，这种偷盗是正义的吗？
>
> 答：它们属于同一类的情况。
>
> 问：你不是认为朋友间不能存在欺骗吗？
>
> 答：请您允许我收回我刚才说过的话。

苏格拉底"产婆术"的运用，是对话教学的历史发源。对话，本身就是教学的方法，哲学的方法。苏格拉底不是在传授什么知识和技能。苏格拉底的"产婆术"所追求的是，学习者从凝固的观念中解放出来，觉悟到

"无知之知",同学习者一起探讨事物之真理的行为。① 德国哲学家和教育家雅斯贝尔斯也认为,教育是存在的交流,是人与人主体间的精神交流活动,是人与人精神契合、思想得以传递的活动,而人与人的交往是双方(我与你)的对话与敞亮,因此,"对话是探索真理和自我认识的途径,是真理的敞亮和思想本身的实现。在对话中,人们可以发现所思之物的逻辑及存在的意义"②。

对教学活动而言,对话具有本体性意义。教学的最终目的在于促进学生的个性发展和社会性发展,这就离不开课堂上的交往和交流。对话是人生存和发展的基本形式,是影响学生发展的基本条件。对话能力的高低是衡量学生个体发展水平和成熟水平的重要标志。对话寓于教学的整个过程之中,这两者是统一的。对于教师的专业发展和学生的学习与发展来说,对话不是手段而是目的,它具有促进师生共同发展的教育学意义和社会学意义。对话是人获得本质规定性的基本条件。马克思认为,人的本质"在其现实性上,是一切社会关系的总和"。也就是说,人之为人的本质规定性,不是先天赋予的,而是在人与人的对话和交流的关系中形成的,对话是人获得一定社会性的基础和前提。人是社会中的人,社会性是人的本质属性之一。获得社会性是人的内在需要,从来不存在孤立的、抽象意义上的人,人只有在交流与对话的关系中才能成为社会性的人。

对话也是沟通教学世界和生活世界的重要方向。传统教学理论把学生视为客体,把教学活动看成教师对客体的改造活动,这是一种褊狭的观点。其根源在于,这种教学在潜意识当中把学生当作一般的客体,而不是有着独特生命活动的主体。实际上,人是有生命的主体,人是生活中的人,人有自身丰富多彩的生命活动,因而对人的教学,只能用人的方式去把握。教学是根植于生活的,教学与生活具有同构性。在对话教学视角下,师生关系已经不仅仅是一种知识交往关系,更是一种"生活关系",教师和学生在"生活"中以完整的人投入"活动"中,进行着对话、交流

① [日] 佐藤学:《学习的快乐——走向对话》,钟启泉译,教育科学出版社 2010 年版,第12 页。

② [德] 卡尔·雅斯贝尔斯:《什么是教育》,邹进译,三联书店 1991 年版,第 12 页。

与合作。教师与学生在创造他们新型对话关系的同时，也在体验、创造着他们的生活。对话的教学过程观，打破了教学与生活之间的"藩篱"，使教学不再局限于科学世界，而是延伸到生活世界之中，使教学走出了"书本世界"和"课堂世界"，走向了日常生活，教学开始关注学校教学的生活层面和社会的日常层面。对话的教学过程观，使教学世界成为了学生真正的生活世界。只有关注生活，教学才不是对人的机械的训练，才是真正的教学，才是对人的真正的教育。

另外，对话还可以形成良好的学习和研究氛围，既能使参加讨论的学生产生阅读和思考的动力，同时也能为参加讨论的教师提供进一步阅读和研究的压力。更为重要的是，真正平等的讨论和对话实质上是一种为了更恰当地认识问题而开展的智性活动，它是以个人理性存有限度、任何观点都存有局限，以及我们可以而且应当质疑任何既有前提或前设为其基本预设的。[①] 可见，师生之间真正平等的讨论、对话是以个人的理性局限为前提的，并不应受参与者的年龄、辈分和其他因素所干扰。

在当前的教学改革中，明智而负责任的教师应该确立对话的理念，告别"宣讲式"或"独白式"的教学方式，在教学中广泛开展讨论、对话的教学形式，并使之制度化。这是现时代教育精神的呼唤。

四 教学≠传授知识

教学活动与知识紧密相关。教学活动的一个基本任务就要传授知识，帮助学生掌握系统的知识。但据此把教学过程和传授知识画上等号，走向"唯知识论"，则是极端错误的。从根本上讲，教学是培养人的一种社会活动，意味着学生的成长，意味着学生在认知、情感、价值观、人格等方面的和谐发展。教学的目的是培养完整的人，而不仅仅意味着学生在知识、技能方面的进步，更不可以量化为考试与分数。苏霍姆林斯基曾经告诫人们：

---

① 邓正来：《学术讨论为什么缺位》，《东方早报》2005 年 1 月 28 日。

如果教师和学校舆论唯一地根据分数来给一个人做出好的或坏的结论，那他就不会努力去当一个好人。因为上课、掌握知识、分数——这只是人的精神生活的一个局部，只是许多领域中的一个领域。而偏偏在这个领域中，许多人会遇到巨大的困难和挫折。如果人的精神生活（而且是什么样的人啊，幼小的，非常娇嫩的，在兴趣、愿望和需要上都还极其脆弱的人）仅仅被局限在这个领域里，也就是说，他只能在掌握知识上、分数上表现自己，那么就会有失败和困难在等待他，使他的生活变成一种痛苦。①

把教学过程完全等同于知识的传授过程，这是"知识论"思维方式长期以来在人们教学观念中的反映，也是习惯于把原本为整体的事物分割为部分、方面的思维方法的表现。有教育学者对此进行了深刻的批判：

这种思维方式最根本的缺陷就在于它很容易把丰富复杂、变动不居的课堂教学过程简括为特殊的认识活动，把它从人整体的生命活动中抽象、隔离出来，从而使课堂教学生活变得机械、沉闷和程式化，缺乏生气与乐趣，使教师特别是学生的生命力在课堂生活中得不到充分发挥，甚至连传统课堂教学视为最主要的认识性任务也不可能得到完全和有效的实现。②

教学作为一种特殊的社会实践，绝不仅仅意味着获得知识的过程，它更应该是提升学生生活质量和生命价值与意义的过程。课堂生活是学生人生中的一段重要的生命经历，学生的大量时间是在课堂上度过的，因而，课堂生活质量的高低直接决定着学生的生命价值和生命意义的实现。从这个角度看，真正的课堂教学应该以提升学生的生命活力为重要目标，也正如有学者所提出的要"让课堂焕发生命的活力"。我们认为，要在课堂生

---

① 苏霍姆林斯基：《给教师的100条建议》，周蕖等译，天津人民出版社1981年版，第114页。
② 叶澜：《让课堂焕发出生命活力——论中小学教学改革的深化》，《教育研究》1997年第9期。

活中提升学生的生命活力，真正提升学生的课堂生活质量，最重要的就是要保护学生的课堂尊严。"尊严"一词是当今社会的时髦词汇之一，让人"过上体面、有尊严的生活"已成为当今社会生活的重要价值追求和衡量政治文明程度的重要标杆。尊严是人的基本需求之一。人立足于社会之中，在社会关系中生存，如果自身的存在与价值能够被社会、他人承认和尊重，一个人才能体面地生活，获得自尊。确立一种良好的自尊状态对一个人的生存有着重要的意义。一个人只有当他得到人们的肯定，当他自己的个性、他自己的自由与人性同样受到所有人的尊重、热爱、支持时，他才能真正地成为一个人。① 培根也指出："一个人的自尊自重是克服万恶的首要条件，而且它的重要性仅次于宗教。"②

当今，人们的权利意识日益高涨，社会正在走向文明进步，尊严已经成为现代人的重要精神诉求。当前课程改革中，我们之所以呼吁让学生过上有尊严的课堂生活，乃是因为课堂尊严之于学生具有无比重要的意义，它是实现学生自我成长、自我创造的基本条件，是学生能自由思考和学习的重要前提。尊严，应该是现代课堂所应具备的基本特征。课堂上，只有当学生得到充分的尊重，他才会很好地承认自我和肯定自身的价值，才会产生较强的自信心和表现欲。在课堂中，自信心和表现欲是学生自我发展的最大动力，它们对学生的课堂成长具有特别重要的意义。自信心为学生展现自我和进行自我创造提供最重要的动力。表现欲强的学生，敢于展现自我，彰显自己的个性，获得更多的机会，从而使自身内在的潜能得到最大限度地发挥。如果学生在课堂生活中，没有得到很好的自尊和尊重，他就认识不到自我的价值，往往缺乏充分的自信心和个人独立性，就不会积极主动地参与课堂教学中，从而丧失很多发展的机会。

可以说，有尊严的课堂生活，最重要的特征就是自由——自由地活动，自主地思考，自主地进行交往，自主地支配自己的身体，自主地表露自己的情感。现实课堂中，学生缺乏尊严的一个重要表现就是情感压抑和

① S. 卢克斯：《个人主义：分析与批判》，中国广播电视出版社1993年版，第52—53页。
② ［英］培根：《新大西岛》，商务印书馆1959年版，第25页。

情绪低落。学生的情绪体验本身，常常是度量学生课堂尊严的重要尺度。当学生在课堂上常常感受到被控制、被监督、被提问，他就不会感到轻松和愉悦，如果教师让学生整天处于惴惴不安、提心吊胆的心理状态，他对课堂生活没有期待和渴望，也就很难去体验课堂学习的成功和自信。

第二节　教师消极心态的改造

当前教学改革中，不少教师在内心深处滋生了比较严重的消极心态，他们常常喜欢痛斥周遭的环境与制度的恶劣，谴责校长缺乏有效的改革措施，抱怨自己的教学任务太重，慨叹所授课的班级规模太大，诉说家长如何不配合教师的工作……凡此种种，以至于难以保障教学质量。他们往往在这些外在的困难面前放弃了努力，随波逐流，在教学活动中陷于被动境地，成为不合理教学现实的奴隶。这些消极心态的存在，已经严重阻碍了教学改革的进一步深入。如果我们不对这些隐藏于教师内心深处的消极心态进行理性分析和深入批判，如果不在新的理念基础之上进行改造，教学改革就难以顺利推进。

一　克服现世主义心态

学校教育不是脱离社会而存在的，教育中的任何问题都可以找到社会和文化的根源。传统中国文化中，现世主义心态盛行。民国时期的林语堂曾对中国人的现世主义心态进行过形象的刻画，"老成温厚"、"遇事忍耐"、"消极避世"、"超脱老滑"、"和平主义"、"知足常乐"，谨慎而安分守己，幽默而爱好享受，恬淡而爱儿女家属……①这种现世主义心态，深受儒家伦理思想的影响，其表现在日常行为中，首先是"守礼"，恪守"做人"之道。有学者对儒家伦理中的重视"做人"的思想进行过深刻的揭示：

> 儒家的全部学问即在做人。从孔子的"一以贯之"的忠恕之道，

---

① 黎鸣：《中国人性分析报告》，中国社会科学出版社 2003 年版，第 83 页。

到孝悌为本，到"三畏"（畏天命，畏大人，畏圣人之言），到"四勿"（非礼勿视，非礼勿听，非礼勿言，非礼勿动），到最后的"君君臣臣父父子子"，到汉儒总结的"三纲五常"（三纲为"君为臣纲，父为子纲，夫为妻纲"，五常为"仁、义、礼、智、信"，又谓"父义、母慈、兄友、弟恭、子孝"），到宋儒总结的"圣人千万语，只是叫人明天理，灭人欲"（《诸子语类》卷十三），而"天理"即是"三纲五常"，即是"君君臣臣父父子子"，所有这一切，全都是在教人做人。教人做一个合乎自己角色身份的人……至今天，我们会明显地发现，愈是按照儒家的那一套教导人们去做人，人们愈是不像人。最后只剩下一个个非人的身份（或角色）的外衣或假面具：君、臣、师、父、兄、妻；天子、诸侯、大夫、士、庶民……而关联这些假面具的办法即是礼。①

传统文化中，重视做人而不重视做事，人们把更多精力用于"修身养性"，探求为人之道，"处世"哲学极为发达。在古代官场化的中国社会中，遵从儒家伦理做人很容易使"讲礼"变成了讲"面子"、讲"假话"，失去了真诚、缺乏信仰。时至今日，传统文化中奉行的一些"处世之道"仍为今人所津津乐道，包括一些教人做人的家书、家训一度流行，被很多人奉为处世宝典，甚至一些专门教人投机取巧、迎合奉承的"厚黑学"也被一些人奉为圭臬。② 现世主义心态下，人们往往是没有信仰观念的，所谓的信仰也不过是一些功利主义的迷信而已：

> 实际上在中华民族几千年来的文明历史中，宗教信仰的色彩本来就是非常单薄的。中国除了对祖先的崇拜之外，就是对非人格化的天和地以及他带有特定社会或人事的功利性象征意义的人格化的神（如

---

① 黎鸣：《中国人性分析报告》，中国社会科学出版社 2003 年版，第 304—305 页。
② 近代李宗吾编写的《厚黑学》，宣扬"脸皮要厚如城墙"，"心要黑如煤炭"，这样才能"成名"、"成功"。30 多年来，以厚黑学命名的相关中文书籍多达 200 本以上，几乎成为现代显学中的一种。厚黑学从某个角度反映了传统文化与处世哲学中的消极方面。

财神、土地神、寿星、送子观音等等）的祭祀，全都带有浓厚的功利性质。①

传统中国，人们有迷信而无信仰，"平时不烧香，临时抱佛脚"是对中国人缺乏信仰观念的真实写照。鲁迅所刻画的"无坚信"、"无特操"、"瞒和骗"、"做戏的虚无党"等，虽然不免刻薄，但却也揭示出中国传统文化中信仰的缺失。在此，无意全盘否定中国传统文化，而是表明中国传统文化裹挟着现世主义心态。现世主义心态下，我们常常会过于注重物质利益、缺乏教育信仰，缺乏对教学的理想与追求。为了求得个人的安全，我们宁愿屈从于不合理的环境而不愿意有所突破和改进。在现世主义心态支配下，我们也常常会考虑教学中的外在因素，常常会特别在意自己的"外在形象"，而不愿意以真实的自我投入教学生活中，不乐于帮助学生学习他们所想要和需要的东西，有时候甚至为了自己的面子，进行自我展示与炫耀，"向学生显示我有多聪明，向他们显示我知识多渊博，向他们显示我备课多认真"。② 这样的教学就是一场演出，其真实目标不是帮助学生学习，而是以此使他们对我们自身有一个好评价。当下教学生活中，教师的现世主义心态在很大程度上源于教师的恐惧。这种恐惧常常不是对自己专业不精的担忧，而是害怕自己的伪装被识破，"害怕学生看出我们的真面目，害怕被别人看出自己的能力不足，害怕暴露自己的不称职……"为了驱逐恐惧，我们就在讲台上学会了炫耀，学会了掩饰，学会了装腔作势，学会了怎样把学生绕进自己所设定的陷阱之中。可以说，当我们臣服于现实，成为一个纯粹的现世主义者，也就势必会在日常教学工作中，放逐自我，随波逐流，丧失了教学的理想和追求，最终也就难以体验到教学生活的意义和教师职业的幸福。

对教师而言，教学工作不仅是一种养家糊口的职业，更是一项负有价值引导和伦理关怀的神圣事业。要消解我们内心深处的现世主义心态，首

---

① 黎鸣：《中国人性分析报告》，中国社会科学出版社2003年版，第202页。

② ［美］帕克·帕尔默：《教学勇气——漫步教师心灵》，吴国珍等译，华东师范大学出版社2014年版，第22页。

先需要我们不断培育教学的理想。当然，我们不苛求所有教师都成为纯粹的理想主义者，因为作一个纯粹的理想主义者殊为不易，这需要超凡脱俗的气质和勇气，非常人所能及。但是对负有价值引导和教化使命的教师而言，我们至少应该在自己的内心对教学的未来有一种美好的期盼，有一种积极、乐观的心态，至少不应该使内心深处的理想之光彻底泯灭。正是因为有理想的存在，我们才会对教学生活中的种种弊病、束缚和教条有着痛彻的感受，并对学生充满深厚的情怀；我们才会承担起自己应有的责任，产生批判现实的勇气和改造现实的动力；我们也才有可能去积极思考、努力解决教学世界中所面对的真实问题，而不至于在日复一日的教学中"得过且过"。如果我们抛弃消极的情绪，不屈从于不合理的教学现实，向往着一种坚定的教学理想，并在教学理想的激励下不断地探索和思考，不断地塑造和改变着自己，那么，教学现实的改造就是可能的。相反，如果我们不是"反求诸己"，不是积极地改变自己的行为，而是一味地沉浸在抱怨和唠叨的消极情绪中，一味地要求教学现实和客观环境条件的改善，那么，现实教学的改造就是不可能的。当然，在改变教学现实的过程中，空有理想是不够的，我们还必须有行动的勇气和力量，必须有改变自我和创造新的现实的能力。

二 超越功利主义心态

不管我们对人性的优点持多么乐观的估计，我们也不能否认，人的自私性是存在的，人首先是一种利己的存在。对物欲的寻求、占有和享受是人的本能。对功利本身的承认实际上也就是对人之本性的承认。我们虽然不能完全否认"功利"追求本身对人生存的本体意义，但膨胀畸形的功利追求却像恶魔一样，它会吞噬人们的道德与良知、扭曲人的灵魂与人性。应该承认，在今天的工业化、现代化大潮中，随着物质生活的飞速改善，人们的功利心被极大地诱发出来了。在这种文化生态下，整个教育系统也难免受功利主义的熏陶和侵害。

（一）功利主义的表现

中国传统的教育文化观念中浸透着强烈的功利主义色彩。在传统中国社会中，"学而优则仕"、"金榜题名，光宗耀祖"、"衣锦还乡"成为很多读书人追求的人生目标。科举考试更是将古代教育功利主义思想推向极致，在社会上广泛形成了读书做官、做官发财的思想。宋真宗有一首"劝学诗"，流传深广，表露了读书人真实的心声：

> 富家不用买良田，书中自有千钟粟。
>
> 安房不用架高梁，书中自有黄金屋。
>
> 娶妻莫恨无良媒，书中自有颜如玉。
>
> 出门莫愁无人随，书中车马堕入簇。
>
> 男儿欲遂平生志，六经勤向窗前读。①

因而，对读书人来讲，求学、读书的目的不在于求得知识、探求真理，"学习的目的在于记诵，记诵的目的在于参加科举考试，考试的目的在于入仕为官，为官的目的在于光宗耀祖，取得一世的名誉"②。科举制度对中国社会的最大影响还制造了学历主义的价值观。这种功利主义、学历主义的价值观一直影响到今天。"读书做官"、"书中自有黄金屋，书中自有颜如玉"的思想普遍存在。升学的竞争，重视普通教育，轻视职业教育，追求高学历，不是与科举制度的学历主义一脉相承吗？③

当下中国，教育中的功利主义更是伴随着市场经济的发展而不断被放大，时至今日，功利主义已渗透到教育世界中的每个角落、每个层面。功利主义表现在教师的行为上，就是"过分强调目标的定向性和手段的有效性，只急'功'近'利'（how to get utility）而不究里（why）"④。它看到自己的"利益"，把"利益"当作自己行为的指南，主张有利就好、有利才干，具有典型的功利主义色彩。功利主义心态往往会诱发教师产生片面

---

① 转引自王炳照《中国古代书院》，商务印书馆 1998 年版，第 45 页。

② 黎鸣：《中国人性分析报告》，中国社会科学出版社 2003 年版，第 86 页。

③ 顾明远：《中国教育：路在何方》，《中国教育科学》，人民教育出版社 2014 年第 3 辑，第 6 页。

④ 徐继存：《教学技术化及其批判》，《教育理论与实践》2004 年第 2 期。

的教学价值观。譬如在教学目标方面，他们无视人的身心全面发展和可持续发展，重成才轻成人；在价值取向上，只顾眼前利益而无视长远利益，只顾经济利益而忽视道德伦理，只顾指标效益而忽视内在质量；在行为上，无视教育发展的基本规律，无视人的发展的基本规律，为了达到最终的结果而无视过程的公正性和手段的合理性。[1] 当前，功利主义心态已经嵌入很多教师的日常教学行为之中，使很多教师的教学行为打上明显的功利色彩。近些年不少教师热衷于"有偿家教"，就是一个典型例证。正如有关报道所揭示的，"有些教师为了挣些外快，有的亲自向学生暗示要课外补习，有的与其他班级的授课老师互相帮忙拉生源，极少数教师故意把一些问题留到'小班'上讲解……"[2] 毫无疑问，如此功利化、商业化的"有偿家教"必然会扭曲教师正当的教学行为，破坏正常的师生关系，这是教师功利主义心态的典型体现。

可见，在功利主义心态的驱使下，不少教师已经把教学工作本身当成谋求自身更大利益的一种手段和工具。而教师一旦把教学工作看成一种纯粹外在的功利需求，就很容易在获取个人利益的同时渐渐淡薄对本职工作的责任，渐渐失去师生交往中的纯净情感，使正当的教学行为偏离"教人向善"、"育人为善"的伦理特质。

（二）走出功利主义

要消解内心深处的功利主义心态，抵御功利化思潮，需要我们教师保持着清醒的头脑，需要唤醒内在的教学良知，并在教学良知的指引下大胆地行动。

"教学良知"是教师对自身教学行为和教学活动的道德认知，它影响着教师的教学认识，制约着教师行为的选择，影响着教师对教学效果的评判。当然，教学良知绝非教师的率性任意，绝非纯粹的自我确信，它有着丰富的现实的善的内容，蕴涵着对教学的理性把握，伴随着炽热的教学情感。教学良知不仅仅是教师内心的一种道德心理认知与体验，更是教师人

---

[1] 李德林、徐继存：《课程改革三问》，《教育学报》2007 年第 3 期。

[2] 魏振强：《"有偿家教"肥了教师苦了家长》，《安徽日报》2004 年 4 月 9 日。

生价值的目标体系，它是以教师内在独特的教学理想、信念作为支撑的。正是由于教学良知的驱使，许多教师在不合理的教学现实下，仍然坚守着自己的教学理念，承担着自己应有的责任，并以极大的热情和勇气来提升自身的教学水平，向着有利于学生发展的方向改进。

因为教学良知在教师日常教学活动和教学行为中会自发地产生作用，所以教学也常常被认为是一个"良心活"，但也正是由于教学良知是内隐的，它深深隐藏在每一个教师的内心，所以它常常被遮蔽，而轻易不会察觉。教学良知需要的是教师对教学工作和教师职业的深情投入作支撑的。苏霍姆林斯基认为，这种情感最重要的就是对学生的"爱"。在他看来，"教师一个最主要又是最重的品质就是：深深热爱孩子，有跟孩子们在一起的内在需求，有深刻的人道精神，有深入到儿童精神世界中去并了解和觉察每个学生的个性和个人特点的能力。""一个人只有在他去爱人们的时候才能成为人。""要成为孩子的真正教育者，就要把自己的心奉献给他们。"①

要反抗功利化思潮，抵制功利主义心态，不仅需要我们对教学工作怀有深厚情感，更需要我们将教学的良知转化为教学的行动。社会的变革不是在人们头脑中进行的，不是"书斋里的革命"，而是在丰富而具体的实践中展开的。当萨特这个干瘦的老头在 1968 年的"五月风暴"中走上巴黎街头散发传单，充满激情地冲在游行队伍的最前列，与学生一起抗议社会的压迫与不公正的时候，我们感到，这种行动的精神和力量远比他精髓的思想本身更具魅力，更能让我们触摸到社会变革的力量。教学良知也应该体现为教师对教学改造的"行动主义"的追求，体现为对不合理教学常规的大胆突破和创新上，表现为对自己消极教学习惯的不断克服和改造中。毫无疑问，我们不能改变社会，但可以改变自己的课堂。毕竟，在课堂上我们就是自己行为的主宰，就是引导学生发展的决定力量。在力所能及的范围内，如果我们不去尝试进行突破，不愿突破自身原有的教学行为和教学模式，不能改变自己的课堂现状，那么我们就将沦为教学改革的保守力量。

---

① ［苏］苏霍姆林斯基：《给教师的建议》，教育科学出版社 1983 年版，第 128 页。

三 摒弃犬儒主义心态

犬儒主义（Cynicism）是个外来词，最早指的是古希腊的一个哲学流派，其代表人物是西诺普的狄奥根尼（Diogenes of Sinopec）。他蜗居于广场上的木桶里，以幻觉中的精神胜利来麻醉自己在现实中的失败感。后来人们通常将犬儒主义理解为讥诮嘲讽、愤世嫉俗、玩世不恭。犬儒主义心态会使人们在生活中对工作没有激情，对现实没有抗拒，对自我放任，成为随波逐流的机会主义者，进而以玩世不恭的态度来应对外界与自我，并彻底放弃自身的独立价值和主体意识，沦为世俗和功利的奴隶。

（一）犬儒主义心态的表现

在不合理教育体制束缚下，当很多教师发现凭自己一己之力根本无法改变身边的教学环境时，就可能会转而放弃对美好价值的追求，失去批判和反抗教学现实的勇气和信心。于是，回避现实与逃避自由成为不少教师最自然的选择。正如帕尔默描述，很多教师为了教学上的"安全"，回避一切风险，渐渐把自己装进套子里——"为了避免与教师正面交锋，学生埋头于笔记本中并保持沉默；为了避免与学生正面交锋，教师可以躲在他们的讲台、资历证书和权力后面；为了避免和同事正面交锋，教师可以躲在他们的学术专长后面。"① 当他们完全屈从于现实，就必然会在教学生活中失去自我、丧失个性和泯灭应有的主体性，成为彻底的犬儒主义者。不容回避的是，在当前政治体制和教育体制下，犬儒主义的心态已经深深嵌入很多教师的日常生存状态和心态之中。

直面现实，我们会发现，犬儒主义心态在当前教学生活中有很多"鲜活"的表现：如，很多教师可以为了微小物质利益而放弃自己的独立人格和尊严；可以卑微地屈从于不合理的学校教学规章，却从不敢提出建设性的改进建议；可以一边道貌岸然地对学生进行着道德说教，另一边却以玩世不恭的心态嘲弄、讥讽社会生活中的种种善行……"世界既是一场大荒

---

① ［美］帕克·帕尔默：《教学勇气——漫步教师心灵》，吴国珍等译，华东师范大学出版社2014年版，第32页。

谬、大玩笑，我亦唯有以荒谬和玩笑对待之"。这是对犬儒主义者最真实的写照。犬儒主义心态下，教师在教学现实中看不到自身的潜在力量，把自我装进一个"套子"里，只是被动适应而不会主动选择，以颓废的情绪来对待自己的工作，产生更多的不满和抱怨而丧失了前进和改革的勇气。犬儒主义心态之下人们放弃责任，贬抑自我，失去个性。现实教学实践中，很多教师就是由于甩掉责任的包袱而不愿承担，摆脱责任或许有了某种"安全感"，但也因此很容易压抑自我，丧失个性，成为"套子里的人"，最终失去变革教学的勇气。这正如鲁迅所批判的，几千年来中国社会只有个体的压抑、个体的泯灭，而没有个体的"自大"。

（二）犬儒主义心态的消除

经常对教学现实进行抱怨是教师成长的最大障碍，也会因而消解教师积极的教学情感。我们倘若要对自己的教学行为负责，就应该敢于直面现实中的难题，减少对教学现实的抱怨，承担自己的责任，避免"责任病毒"① 的侵袭。

教师职业是一个备受困扰的职业，很多教师常常会面对自己确实是用心、努力地教学，但却难以改进或教学成绩不佳，这时候往往最容易出现的行为就是抱怨学生，譬如，"我的学生不爱学习"、"班级的学风太差了"、"学生没有问题意识，不喜欢提问题"、"学生的素质真是一代不如一代"。有学者分析了"责备"背后的心理学，"在任何受困扰的职业中，责备当事人是惯有的防卫手段，而且这些陈词滥调方便地减轻了我们对学生问题应负的一切责任——或者说减轻了解决学生问题的责任。"② 抱怨的心理状态会使教师卸下教学责任的同时，也放弃了去理性的思考和分析自身

---

① "责任病毒"概念是美国管理学家罗杰·马丁（Roger Martin，2002）提出来的。他认为，在企业管理中，导致失败的有两种病毒，这两种病毒都与责任相关，因此被称为责任病毒：一种是责任过重——承担过多不属于自己的责任；另一种是责任过轻——因害怕失败而不敢承担责任。责任过重源于"认定成功有赖于一个人的责任"，这就导致部下纷纷甩手不干，最后，越来越艰巨的工作压在领导肩上，事情也就无法做成。责任过轻的原因在于"整天想着成功与否事不关己"，只巴望着他人而忘却匹夫之责，渐渐地也就觉得自己孱弱无能，结果是一个难题也解决不了。（《学校领导的道德使命》，第21—22页）

② ［美］帕克·帕尔默：《教学勇气——漫步教师心灵》，吴国珍等译，华东师范大学出版社2014年版，第35页。

教学出现问题的主观原因。事实上,在现实教学关系中,学生既是因,也是果,既会影响甚至阻碍教学的改进,同时又是我们课堂教学塑造的结果。很大程度上是我们的教学态度、教学行为和教学模式造就了这样的学生。一个简单的逻辑:课堂上学生不喜欢提问题,并不意味着学生真的没有问题意识或不会提出问题,更多的是惧于教师的权威、不支持的态度和曾经的消极评价而不敢、不愿意或不屑于提问题。可以说,没有问题的学生,很大程度上是我们自己塑造的,我们反过来再去责备、抱怨和批评这些无辜的学生,我们是否会感到于心不忍?在教学改革中,改变自己的心态,需要新的视角来观察和看待学生。当我们开始理解学生的时候,当我们不再消极、自私地评价学生,并设身处地地关心学生的时候,学生就会朝着我们预期的方向转变了,变得活跃、有兴趣,对学习的投入增加了,我们的教学就可能改进了。帕尔默的比喻很形象,"好的教学是对学生的一种亲切款待,而亲切的款待往往让主人比客人受益更多"①。我们对学生的理解、宽容和热情会让我们赢得学生的同样对待,"助人者自助",我们在教学中的努力付出都会收到加倍的回报。这就是教学的互动原理。

今天,我们要克服犬儒主义心态,正需要内心保留一份"个体的自大",需要倡导一种积极的"个人主义"(individualism)情绪和行为。这种"个人主义"正如波普尔所描述的,首先,是"爱自由而又负责任"②。责任与自由是同一个问题的两个方面。"爱自由而负责任,敢批判而勇证伪,乐宽容而能斗争",这构成了波普尔所谓开放社会中理想的人的基本素质。这种个人主义正是对个人责任的担当而不是犬儒主义的逃避。能够进行个人选择的人应该是有自由意识的人,而自由即意味着责任,亦即对自己的选择及其产生的各种后果负责。要张扬"个人主义",就需要教师大胆展现自己的"教学个性"。教学个性是教师的个性、主体性在教学活动中的集中展现,也是教学创造性和艺术性的集中体现。教学个性集中体现着教师个体独特的备课方式、教学艺术以及师生交流方式等方面。毫无

---

① [美]帕克·帕尔默:《教学勇气——漫步教师心灵》,吴国珍等译,华东师范大学出版社2014年版,第44页。

② 王晓林:《证伪之维——重读波普尔》,人民出版社1998年版,第173页。

疑问，教师是课堂教学生活的主要塑造者，是课堂教学的主导力量。明智的教师要时刻对不合理的教学规范保持警醒，对不合理的教学规范始终保持批判的视野。当然，只有对教学本性有着深刻的理解，教师才能具有超越的胸怀；只有对教学本性有着理性的认识，教师才能在不合理的教学规范面前保持批判反思的态度，才能在课堂上坚守自己独立的判断，才能有信心坚守自己的教学行为，最终才能形成自己独特的"教学个性"。

其次，要张扬"个人主义"，更需要我们鼓起自己的"教学勇气"。教学勇气在于"有勇气保持心灵的开放，即使力不从心也能够坚持"①。即是说，教师要敢于在教学生活中追求真实、坚持真理，要对个体精神自由的状态保持敬畏和维护。现实中犬儒主义心态之所以存在，一个重要原因就是教师自身放弃了对个体精神自由的寻求，从而导致教学勇气缺乏。教学勇气匮乏的结果，是教师不能面对真实的教学，无法表现真实的自我和展现自己的个性。教师如何坚守和追寻个体精神的自由？阿伦特认为，实践的生活高于沉思的生活，人要积极地行动，而非沉浸于思想的海洋中，因为人的精神自由是在行动中实现的，"在所有人类生活的能力和潜能中，只有行动关涉自由……"②也就是说，教师个体精神自由体现在教师的行动中，体现在教师对自身日常教学行为的改造中。教师要想成为真正精神自由的人，鼓起坚定的教学勇气，彻底摆脱"犬儒主义"心态，就必须大胆改造教学，勇敢地批判自我和改造自我。只有这样，教师才能成为真正自由的人。

第三节　教师专业生活的优化

要提升自己的教学技艺，改进我们的课堂教学，既需要反思我们的教学观念，增进教育学的理解，也需要不断学习与交流，就需要过一种充足、丰富的专业生活。对教师而言，没有专业生活的纯粹的职业人生是可

---

① ［美］帕克·帕尔默：《教学勇气——漫步教师心灵》，吴国珍等译，华东师范大学出版社2014年版，第11页。

② ［美］汉娜·阿伦特：《人的条件》，竺乾威译，上海人民出版社1999年版，第180页。

悲的，缺乏同行交流与对话的职业生活也会逐渐使教师在工作中走向贫乏和单调。在学校内部，构建和形成融洽、和谐、平等的专业学习共同体是推动教学改革的最重要的驱动力量，是点燃学校教学改革的引擎。

一　教师的三度生活空间

社会上，有少数人往往只有日常生活，没有自己的职业生活（如失业或无业者）；大部分人既要过日常生活，也有一份自己的工作，进行着职业生活；也有一部分人，他身处职场之中，不但过职业的生活，还有专业发展的需求，生活于专业共同体之中，进行着专业的生活。其中，教师就是后者。可以说，日常生活、职业生活和专业生活，构成了教师的三维生活空间。

（一）日常生活

一个人不管从事何种职业，都不可能脱离日常生活而生存，除非你决定做一个在孤岛上生活的"罗宾孙"。教师一生也都必须置身于日常生活中。在日常生活中，教师是社会的普通一员，我们要维系一定的社会关系，满足衣食住行基本需要，开展必要的休闲娱乐活动。这些是教师日常生活的重要内容。但在真实的生活中，"不如意者，十之八九"。这种不如意产生于一些偶发的生活事件给我们带来的焦虑、压力和内心的冲突。日常生活在为教师的生存提供安全感和满足感的同时，却又容易使教师沉湎于重复性的、机械性的生存模式中，不利于教师的职业生存和专业成长。因而，教师需要确定一种健康的生活态度，养成积极的生活方式，提升自己的生存质量与生命质量，以有益于自己的教育生活。作为具有职业进取精神的教师，既要居于日常生活之中，又要超越一定的日常生活，使日常生活助益于自己的职业发展和专业成长。

（二）职业生活

教师职业生活首先是一种劳作的生活。在社会化分工的时代背景下，职业生活是人谋生的手段和工具，教师通过职业生活获得一定社会报酬，满足基本的日常生活需要和享受。"为稻粱谋"不是贬低教师职业和工作的价值，因为职业生活中的教师首先也是现实的人，是凭借特定的职业技能生存的人。但在职场浸润已久，伴随重复性的职业行为，人就很容易逐渐丧失其文化人类学"陌生人"的角色，失去对教学现实的敏感性和观察力，而将自身日常教学行为"习惯化"。日复一日的教学劳作、严密的科层式管理，很容易使教师滋生职业倦怠感，原有的激情会渐渐淡去。如果我们甘于庸常的职业生活而不觉察，则会逐渐丧失教学激情，泯灭教学的理想。没有了思想、职业的敏感和职业的理想与追求，教师的职业行为或许就仅仅是一种习惯的延续和行为的维持，就很难称得上是专业的行为。我们拥有教师职业生活，但我们的工作或许就凭着我们的经验，"二十年职业生活或许就是二十年教学经验的维持，就是一年工作的二十年重复"。我们从事着所谓"高尚"的职业，但是我们可能没有高贵的精神，过着日复一日的劳作生活，进行着非专业的教学活动。

（三）专业生活

弗洛伊德认为，人格的构成中有本我、自我和超我。人既有现实性的一面，也有超越性的一面。人不仅是物质的存在，也是精神的存在；生存于社会生活中的人既有功利化的追求，也有超越世俗的需要。在职业生活中，教师在职业劳作之外，也有专业进取和自我完善的需要。专业生活是一种精神的生活，是教师在专业共同体中进行的超越世俗的专业探讨与学术交流。教师要过专业的生活必须有专业的态度（认同）、专业的知识、专业的精神（境界）。这就是说，教师必须端正自己的教学态度，增进对教学的正确认识，摆正自己的教学立场。在此基础上，教师还需要打开封闭的自我，融入专业共同体中，进行学术的交流。在良好的专业生活共同体中，教师能超越现实功利的羁绊，在思想交流中舒缓来自现实生活的压力，充实自己的教学理解，增进教学的智慧，培养对教学的情感，拓展自己的精神世界，彰显生命存在的价值与意义。教师倘若被物质主义和功利主义所俘获，就不可能享有真正的专业生活。

二　教师专业生活的特点

（一）教师的专业生活是一种"智力生活"

学校应该是智力活动彰显的世界，是人的智力活跃、活泼、生动、自由地伸展的地方。在教学生活中，几乎没有一件事情是教师可以不经过智力活动而进行的。为什么而教？教什么？怎样教？这都需要运用我们的智慧，需要我们思考、体悟。教学生活总是伴随教师的智力活动进行的，我们需要与学生交流、与同事交流，需要对教育现象进行辨析，需要解决教学现实中的诸多矛盾和冲突，这都需要我们对教育学的理解和进行教育学的思考。教学生活也是教师不断行动的过程，教师的行动和反思就在于不断地识别对某个具体的孩子或一群孩子来说什么是好的、恰当的，什么是不好的、不恰当的。可以说，教学生活是"一个不断地进行阐释性思考和行动的实践——这既是对教师来说，同时也是对于孩子们而言的"①。智力的生活也是反思的生活。苏格拉底说过"未经反思的人生是不值得过的"。教师的教学过程应该是一种研究的过程，是基于自身生活体验的研究过程，也是进行教育学反思的过程。教师在反思中，形成教育学认识，达到教育学理解，生成教育学智慧。

（二）教师的专业生活是一种"情感生活"

情感是一个内含丰富却也相当模糊的概念，缺乏一个众所公认和采用的定义。在日常生活中，我们在使用情感这一术语时，它往往笼统地指涉和涵盖感情、情绪、体验、感受等一系列心理现象。《心理学大辞典》中对情感是这样界定的，"情感是人对客观事物是否满足自己的需要而产生的态度体验"。人不仅是理性的存在，也是情感的存在。教学生活既是一种理智的生活，也是一种情感的生活——师生之间、生生之间感情的交流、情绪的感染。教学生活中情感居于重要地位，没有情感的教学生活是枯燥的、干瘪的，情感充沛的课堂才是生命的课堂。

课堂教学中，一个优秀教师的魅力不仅来源于渊博的知识、出色的才能、精湛的技艺，还必须拥有充沛的情感。只有智力的投入而没有情感投入的教师不可能引导学生的全面成长。情感是课堂教学的黏合剂。课堂上教师干巴巴的说教，枯燥乏味，学生听起来会昏昏欲睡，甚至产生抵触情

---

① 马克斯·范梅南：《教学机智：教育智慧的意蕴》，李树英译，教育科学出版社2001年版，第81页。

绪和课堂厌倦。因为即使是知识的传授和记忆也需要学生的兴趣和学习投入，乏味的课堂环境会使知识学习的效率大大降低，影响教学的效果。另外，教师的情感也会拉近师生之间的距离，增进学生对教师的信任，学生就会对教师敞开心扉，开展真正的对话和交流。教师在课堂上投入自己的情感，真心热爱学生、真诚地关怀学生、用心去倾听学生，成为学生的知己，将会在提升教学效益的同时不断提升自己教学生活的质量。

（三）教师的专业生活是一种"精神生活"

人是有生命的，彰显人的生命最重要的就是人有精神生活。"精神世界"作为人类特有的东西，在纷繁复杂的教学现象中具有决定性作用，忽视了精神世界这个重要的因素，我们就很难真正理解现实教学境遇中的教师及其教学生活、教学感受、教学思想，也就无法理解教学的实际存在和真实运行①。教学过程就是提升学生的生命价值，促进学生的生命成长，彰显学生生命意义的过程。教学的精神生活在很大程度上决定了教学活动的层次和质量。由于教师是教学的主导，教学的精神生活在某种意义上也就取决于教师的精神世界②。我们离不开教师工作，不是因为它能给我们提供物质和生存的条件，我们不是为职业而生存，我们所做的一切，是为了更好地完满我们的"精神世界"，彰显生命的价值和意义。在这个精神世界里，包括教师教育的理想、教师的教育良知和善良品质。

三 提升自己的专业生活

作为教师，如何才能使自己过上专业的生活？这既是一理论课题，也是一个摆在广大教师面前的现实问题。

（一）平衡日常生活和职业生活

教师作为个体，要扮演多种不同角色，承担多重任务，成功的专业生活首先要学会"在一个多变的环境里建立甚至更多的联系"，平衡我们的教学生活和外部世界。一个人的工作与生活的其他面相之间，本来就是环

---

① 徐继存：《教学生活的精神意蕴》，《课程·教材·教法》2012年第3期。
② 同上。

环相扣的，是交融互渗的。平衡教学生活与日常生活的关系，比较重要的就是要学会主动去营造和构建良好的人际关系环境。人是容易受环境影响和感染的。当缺少高质量的人际关系时，教师的专业生活和专业发展就会缺乏重要的动力。作为具有专业进取意识的教师，如果没有一种信赖的关系（与家长、与同事、与学生、校长），就没有自身专业发展的支持力量，没有同伴对改革的支持、包容，也就会不断消磨掉自己专业发展的动力和教学改革的斗志。日常生活中的教师，要学会处理人际关系，创造融洽、包容性和支持性的人际关系环境，为自身的专业生活和专业发展提供正能量。也如富兰所说的，"没有一种信赖关系，人最多只是去做与自己的薪水相应的工作；有信赖关系，他们会使你的投入有翻倍收益的同时付出额外的努力。说得更明了一点，要实现根本性变革，我们需要有超出金钱以外的资源。"① 这种资源最重要的就是人际间的信赖关系。家庭关系是最重要的人际关系。人不可能在破裂的家庭和紧张的关系的基础上取得教学改革的成功，"生活得比较好的人也会领导得比较好"（卡普兰，1991），家庭生活的不和谐、家庭之间的间隙、矛盾势必会反映和影响到专业生活。家庭关系处理得比较好的人，在工作中也常常善于处理各种关系，为自己的工作提供助力。作为教师，发展自己的专业生活并不意味着以牺牲家庭生活为代价，或无视、抛弃对家庭的应有责任。明智的教师，应该"结束工作与家庭之间的战争"，不要使日常生活与职业生活、专业生活成为此消彼长的关系，而要使其互相促进、互相完善，互补共赢。

（二）反思日常生活经验

教师的日常生活与职业生活、专业生活是紧密联系、不可分割的。日常生活是教师生存的根基。人既是自然的人，也是社会关系的人，人不能离开现实的生活。日常生活的经验之于教师是非常重要的，教师必须立基于现实的生活世界中，从日常生活中获得常识、增长经验和生发智慧。日常生活为教师提供对职业生活富有价值的社会实践经验，教师也正是在丰富的社会实践经验基础上不断开掘和发展自己的教学认识。教育的对象是

---

① ［加］迈克尔·富兰：《变革的力量——深度变革》，教育科学出版社2004年版，第49页。

人，教育学是人学，是社会之学。教育学不仅仅是学校里的学问，也关涉我们的日常生活。日常生活中的很多事件都是具有教育学意味的，是需要我们阐发教育学的理解，开展教育学的思考和付诸教育学行动的。这一点是教师职业和与其他职业不同的地方。有些以教师为职业的父母，将抚养孩子看成是一项单纯的工作，甚至是一项负担、一个麻烦，会觉得"看孩子"会耽误、浪费自己的工作时间，影响对教学工作的投入。事实上，这样的认识是褊狭的，是缺乏教育学领悟的。因为对教师来讲，家庭生活应该是我们职业生活和专业生活的最重要支点。抚养孩子的过程本身也就是在践行教育学的过程，就是在进行教育学行动的过程。有智慧的教师，会通过与孩子的交往和通过对孩子的观察，进行教育学的研究。正如现象教育学的倡导者范梅南所指出的，"我们日常与孩子们的相处，我们的实践活动，是我们对教育学进行反思乃至形成教育理论的起点。"① "只有在与孩子们共同生活中受到启发的条件下才能真正提出教育学的本质问题"。②因而，作为教师，如果想提升我们的教育学理解，就没有理由贬低家庭生活的意义，而应该学会珍惜家庭生活，尤其是要在于孩子交往、交流中增进我们的教育学知识，以促进我们的职业生活，优化我们的专业生活。

（三）构建"同僚性"专业学习共同体

在我们习以为常的教育概念中，学生的天职在于学习，而似乎作为教育者的教师就可以免去学。事实上，学习是包括教师在内的任何一个社会个体都必须要面对和必须去从事的一项特殊的实践。长期以来，学习之于人存在的本体价值没有为人们所认识到，很多教师在职业生活中也没有形成自觉的学习意识和学习观念。在教学生活的职业旅途中，我们同新的世界相遇，同新的他人相遇，同新的自身相遇；在教学生活旅途中，我们同新的世界对话，同新的他人对话，同新的自身对话，因此，学习的实践就是对话的实践——交流、交往的实践。学习，不仅引导我们从独白的世界

---

① ［加］马克斯·范梅南：《教学机智：教育智慧的意蕴》，李树英译，教育科学出版社2001年版，第251页。

② ［加］马科斯·范梅南：《生活体验研究——人文科学视野中的教育学》，宋广文等译，教育科学出版社2003年版，第55页。

走向交往的世界，而且通过这种对话性交往实践，促进教师的专业发展。

教师职业生活中的学习，是教师职业的本体要求，这种学习不仅是一种对话性活动，也是一种合作性活动。学校不仅是儿童们合作的互相学习的地方，也是教师们作为教育专家合作的互相学习的场域。教学是一项合作的事业，是一项需要交流的工作，教师需要在合作、互动、共享中实现专业的发展。教师需要从个人主义的教学文化束缚中解放出来，促进与他人（同事、专家、学生、家长）的团结与协作，实现合作性实践（collaborative practice）。学校是教师实现合作的场域，共同的教学经验、相似的教学生活和相通的职业发展需求，为合作的开展提供契机和动力。教师合作学习的最好途径是组建"学习共同体"。教师的专业学习共同体是教师基于共同的目标和兴趣而自行组织的，旨在通过合作、交流、研讨和互助活动来促进教师专业成长。创建学习共同体不仅是教师专业发展的需要，也是现代学校改革成功的重要步骤。

当前很多学校中，"个人主义"教学文化弥漫，不利于教师专业共同体的构建，阻碍了教师专业发展，影响了学校教学的改革和创新。或许，教学是所有公共服务中最个人化的专业。佐藤学也阐述过类似的观点：

> 虽然教师都是在学生面前进行教学，但是似乎教学几乎总是像独奏一样，永远在同事的眼光以外，而不像外科医生或法庭律师等职业那样，他们经常要在对他们的行业了如指掌的同事的眼皮底下工作。律师在其他律师面前争论案件，在那里，所有人能清晰地看见他们的技巧和知识的差距，水平高低一目了然。外科医生在专家的注视下操作，要是手在手术时颤抖一下，马上就会被人们发现，使这种失当行为不大可能发生。但是教师可以在人体内遗留下海绵或错误地切断人的四肢，而除了受害人，并没有别的目击者。①

---

① ［美］帕克·帕尔默：《教学勇气——漫步教师心灵》，吴国珍等译，华东师范大学出版社2014年版，第136页。

　　课堂因此被形象地称为"教育的后宫"（pedagogical harem）。① 在课堂的后宫里面，每一位教师都是孤立、分散的工作者，把同事关在门庭之外，谢绝他人的关注，自己我行我素。走出教室之后，我们与同事之间除了日常生活和简单的工作交流之外，并不会交流教室里发生了什么，我们会避谈自己的教学方法和教学经验，以及自己的课堂可以改进和需要改进的地方。作为中小学教师，我们似乎并不习惯与同事探讨教学中遇到的共同问题，不愿意与同事在教学上进行分享，当然更不愿意在同事面前暴露自己的缺陷和教学的失败。

　　对自身个人主义的教学方式，我们大部分教师是无意识的，"我们不仅不称其为孤立主义并努力克服之，反而美其名曰'教学自由'：我的教室就是我的城堡，其他封地的君王一概不欢迎。"② 当前教学生活中，我们很多教师似乎都深处孤立主义的职业生存状态中，很少有人会对此进行清醒的自我反思。可以说，这种个人主义教学文化是教师专业发展的最大阻碍，是当前教学事业发展和教学改革难以推动的重要障碍。教师之间缺乏专业交流、彼此孤立的工作方式，也经常会造成教师之间人际关系的紧张、矛盾和对立，使学校成为一个没有团结、缺乏凝聚力和失去共同愿景的涣散的社会组织，也就是文化学者哈格里夫斯所称的学校被"巴尔干化"（Balkanisation）③。

　　学校生活中，要消除孤立主义的生存方式和个人主义的教学文化，构建学校专业共同体，教师首先要有开放的心态，打破封闭的教室之门，既要允许其他教师走进自己的课堂，也积极观摩其他教师的课堂。任何行业中，人的专业成长都离不开经验的分享和交流，离不开彼此的模仿与学

---

　　① 斯坦福大学教育史研究者戴维·泰亚克（David Tyack）发现，小学中校长大多由男性教师担任，每个教室成为密室般的封闭空间，在这些密室里居住着女性教师，每个女性教师只同校长联络，因而他们之间的关系毫不融洽，这种现象犹如皇宫之中的后宫，人与人之间隔阂、对立，矛盾和冲突不断。

　　② ［美］帕克·帕尔默：《教学勇气——漫步教师心灵》，吴国珍等译，华东师范大学出版社2014年版，第136页。

　　③ "巴尔干"是一个历史、地理学的名词，专指欧洲巴尔干半岛。由于民族矛盾、宗教冲突、意识形态分歧和边界纠纷等棘手问题互相影响，盘根错节，巴尔干半岛也被称为欧洲"火药库"。

习，离不开与同事的合作、互助。作为教师，听课、观摩和交流是自身专业成长必要的，尤其对初任教师而言。如果关起门来教书，任何一名教师都不可能在教学上得到很快的提升。课堂是教师团队齐心协力实现每一个学生成长和学习的场所，而不是教师私有化的领地，因此"作为公立学校的教师，无论怎样出色的工作，每年从不向同僚上自己的公开课的，是很难让人敢苟同的"①。佐藤学 30 年间考察了 1000 多所学校的教学改革，得出这样的结论：在推进学校共同体的建构过程中，改革的中轴是培养教师作为专家的"同僚性"，作为共同体的教师，需要开展校本研修必须从"教育专家"转型为"学习专家"。

佐藤学还通过观察大量的案例，发现这样一个规律性的事实：作为中小学教师，每年至少要上两次公开课，以积累课例研究的经验，才能不断促进自己的专业成长；而一名初任教师要成为教学专家，则至少需要开展 100 次左右的教学观摩和课例研究与研讨。如果教师参加的课堂观摩和课例研究太少，就不足以对自我教学实践进行透彻的反思，不足以积累丰富的教学实践智慧。当然，对于教师专业的提升，仅仅有参加校本教研的次数也还是不够的，还需要参与方式的转变。教学观摩和课例研究作为校本研修的重要方式，也需要重新定位。在传统的教学观摩与研讨中，常常出现执教者与观摩者之间"观摩与被观摩"的单向权力关系。② 在这种关系中，观摩者处于旁观者的角色，对执教者进行"围观"，不断提出自己"英明"建议和改进教学的策略，甚至是吹毛求疵地挑毛病；而执教者则毫无防备，面对压力和批评，常常无所适从，经常会降低自己的自信心。在现实教学生活中，这种"围观与被围观"的关系是很多教师厌恶、抵触公开课的重要原因。一般来说，教师并不善于向同事学习，"文人相轻"，往往是因为教师之间没有构筑起彼此尊重各自工作，没有形成合作探讨的关系。佐藤学的观点也给我们开展校本研修，构筑融洽的教师文化提供了有价值的启示。在校本研修中，我们要摒弃那种高高在上的"建议者"和

① ［日］佐藤学：《学校的挑战——创建学习共同体》，钟启泉译，华东师范大学出版社 2010 年版，第 167 页。

② 同上书，第 2 页。

"批评者"的心态，展现自身平等谦和学习者身份，与同事就教学问题展开交流。作为同事，我们在观摩教学时，不应该一味地从旁观者立场提出各种教学的建议，我们观摩的目的不在于给别人指导，以显示自己的英明和别人的愚蠢，重点也不是比较哪一种教法或教学设计更好，而应该是基于当时的教学情境，思考自己的教学问题，让自己有所感受和收获，促进自己的教学行动与改变。

第四节　教学自由的追求

教学制度只是教学活动开展的外在规范，不是教学价值实现的最终根据。教学价值从根本上说是通过教师的教学操作实现的。如果教师仅仅按部就班、规规矩矩地遵照教学制度的要求实施教学，这样的教学境界绝不是我们要追求的理想。教师自身的德性、心灵与行动，从根本上决定着教学活动的质量和水平，决定着教学价值实现的程度。因而，在教学改革中，我们需要对自身的主体性、能动性有充分的自觉，充分意识到我们内在的潜能，激发内心的教学勇气，才有可能从对规范的屈从中超越出来，实现真正的教学自由。

一　教师德性的彰显

学校是一个特殊的场域，教学是一项特殊的职业。教学活动中，遵守教学规范并不是我们的最终目的，而是为了达到教学规范所指向的理想教学形态。"如果在规范之上没有一些当我们能够自由行事时愿意去做的事情，那么，规范就变成无所谓的了——我们必须意识到，规范就其本身而言没有价值，我们不可能为规范而规范，不可能因为仅仅遵守了规范而乐不可支。"[1] 教学活动除了要遵循一定的教学制度规范外，还有具有更高价值和意义的东西需要寻求，这决不可能依赖于制度，更要取决于教师的个

---

① 赵汀阳：《论可能生活——一种关于幸福和公正的理论》，中国人民大学出版社 2004 年版，第 225 页。

人德性和素养。从某种程度上说，教师的个人德性和素养是推进教学活动，提升教学境界的主要动力，是激发和产生教学热情的源泉。

德性是一个人内在道德精神和品质的展现，亚里士多德认为，一个人的"那些被称赞的或可贵的品质就是德性"①。德性内在于人的心灵，往往不是外显的，为个体内在的具有，也常常表现出来，表现出人的德行。德性对人的约束不同于外在的制度，德性是自觉、自发地指引人的行为，而制度更多是要求和服从。正如有学者所指出的，"从规范与行为者的关系看，制度在形式上表现为'你应当'（You ought to）之类的社会约束。相对于此，德性则首先以'我应当'（I ought to）为命令形式。一般来讲，制度是一种规范化、定型化的正式行为方式与交往结构，是指"各种带有惩罚措施，能对人们的行为产生规范影响的规则"②。在变动不居的复杂的教学活动中，面对新的教学情况的出现，面对动态的教学情境，有些教学规范经常显得不适用、不得力；而教师德性是教师个体的能动品质，这种品质使教师能够自主的选择或做出正确的行为。麦金太尔曾经谈到这样一些情形，"在这些情形下，现存的法律不能提供任何清楚的答案，或者，也许根本就没有任何答案。在这些情况中，法官也缺少规则，也必须运用理智，如同立法者当初一样。法官这种行动所涉入的领域，就是亚里士多德称之为'公平合理'（epieikeia）的领域，即合乎理性的——尽管不是由支配的——判断领域"③。麦金太尔指的是一种特殊的规范（法律）情形。但就教学规范、教学制度而言，也有可能会出现类似的情形。在教学规范、教学制度无能为力的情况下，恰恰是德性应该充分彰显的地方。显而易见，在教学活动中，一个优秀教师发挥自己的教学智慧，展现自己的人格力量，这绝不是靠他律，不取决于外在的规范，而取决于教师的内在德性。教师个体德性是教师自身行为的基础与动力。正是因为德性的存在，教师才具有了道德意义上的自我完善，才有推进和提升教学、改造教学现

---

① ［希］亚里士多德：《尼各马科伦理学》，中国社会科学院出版社1990年版，第24页。

② ［德］柯武刚：《制度经济学》，韩朝华译，商务印书馆2000年版，第33页。

③ ［美］麦金太尔著：《谁之正义？何种合理性？》，万俊人译，当代中国出版社1996年版，第170页。

实的品质和能力。德性是一种力量，是一种糅合了观念、情感与意志的力量，塑造和守护着教师的教学良知，引导着教师良善的教育行为，陶冶着教师的人格和情操，纯化着教师的美好心灵，为教师的教学改进提供了源源不断的动力。

二 教师内心自由及其实现

如果教师内心处于不自主、不开放、受约束和受压制的状态，他就无法在职业生活中进行自由的思考，也就不可能对教学实践有科学和理性的把握。对教师角色而言，内心自由的存在是必需的，它是教师职业生活中所应具有的最基本自由。所谓"内心自由"，主要包含教师精神（道德）的自由和思想层面的自由。

教师的内心自由，首先是道德意义上的，即我们的道德主体意志克服自身欲念的束缚。巴塞特（Basset）说，"当一个人追求物欲满足的时候，便是不自由的，而且是被奴役着的。当他企求道德之实现时，他便是自由的。"[①] 哲学家普罗提诺（Plotinus）也曾说过，当我们的灵魂趋向于善时便是自由的。这里所谓的"自由"，意指在我们的内心理性克服了欲望，道德战胜了邪念。当教师在教学生活中能学会理性地控制自我的情绪和欲望，表现出应有的德性时，内心就是自由的；否则，任由情绪压制自身的理性或被功利与私欲遮蔽了自我的道德与良知，其内心也就不可能是自由的。

内心自由的另一个层面主要指人的思想自由，也就是思维和认识层面的自由。在教学生活中，思想自由体现为教师能克服经验主义、教条主义的束缚，摆脱教学认识上的蒙昧与褊狭，进行独立的思考，从而获得对教学本性的科学认识。波普尔看来，日常生活中存在大量似是而非的经验、形形色色的理论和各种甚嚣尘上的主义，它们往往未经理性的审视就轻而易举地占领了人的头脑和心灵，束缚了人的思维，成为个体思想自由的障碍。正如波普尔所深刻指出的，一个人要想身体不作囚徒浅显而易行，但

---

① Cited from Felix E., *Dimensions of Freedom*, New York, 1961, p. 155.

要逃出"思想的牢房"则是一件很费劲的事情，而且即令发现了思想的牢房，想逃离出去也困难重重，"一个人要看出布在海边的铁丝网只需要一瞥即可，一个人要看出布在他头脑中的铁丝网，则要困难得多。"① 必须指出，在职业生活中很多教师也会由于自身知识视野的狭窄、经验的束缚和理性的懒惰，而造成自身在思维和认识上的局限，从而妨碍了内心的自由思考，也就很难形成正确的教学认识。

如果教师不能最大限度地实现内心的自由，也就根本无法在教学生活中展现行动的自由。因而，如果教师要想把教学活动提升到自由、自觉的境界，首先就必须不断扩大和实现内心的自由。那么，如何实现内心的自由呢？那就必须做到以下两点。

（一）展现对德性的追求，表现出"理智的诚实"

必须承认，每一个人内心深处都存在原始的欲望（原欲），这种欲望主要有两个层面：物质和精神。前者表现为对财富的占有欲望，即物质享受和肉体欲望的满足，这种欲望有时候表现得特别强烈；后者也就是人的精神欲求，它也体现在诸多方面，其中"虚荣心"的满足则是很重要的体现。这两种欲望如果过度膨胀而不能适度克制，都会严重束缚教师的内心自由。

不管对人性的优点持多么乐观的估计，我们也都不能否认，人首先是一种物欲的存在，对物质、财富的寻求、占有和享受是人的本能。实际上，对人自身物欲的承认也就是对人之本性的承认。当然，个体的物欲应该保持在适度的范围之内，不加控制的物欲寻求会像恶魔一样，它会消磨人的内在精神，吞噬人的道德与良知，抑制人的自由欲望和意志。在教学生活中，教师首先要获得一定的物质利益，满足自身的生存需要，但如果教师彻底臣服于物质利益的诱惑，甚至把寻求物质利益作为自身行为的唯一指南，就很容易把教学工作仅仅看成谋求自身物质利益最大化的一种手段和工具，就很容易在获取个人利益的同时渐渐遗忘教学的内在本性，泯灭内心应有的教学理想与追求。如此一来，物质欲求便主宰了教师的思想

———————————

① 殷海光：《思想与方法》，上海三联书店2004年版，第56页。

和行动，其内心就是不自由的，其教学行为就很容易偏离"教人向善"、"育人为善"的伦理特质，原本正当的教学目标和教学价值就很难实现。因而，对具有自由意愿的教师而言，必须要学会不断克制内心物欲的膨胀，走出物欲之障。如果教师能在教学生活中表现出应有的德性，学会控制自己的不合理物欲，学会有节制地满足自身的物质欲求，就会使自己的内心减少更多束缚和困扰，从而变得更加开放和自由。

除了物欲的膨胀能压制教师内心的自由意愿之外，教师内心过度贪图虚荣同样也会使其失去自由思考的能力。毫无疑问，每个人内心其实还存在一种精神层面的"欲望"，那就是贪图虚荣（"好面子"）。在生活中这有很多鲜活的表现，譬如装腔作势、掩饰错误、不敢表现真实的自我……在职业生活中教师如果过度虚荣，就很难面对真实的自我，也很难真诚对待学生；刻意粉饰自己的错误、掩饰自己的缺点，甚至为了虚荣心的满足而拒绝学生对自身知识权威的挑战，或者处心积虑地树立自己的"良好"形象。当教师在职业生活中处于这样一种心理状态时，其内心就会走向封闭而不是开放，其精神就会变得紧张而不是放松，其人格就会显得虚伪而不是真诚，他也就不可能坦然、真实地面对学生和进行自由的思考。

毋庸置疑，如果教师真正渴望实现内心的自由和开放，那就必须有勇气放弃附庸风雅的虚荣心和虚假的权威幻觉，而敢于承认自己的"无知"，表现出"理智的诚实"。从一定意义上讲，表现出"理智的诚实"，这既是教师心灵走向开放、内心走向自由的条件，也为教师教学自由的发挥提供了可能。在教学生活中，教师要做到"理智的诚实"，最重要的就是要坦诚面对真实的自我，敢于正视自己的错误。正如伏尔泰所言的，"既然我们不可能避免一切错误，或者本身可避免的所有那些错误，那么我们就必须敢于承认我们的错误，承认我们的可错性"[①]。美国教育家罗杰斯曾不厌其烦地描述过"理智的诚实"意味着什么，他说，"当我如实地表现我自

---

① ［英］卡尔·波普尔：《通过知识获得解放》，李本正等译，中国美术学院出版社 1998 年版，第 220 页。

己时,当我不必戴上盔甲去比试,而是无所顾忌地出现时,我就能更为真实。"① 也就是说,在教学生活中要做到理智的诚实,就要求教师必须展现真诚的人格,流露真实的感情,不矫揉,不造作,不掩饰,不畏惧,不必把自己"装进套子里"。只有如此,教师的内心才是从容、淡定和开放的,才有可能进行自由而无拘束的思考。

(二)通过知识,获得思想的解放

当教师能展现内在的德性并表现出"理智的诚实"的时候,其内心就离自由更进一步,但是仅此还远远不够。因为教学生活中教师不可避免会受到假象的蒙蔽、经验主义的欺骗和一些片面观念的误导,因而可能会对教学本性产生片面的认识,缺乏独立的教学思想。一个没有独立教学思想的教师不能说他是拥有思想自由的。当然,对教师而言,要获得真正的思想自由,必须借助于外来的力量,这种外来力最重要的就是波普尔所说的"知识"。波普尔认为,知识是人思维和精神解放的重要"催化剂",人应该"通过知识获得解放"。康德也认为,只有通过知识的增长,内心才能从精神束缚即偏见、偶像和可避免的错误中解放出来。对教师而言,要获得内心的自由,最重要的就是要不断获得真正的"教学知识"。教师只有借助于真正的教学知识,才能对教学活动保持清醒的认识,对教学现实的不合理之处保持审视和批判的态度,从而获得真正的教学思想。反之,如果教师缺乏真正的教学知识,就会导致认识的褊狭、盲目、自大、鄙俗、经验主义乃至愚蠢,导致心智的封闭和精神的委靡,会对教学现实的不合理之处失去敏锐的辨识和警惕,从而对教学本性和教学实践失去应有的判断力,最终失去自己的教学思想。

当然,真正的教学知识并不是凭空产生的,它必须通过"自我教育"的方式来获得。只有不断读书、勤于学习、善于思考和勇于批判的教师,才有可能不断增进对教学本性与规律的认识,才有可能对教学实践有科学的把握,从而形成真正的教学知识。

---

① 转引自方展画《罗杰斯"学生为中心"教学理论述评》,教育科学出版社 1990 年版,第131—132 页。

知识可以成为教师走向自由的钥匙。但是拥有知识并不必然拥有真正的自由。只有当教师的教学知识转化为人的理性认识，转化为自身人格特征和个性特征；只有当知识转化为教师的行动并在课堂教学的行为中体现时，才能真正成为教师走向自由的力量。当然，我们尽可以以浪漫主义的心态探讨内心自由存在和实现的各种可能，但当转向现实教学生活时，就必须考虑影响内心自由的各种现实因素和现实制度情境，并认真分析影响教学自由向行动自由转化的各种障碍和实现的可能条件。这当然比单纯地进行教学哲学的玄思妙想更具有现实意义。

三 教师行动自由的展现

在现实中，如果因为外部自由受到现实教学制度的压制而退缩到柏林所说的"内部堡垒"（the inner citadel），那么充其量只能算是自全的行为，囚徒也可以保有"内心自由"。哈耶克说道："显然，如果一个奴隶仅仅有选择权，那么他不见得就是自由的。他即令有任何程度的'内在自由'，也不见得就不是一个奴隶。无论唯心派的哲学家怎样说服我们有了'内在自由'的人就不是奴隶，但事实上他还是奴隶。"① 因而，倘若自由仅仅停留于内心层面，不能投射和体现在教学活动和教学行为中，就会造成"思想"和"行为"的分裂，这种自由是一种萎缩的自由，不可能成为真正的"教学自由"。

教师要运用自己的自由意志，获得行动的自由，创造崭新的教学生活，离不开内心坚定的信念和责任感的驱使。这种信念和伦理不是来源于别人的强制，而是来源于教师对教学的炽热的情感，来源于教师的"教学良心"。教学良心是教师德性的最重要体现。虽然人们在良心的认识上存在较大的分歧②。但一般都会承认，良心是在责任和义务之间表现出来的，它在人的行为选择中起着重要作用。个人意志在很大程度上要受内在良知

---

① ［英］哈耶克：《自由秩序原理》，邓正来译，三联书店1997年版，第78页。

② 如，伦理学家西塞罗将良心定义为内心的声音，这声音会对我们伦理性质的行为加以褒贬。经院哲学将良心视为上帝在人们心中所树立的理性法则。现代社会一般将良心等同于良知，即内在的道德原则和道德意识，可以看作一种缄默知识，在无意识中调整着人们的行为。

的制约和支配。良心不是人的自然天赋，不是不学而知、不习而能的，良心也是人后天不断培育和滋养的产物。从根本上说，教学良心也是教师教学实践和教学交往的产物。我们不能将教学良心仅仅简单的作为教师的道德心理现象，而是还应将其作为教师人生价值的目标体系。显然，"教学良心绝非教师的率性任意，绝非纯粹的自我确信，它有着丰富的现实的善的内容，蕴涵着对教学的理性把握，伴随着炽热的教学情感。缺乏教学知识和思想的教师，即使有善良的教学动机，往往也缺乏深刻理解和关爱学生的能力。只有对社会与人生、对教学本性有透彻了解并基于此而富有思想的教师的教学良心，才是真正高尚而非猥劣、纯洁而非污浊的，才能对学生有真切的理解和关爱，才能对教学富有真正的责任感和使命感。"① 在教学活动中，正是由于教学良心的驱使，许多教师在不合理的教学现实下，仍然坚守自己的教育理念，抵制着不正当教学制度的规约，行使着自己的正当教学权利，承担着自己应有的责任，这就是教学良心的力量。教学良心与教学责任是不可分割的联系在一起的。没有对教学事业深厚的责任感，没有对学生炽热的情感，教学良心就不能很好地展现出来。苏霍姆林斯基将教师的"良心"看成对学生的"爱"。在他看来，教师一个最主要又是最重的品质就是"深深热爱孩子，有跟孩子们在一起的内在需求，有深刻的人道精神，有深入到儿童精神世界中去并了解和觉察每个学生的个性和个人特点的能力。"②

阿伦特认为，实践的生活高于沉思的生活，人要积极的行动，而非沉浸于思想的海洋中，因为人的自由是在行动中实现的，"在所有人类生活的能力和潜能中，只有行动关涉自由……"③ 黑格尔曾有这样的论断："真正地说，人的真正的存在是他的行为"，"有什么样的行为就有什么样的个人。"④ 毫无疑问，教师要获得教学自由也必须从内心开始，听从教学良心

---

① 徐继存：《教学乃"为己之学"——教学行为的道德评判》，《教育理论与实践》2007 年第 5 期。

② ［苏］苏霍姆林斯基：《给教师的建议》，教育科学出版社 1983 年版，第 128 页。

③ ［美］汉娜·阿伦特：《人的条件》，竺乾威等译，上海人民出版社 1999 年版，第 180 页。

④ ［德］黑格尔：《精神现象学》（上卷），贺麟、王玖兴译，商务印书馆 1979 年版，第 213 页。

的召唤，产生坚定的教学勇气，并投射到外在的教学行为和教学活动中，教学自由体现在对合理教学制度的遵守和超越中，体现在对现实不合理教学制度的改造中。只有这样，教师的内心自由才能转化为现实的教学自由。否则，即使有着满腹的教育思想，但却屈从于不合理的教学现实，匍匐于现实教学制度下，而没有革新教学行为的勇气和行动，没有冒险的精神，就不可能有真正的教学革新和教学改革。

结　语

　　教学是一个复杂、整体的系统，这一系统中有很多变量影响和制约着教学改革的进程。教学观念、教学行为、教学制度是教学系统中的关键因素。从整体、系统的视角来考察，课堂教学改革其实就是教学观念、教学行为和教学制度三者协调变革的过程。当然教学观念、教学行为和教学制度三者并不是孤立、分割的，而是交织、互渗、互动的，它们共同推动着教学改革的进展。可以说，课堂教学改革过程不是单一的"独奏曲"，而是复杂的"交响乐"，是教学观念、教学行为和教学制度的三重变奏。观念是人活动和行为的先导，任何有意识的行为都要受观念的支配，教学活动通常是在教师教学观念指导下进行的。教师自身持有何种教学观念，往往就会产生相应的教学行为。一定时期内教师群体的教学观念在很大程度上决定着课堂教学的实践样态，也只有教师群体观念的进步才能从原动力上带来课堂教学的更新。可以说，课堂教学改革过程首先是教学观念不断改造和除旧布新的过程。只有绝大多数教师都能真正意识并产生新的教学认识，才能形成课堂教学改革的思想基础，才能真正推动课堂教学的变革。课堂教学改革首先要从观念层面来认识和解释，强调观念转变之于教学改革的重要价值，这并不意味着我们可以无限夸大或拔高观念对人行为和教学活动的作用，甚至将其当成影响课堂教学改革的唯一因素。事实上，人的观念和思想的作用是有限的，很多情况下，人的观念和行为并不能做到一一对应，在教师的教学观念与其教学行为之间并不存在一个顺畅直达的快速通道。教学改革的成功必须诉诸制度的突破和创新，制度的变革是教学改革的巨大发动机。我们对教学制度建设重要性的强调无论多少都不过分。

但是，制度确实不是万能的，制度不是自主、自动的力量。现代社会曾弥漫着一种"制度决定论"的神话，即将制度看成一种超越性的力量，看成决定社会发展的决定性力量。其实，任何一种决定论都忽视了世界是一个复杂的多元化世界，否认了世界是普遍联系的事实。波普尔曾经对其进行了深刻的批判，"制度决定论"的思维方式实际上是把制度等同于像"物理仪器"一类的客观实体，"你不可能建立起傻瓜都能不出错的制度来，也就是说，建立那种其功能大体上并不有赖于人的制度……制度就好像是要塞。它们必须好好设计，而且人员配备适当。"① 在当前的思想文化背景下，消除对制度的盲目迷信和盲目崇拜，重新厘清制度与人的关系，把握人在制度中的定位，对于确立人的主体性，认清教师自身在教学制度建设中的使命和责任具有重要的现实意义。

在现实教学中，如果将教学制度本身看成凌驾于教学活动之上的系统，就常常会过分注重教学制度对教学活动的规范作用，也就可能会误认为只有通过对教学制度的整体性重建才能完成教学改革，才可以将广大教师和学生从被束缚、被压制的状态中一劳永逸地解脱出来。这其实是一种乌托邦主义空想，教学制度本身没有如此强大的力量。任何教学制度自身都不是纯粹超然的"客观存在"，不是完全独立于教学活动之外的，不是超越于教师教学行为的，而是与教师的教学活动融合为一体的。在教学制度面前，教师不是绝对"宿命"的，不应该是被动的，而应该是主动的参与者和建设者。在具有主体意识和行动意志的教师面前，教学制度就是一种被动的存在，只有当教师放弃了主动性，才会陷入被动的境地，为制度所控制和奴役。

在教学改革中，教师个人必然承担不可推卸的责任，每一个教师都应是制度建设的推动力量。正如迈克尔·富兰所说的，"不能把改革之权交给专家，教师个人的思维模式和熟练掌握是最后的保障。"②以吉鲁

①　［英］波普尔：《历史主义贫困论》，何林、赵平译，中国社会科学出版社1998年版，第59页。

②　［加］迈克尔·富兰：《变革的力量——透视教育改革》，教育科学出版社2004年版，第30页。

（H. Giroux）为代表的批判教育学为学校教育突破教育制度与结构的制约，提供了基本的理论依据与现实激励。正如台湾的欧用生教授在引用吉鲁的观点阐述的，"社会结构和人的动力交互辩证，使人有能力超越历史的宿命，可利用批判的知识改变历史的路径。人不仅是历史的产物，更是历史的生产者，人的世界既然是社会建构的，也会被解构或重构，这才能使可能性的教学成为可能。""学校不止是社会和文化再制的场所，教师更不是统治阶级的爪牙，不能完全用压制的逻辑来分析……学校场域中预留了许多抗拒和希望的空间。"①要使学校教学形态突破原有教学制度的束缚，关键在于作为"行动者"的教师。吉鲁提出，教师应该成为"转型的知识分子"。这意味着教师是社会、政治改革的动力源。知识分子要抵抗制度化的压迫，要将民主和自由的价值渗透学校中的教学及其他活动上。"第一，他是改革的行动源，要了解学校及其他制度的知识、技能、价值和态度，更要挖掘深层结构的价值；第二，转型知识分子的教学工作要将学生的声音、文化的文法、形成多面向的认同的多元现实和差异等关联起来，深入了解学生的故事，发掘被压迫、被扭曲的价值。"②

　　在教学改革中，教师并非仅仅是被动的被约束者，而是主动参与者。人的主体性、自由意志是人的本质所在。在学校生活的"体制"与"制度"中，教师既是制度负面效应的承受者，又是制度变革的参与者。置身于教学改革的洪流中，如果不想成为这场改革运动的阻碍力量，我们就需要对教学本身有理性的认识，必须对现有制约其行动的"体制"与"制度"有清醒认识，同时将我们的认识转化为推进改革的勇气，展现为我们大胆而理智的行动，我们将会因此获得真正的教学自由，使自我从制度和环境的重重束缚中解脱出来。当前，教学实践中有一些这样的教师，在面对同样恶劣的制度和环境时，他们并没有气馁，没有停留在对现有困难和条件的抱怨上，而是另辟蹊径，从自身寻求力量之源，努力改进自己的教学，成为教学改革运动的行动者。他们处于探索内心世界的旅途之中，他

---

　　① 欧用生：《师资培育的典范重建——培育转型的知识分子》，基础教育改革与教师教育国际研讨会提交论文（2001年，南京）。
　　② 同上。

们在教学的变革运动中显示出真正的力量。当认识到自己内心的力量是触手可及的，我们就不容易屈从于制度和环境的禁锢，更不轻易使自己沉溺于因改革无望但求一团和气的状况之中。

可以说，一场变革运动的真正起点，不是在上层，不是发起于教育决策的文件上，也不是发生在教育领导者的办公室里，而是扎根于广袤的大地，是在基层的广大学校中，蕴藏在千千万万间教室里。当我们教师开始感受改革的需要，感觉到自己行动的力量，决定不再过一种厌倦的生活时，教学变革就可能发生了。帕尔默也说过，当一个教师决定过一种不再分离的生活，开始激发自己的心灵，教学改革就开始了。也就是说，我们面对的最切身的问题不是恶劣的制度与环境，而是自我的封闭和保守，是自我的消极和懦弱。我们遇到的最强大的敌人，不是外在的，他就居于我们的内心。具有明智的改革意识的教师，会把改革和突破的目标指向自己的内心，会从改造自己的消极心态中产生强烈的自我认同，展开自由的行动，将自我从制度的压抑中解放出来。在基础教育教学改革领域，有一批这样的教师，他们怀有深厚的教育情感，深爱着教学工作，他们愿意在教学中投入自己的青春活力，不知疲倦地与学生进行着交流，即使没有多少回报和所得，他们也没有多少抱怨。在每天的教学中，他们总是以自己内心最推崇的价值和理念开展教学，而不是以符合制度和现实的方式来教学。他们以理想主义的姿态投入现实教学改革中，以行动主义的精神激励更多教师改变自我。他们是引领教学改革的先锋，是基础教育教学改革成功的希望，点燃了华夏大地学校变革的星星之火。

参考文献

一　中文著作

1. 陈桂生：《学校管理实话》，华东师范大学出版社 2004 年版。

2. 陈桂生：《"教育学视界"辨析》，华东师范大学出版社 1997 年版。

3. 邓正来：《自由主义社会理论——解读哈耶克的〈自由秩序原理〉》，山东人民出版社 2003 年版。

4. 邓正来：《研究与反思：中国社会科学自主性的思考》，辽宁大学出版社 1998 年版。

5. 邓正来：《寂寞的欢愉》，法律出版社 2004 年版。

6. 邓正来：《反思与批判：体制中的体制外》，法律出版社 2006 年版。

7. 丁刚：《书院与中国文化》，上海教育出版社 1992 年版。

8. 费孝通：《乡土中国，生育制度》，北京大学出版社 1998 年版。

9. 顾明远：《中国教育：路在何方》，《中国教育科学》，人民教育出版社 2014 年版。

10. 黄全愈：《美式校园——素质教育在美国》，中国人民大学出版社 2010 年版。

11. 黄全愈：《孩子就是孩子——玩的教育在美国》，中国人民大学出版社 2010 年版。

12. 何怀宏：《良心论》，上海三联书店 1994 年版。

13. 何怀宏：《世袭社会及其解体——中国历史上的春秋时代》，上海三联书店 1996 年版。

14. 何怀宏：《选举社会及其终结》，上海三联书店 1998 年版。

15. 金生鈜《规训与教化》，教育科学出版社 2004 年版。

16. 靳玉乐、李森、沈小碚、刘清华等：《中国新时期教学论的进展》，重庆出版社 2001 年版。

17. 黎鸣：《中国人性分析报告》，中国社会出版社 2003 年版。

18. 李国钧、王炳照：《中国教育制度通史》，山东教育出版社 2000 年版。

19. 李镇西：《民主教育论》，漓江出版社 2007 年版。

20. 刘良华：《教育研究方法：专题与案例》，华东师范大学出版社 2007 年版。

21. 刘良华：《叙事教育学》，华东师范大学出版社 2011 年版。

22. 刘铁芳：《追寻有意义的教育——教师职业人生叙事》，湖南师范大学出版社 2006 年版。

23. 刘云杉：《从启蒙者到专业人——中国现代化历程中教师角色演变》，北京师范大学出版社 2006 年版。

24. 陆有铨：《躁动的百年》，山东教育出版社 1997 年版。

25. 吕思勉：《中国制度史》，上海教育出版社 2002 年版。

26. 马凤岐：《教育在自由与限制之间》，中国工人出版社 2001 年版。

27. 毛礼锐、沈灌群：《中国教育史》，山东教育出版社 1985 年版。

28. 茅于轼：《中国人的道德前景》，暨南大学出版社 1997 年版。

29. 施良方：《教学理论：课堂教学的原理、策略与研究》，华东师范大学出版社 1999 年版。

30. 施良方：《课程理论——课程的基础、原理与问题》，教育科学出版社 1996 年版。

31. 石中英：《教育哲学导论》，教育科学出版社 2004 年版。

32. 石中英：《教育学的文化性格》，山西教育出版社 1999 年版。

33. 石中英：《知识转型与教育改革》，教育科学出版社 2001 年版。

34. 孙隆基《中国文化的深层结构》，广西师范大学出版社 2004 年版。

35. 孙培青：《中国教育管理史》，人民教育出版社 1996 年版。

36. 陶行知：《陶行知全集》（第 1 卷），四川教育出版社 1991 年版。

37. 陶行知：《陶行知教育文集》，四川教育出版社 2005 年版。

38. 涂艳国：《走向自由——教育与人的发展问题研究》，华中师范大学出版社 1999 年版。

39. 王坦：《合作学习：原理与策略》，学苑出版社 2001 年出版。

40. 王坦：《合作教学导论》，山东教育出版社 2007 年版。

41. 王策三：《教学论稿》，人民教育出版社 1985 年版。

42. 王晓林：《证伪之维——重读波普尔》，人民出版社 1998 年版。

43. 项贤明：《泛教育论》，山西教育出版社 2000 年版。

44. 萧承慎：《教学法三讲》，福建教育出版社 2009 年版。

45. 徐继存：《教学论理论的反思和建构》，甘肃教育出版社 2000 年版。

46. 徐继存：《教学论导论》，甘肃教育出版社 2001 年版。

47. 徐友渔：《自由的言说》，长春出版社 1999 年版。

48. 杨东平：《中国教育公平的理想与现实》，北京大学出版社 2006 年版。

49. 殷海光：《思想与方法》，上海三联书店 2004 年版。

50. 余英时：《士与中国文化》，上海人民出版社 1987 年版。

51. 余英时：《文化评论与中国情怀》，广西师范大学出版社 2006 年版。

52. 俞可平：《治理和善治》，社会科学文献出版社 2000 年版。

53. 张博树：《现代性与制度现代化》，学林出版社 1998 年版。

54. 张瑞璠、王承绪：《中外教育比较史纲》，山东教育出版社 1997 年版。

55. 赵汀阳：《论可能生活 》，中国人民大学出版社 2004 年版。

56. 郑杭生主编：《社会学概论新修》，中国人民大学出版社 1994 年版。

57. 周浩波：《教育哲学》，人民教育出版社 2000 年版。

58. 周国平：《尼采：在世纪的转折点上》，译林出版社 2012 年版。

59. 朱学勤：《道德理想国的覆灭》，上海三联书店 2003 年版。

60. 朱学勤：《书斋里的革命》，云南人民出版社 2006 年版。

二 中文译著

1. ［奥］卡尔·波普尔：《通过知识获得解放》，范景中、李本正译，中国美术学院出版社 1996 年版。

2. ［奥］卡尔·波普尔：《历史主义贫困论》，何林等译，中国社会科学出版社 1998 年版。

3. ［奥］卡尔·波普尔：《开放社会及其敌人》，陆衡等译，中国社会科学出版社 1999 年版。

4. ［巴］保罗·弗莱雷：《被压迫者教育学》，顾建新等译，华东师范大学出版社 2001 年版。

5. ［德］K. 曼海姆：《知识社会学》，李安宅译，中华书局 1944 年版。

6. ［德］恩斯特·卡西尔：《人论》，甘阳译，上海译文出版社 1985 年版。

7. ［德］哈贝马斯：《交往与社会进化》，张树博译，重庆出版社 1989 年版。

8. ［德］哈贝马斯：《哈贝马斯精粹》，曹卫东译，南京大学出版社 2004 年版。

9. ［德］赫尔巴特：《普通教育学》，李其龙译，浙江教育出版社 2002 年版。

10. ［德］赫尔巴特：《普通教育学·教育学讲授纲要》，李其龙译，人民教育出版社 2002 年版。

11. ［德］康德：《论教育学》，赵鹏译，上海人民出版社 2005 年版。

12. ［德］马克斯·韦伯：《新教伦理与资本主义精神》，于晓、陈维刚等译，三联书店 1987 年版。

13. ［德］马克斯·韦伯：《社会科学方法论》，杨富斌译，华夏出版社 1999 年版。

14. ［德］雅斯贝尔斯：《什么是教育》，邹进译，三联书店 1991 年版。

15. ［法］埃米尔·迪尔凯姆：《社会学方法的规则》，胡伟译，华夏出版社 1999 年版。

16. ［法］埃米尔·涂尔干：《道德教育》，陈光金等译，上海人民出版社 2001 年版。

17. ［法］保罗·朗格让：《终身教育导论》，滕星等译，华夏出版社 1988 年版。

18. ［法］卢梭：《社会契约论》，何兆武译，商务印书馆 1982 年版。

19. ［法］卢梭：《论人类不平等的起源和基础》，李常山译，商务印书馆 1997 年版。

20. ［法］孟德斯鸠：《论法的精神》，孙立坚等译，陕西人民出版社 2001 年版。

21. ［法］米歇尔·福柯：《疯癫与文明》，刘北成、杨远缨译，三联书店 1999 年版。

22. ［法］米歇尔·福柯：《规训与惩罚》，刘北成、杨远缨译，三联书店 1999 年版。

23. ［法］皮埃尔·布迪厄、美·华德康：《实践与反思——反思社会学导引》，李猛、李康译，中央编译出版社 1998 年版。

24. ［法］萨特：《存在主义是一种人道主义》，周煦良、汤永宽译，上海译文出版社 1988 年版。

25. ［法］托克维尔：《旧制度与大革命》，冯棠译，商务印书馆 1992 年版。

26. ［加］马克斯·范梅南：《教学机智：教育智慧的意蕴》，李树英译，教育科学出版社 2001 年版。

27. ［加］马克斯·范梅南：《生活体验研究——人文科学视野中得教育学》，宋广文等译，教育科学出版社 2003 年版。

28. ［加］迈克·富兰：《变革的力量——透视教育改革》，中央教育科学研究所、加拿大多伦多国际学院译，教育科学出版社 2000 年版。

29. ［加］迈克尔·富兰：《变革的力量——深度变革》，教育科学出版社 2004 年版。

30. ［加］迈克尔·富兰：《变革的力量——透视教育改革》，教育科学出版社 2004 年版。

31. ［加］迈克尔·富兰：《学校领导的道德使命》，教育科学出版社 2005 年版。

32. ［捷］夸美纽斯：《大教学论》，傅任敢译，教育科学出版社 1999 年版。

33. ［美］A. 麦金太尔：《追寻美德》，宋继杰译，南京译林出版社 2003 年版。

34. ［美］C. 赖特·米尔斯：《社会学的想象力》，三联出版社 2001 年版。

35. ［美］D. C. 诺斯：《制度、制度变迁与经济绩效》，上海三联书店 1994 年版。

36. ［美］E. 弗洛姆：《健全的社会》，孙恺详译，贵州人民出版社 1994 年版。

37. ［美］E. 希尔斯：《论传统》，傅铿、吕乐译，上海人民出版社 1991

年版。

38. ［美］R. H. 科斯：《财产权利与制度变迁》，刘守英译，上海三联书店 1991 年版。

39. ［美］杜威：《新旧个人主义——杜威文选》，孙有中等译，上海社会 科学院出版社 1997 年版。

40. ［美］杜威：《民主主义与教育》，王承绪译，人民教育出版社 2001 年版。

41. ［美］杜威：《学校与社会·明日之学校》，赵祥麟、任钟印、吴志宏 译，人民教育出版社 2005 年版。

42. ［美］华勒斯坦：《学科·知识·权力》，刘健芝等编译，三联书店 1999 年版。

43. ［美］加里·S. 贝克尔：《人类行为的经济分析》，上海三联书店 1993 年版。

44. ［美］康芒斯（John R. Commons）：《制度经济学》，于树生译，商务印 书馆 1962 年版。

45. ［美］帕克·帕尔默：《教学勇气——漫步教师心灵》，吴国珍等译， 华东师范大学出版社 2014 年版。

46. ［美］孙隆基：《中国文化的深层结构》，广西师范大学出版社 2004 年版。

47. ［美］悉尼·胡克：《历史中的英雄》，王清彬等译，上海人民出版社 2006 年版。

48. ［美］夏尔·阿列克西·德·托克维尔：《美国的民主》，董果良译， 商务印书馆 1987 年版。

49. ［美］伊万·伊利奇：《非学校化社会》，吴康宁译，桂冠图书股份有 限公司 1994 年版。

50. ［美］约翰·罗尔斯：《正义论》，何怀宏等译，中国社会科学出版社 1988 年版。

51. ［日］佐藤学：《静悄悄的革命》，李季湄译，长春出版社 2003 年版。

52. ［日］佐藤学：《课程与教师》，钟启泉译，教育科学出版社 2003 年版，

53. ［日］佐藤学：《学习的快乐——走向对话》，钟启泉译，教育科学出 版社 2010 年版。

54. ［日］佐藤学：《学校的挑战——创建学习共同体》，钟启泉译，华东师范大学出版社 2010 年版。

55. ［日］佐藤学：《教师的挑战——宁静的课堂革命》，钟启泉、陈静静译，华东师范大学出版社 2012 年版。

56. ［意］蒙台梭利：《蒙台梭利幼儿教育科学方法》，任代文主译，人民教育出版社 1993 年版。

57. ［英］弗里德利希·冯·哈耶克：《自由秩序原理》，邓正来译，三联书店 1997 年版。

58. ［英］J. S. 密尔：《论自由》，商务印书馆 1986 年版。

59. ［英］安东尼·吉登斯：《社会的构成》，李康、李猛译，三联书店 1998 年版。

60. ［德］马克斯·韦伯：《学术与政治》，冯克利译，三联书店 1998 年版。

61. ［英］波普尔：《历史主义贫困论》，何林、赵平译，中国社会科学出版社 1998 年版。

62. ［英］道金斯：《自私的基因》，卢允中、张岱云译，教育科学出版社 1981 年版。

63. ［英］弗里德里希·冯·哈耶克：《科学的反革命》，冯克利译，译林出版社 2003 年版。

64. ［英］弗里德利希·冯·哈耶克：《法律、立法与自由》，邓正来译，中国大百科全书出版社 2000 年版。

65. ［英］吉登斯：《社会的构成：结构化理论大纲》，李康等译，三联书店 1998 年版。

66. ［英］罗素：《自由之路》（上），许峰等译，文化艺术出版社 1998 年版。

67. ［英］罗素：《自由之路》（下），许峰等译，文化艺术出版社 1998 年版。

68. ［英］悉尼·胡克：《历史中的英雄》，王清彬等译，上海人民出版社 2006 年版。

69. ［英］以赛亚·柏林：《自由论》，胡传胜译，译林出版社 2003 年版。

70. ［英］约翰·洛克：《教育漫话》，傅任敢译，教育科学出版社 2002 年版。

71. 联合国教科文组织：《学会生存》，华东师范大学比较教育研究所译，教育科学出版社 1996 年版。

72. ［苏］苏霍姆林斯基：《给教师的 100 条建议》，周蕖等译，天津人民出版社 1981 年版。

三　中文期刊论文

1. 陈桂生：《"制度化教育"评议》，《上海教育科研》2000 年第 2 期。

2. 邓正来：《知识生产机器的反思与批判》，《西南政法大学学报》2004 年第 3 期。

3. 邓正来：《学术讨论为什么缺位》，《东方早报》2005 年 1 月 28 日。

4. 黄伟：《教师话语权运作及其话语霸权探查：基于课堂教学的话语分析》，《教育研究与实验》2012 年第 2 期。

5. 李森：《教学交往观的确立与基础教育课程改革》，《教育研究》2002 年第 9 期。

6. 李润洲：《"教师说"话体的蕴意、隐忧与超越》，《课程·教材·教法》2013 年第 3 期。

7. 石中英：《波兰尼的知识理论及其教育意义》，《华东师范大学学报》（教育科学版）2001 年第 2 期。

8. 吴康宁：《制约中国教育改革的特殊场域》，《教育研究》2008 年第 12 期。

9. 吴康宁：《谁是"迫害者"——儿童"受逼"学习的成因追询》，《教育研究与实验》2002 年第 4 期。

10. 徐继存：《教学技术化及批判》，《教育理论与实践》2004 年第 2 期。

11. 徐继存：《教学制度的理性和伦理规约》，《西北师范大学学报》（社科版）2006 年第 2 期。

12. 徐继存：《教学乃"为己之学"——教学行为的道德评判》，《教育理论与实践》2007 年第 5 期。

13. 徐继存：《教学论的本性与追求》，《教育研究》2010 年第 1 期。

14. 徐继存：《教育学知识的限度及其批判》，《教育学报》2011 年第 1 期。

15. 徐继存：《教学生活的精神意蕴》，《课程·教材·教法》2012 年第 3 期。

16. 徐继存：《专业化时代的教育学及其批判》，《教育学报》2013 年第 51 期。

17. 叶澜：《让课堂焕发出生命活力——论中小学教学改革的深化》，《教育研究》1997 年第 9 期。

18. 邹吉忠：《现代制度的自由价值及其实现机制》，《现代哲学》2000 年第 4 期。

19. 朱学勤：《在文化的脂肪上瘙痒》，《读书》1997 年第 11 期。

20. 吉标：《"知识导向"教学论研究的反思与超越》，《课程·教材·教法》2012 年第 9 期。

21. 吉标：《学校生活的民主化进程与教师的使命》，《西北师范大学学报》（社会科学版）2010 年第 4 期。

22. 吉标：《课堂教学改革的三重突围》，《当代教育科学》2013 年第 23 期。

四 英文文献

1. Young, I. M., *Justice and the Politics of Difference*, Princeton：Princeton University Press, 1990.

2. *Douglas Hodgson*, *The human right to education*, Aldershot；Brookfield, Vt. ：Ashgate, 1998.

3. Stenhouse, L., *An Introduction to Curriculum Research and Development*, London：Heinemann Educational Book Ltd. 1975. Donald Vandenberg (1990), Education as a Human Right：a Theory of Curriculum and Pedagogy, New York：Teachers College Press.

4. Peters, R. S., *The Concept of Education*, R. K. P., c1967.

5. Freire, F., *Pedagogy of the Oppressed*, London：Penguin Books Ltd. c1970. Bourdieu, P. BcPasseron, J. C., *Reproduction in Education*, *Society*, *Culture*. Beverly Hills, Ca：Sage, 1997.

后 记

笔者选择从"制度"视角对教学改革问题进行思考，始于 2005 年开始博士学习之初。当时想法较为简单，主要是看到在以往的教学改革中，很多人常常不假思索地认为改革的首要任务就是实现观念的更新，改革的推动者也是把改革重心放在教学观念的转变上，在实践操作上尤为重视对一线教师的理论宣讲和灌输。然而，透视三十多年的教学改革历程，可以发现这样一幅尴尬场景：很多教师一方面可以把新的教学理念讲得"头头是道"，另一方面却又在课堂上"扎扎实实"地重复着习以为常的教学行为。这一悖论直观地告诉我：教师的教学观念与教学行为之间是可以分裂的。在很多情况下，教学观念并不是教师行为的主导因素。在教师教学行为的背后，还常常潜藏着更为现实和直接的影响因素——教学制度。

在广泛地研读和学习中，我慢慢发现，在当今理论界，制度已经不是某个单一学科的研究课题，而几乎成为所有"社会学科"（以社会现象为研究对象的学科）都极力开掘的"领地"。教育学也早已经加入了这一研究的行列，特别是上世纪五六十年代从法国产生的制度教育学派，就已经开始借助"制度"来研究教育改革问题。制度教育学派认为，教育改革的核心就是要向制度挑战，"向不说话的教育制度挑战"。制度教育学派的诸多研究者重视制度本身的价值，力图把处于传统教育学视域之外的教育制度作为自己分析、干预或批判的对象，并对隐藏在教学活动和课堂背后的制度因素进行深入考察。美国教育学者丘伯在分析美国学校的教育改革时，也曾借助制度视角进行分析，他鲜明地指出，"制度是了解学校的关键因素，所有的学校都深受其所处制度环境的影响，学校教学以何种形式进行组织、运作是否成功，在很大程度上反映了其所处的制度背景。"国外教育学者透过制度视角对教育活动所进行的深入考察，也提醒我们必须加强对教学活动中制度因素的分析，注意从制度视角对教学实践进行考察。后来，也陆续有一些教育学者开始使用"教学制度"这一术语，但很多人在这一概念的使用上似乎并不相通，在理论意义上对其进行学术式的关注和思考，显得尤为必要。

在导师徐继存教授的建议下，我当时就把"教学制度"作为了博士论文的研究对象。说实话，对这一问题我抱有较高的思考兴趣，隐隐约约地感觉如果能从学理层面把教学制度问题进行透彻、清晰的研究，无论对于教学理论还是对于教学实践都应该具有积极的意义。不过，一种担忧和紧张也随之而来。因为"教学制度"这一概念在理论上尚未自觉，课程与教学理论中很少被人们使用。我的研究是否能达到应有的目标？是否能得到学界认同？尽管存在担忧和紧张，我还是坚持思考下去。在此过程中，导师给了我很大的鼓励和鞭策，让我继续该问题的思考和探索，并指出了这一研究的价值所在。论文顺利开题后，在接下来的半年时间里，我阅读了大量相关学术文献，多次构思研究的思路，开始了论文写作。在论文写作过程中，停滞不前曾几度威胁着自己曾经有过的信心，但好在导师也一直密切关注和我博士论文的写作，常常给我提供新的思路。山穷水尽之时，每每求教于导师，先生个性化的语言教导常常令人有醍醐灌顶之感，给论文写作注入了一股强劲的动力。在不断的阅读和思考过中，有关教学制度的图像越来越清晰地出现在我的脑海中，论文写作也终于顺利完成。

2008 年 6 月，我在山东师范大学教育学院进行了论文答辩，参加答辩的各位专家对我论文的研究价值表示肯定，当然也指出了我研究中存在的问题和进一步修改的建议。他们的肯定和认可对我无疑是一种鞭策和鼓励。本书是在我博士论文《规范与自由：教学制度的价值研究》的基础上经过较大修改形成的。与原与博士论文相比较，本书的重心不再仅仅是对教学制度的学理论证，而是着重从从制度的视角来透视和分析当今的教学改革；本书在结构上也有较大调整和改变，增加了最后一部分"制度改革中的教师作为"，篇幅较以前也有所增加。

对于本书的出版，我要感谢中国社会科学出版社编辑郎丰君先生，他的热情引荐让本书得以顺利出版，他创造性的工作令本书增添不少亮色。希望本书的读者能不吝指教，以帮助我深化对教学制度这一问题的进一步研究。